CAMBRIDGE LIBRARY COLLECTION

Books of enduring scholarly value

Linguistics

From the earliest surviving glossaries and translations to nineteenth century academic philology and the growth of linguistics during the twentieth century, language has been the subject both of scholarly investigation and of practical handbooks produced for the upwardly mobile, as well as for travellers, traders, soldiers, missionaries and explorers. This collection will reissue a wide range of texts pertaining to language, including the work of Latin grammarians, groundbreaking early publications in Indo-European studies, accounts of indigenous languages, many of them now extinct, and texts by pioneering figures such as Jacob Grimm, Wilhelm von Humboldt and Ferdinand de Saussure.

Geschichte der böhmischen Sprache und ältern Literatur

The Bohemian scholar Joseph Dobrowsky (1753–1829) played a key role in the Czech national revival of the nineteenth century. Born in Hungary, he went to a German school there and also acquired the Czech language. At Prague, he studied philosophy and theology. In the 1780s, Dobrowsky pursued philological interests and helped to establish the Royal Czech Society of Sciences. His linguistic research encompasses work on literary terms, orthography and historically comparative aspects of the Slavic languages. Reissued here is the revised and expanded 1818 edition of a work first published in 1792. In black-letter German, it deals with the origins and development of the Czech language, locating it within the Slavic language family. Dobrowsky also provides a full list of the most important Bohemian theological and literary writings from the sixth to the sixteenth century.

D1640728

Cambridge University Press has long been a pioneer in the reissuing of out-of-print titles from its own backlist, producing digital reprints of books that are still sought after by scholars and students but could not be reprinted economically using traditional technology. The Cambridge Library Collection extends this activity to a wider range of books which are still of importance to researchers and professionals, either for the source material they contain, or as landmarks in the history of their academic discipline.

Drawing from the world-renowned collections in the Cambridge University Library and other partner libraries, and guided by the advice of experts in each subject area, Cambridge University Press is using state-of-the-art scanning machines in its own Printing House to capture the content of each book selected for inclusion. The files are processed to give a consistently clear, crisp image, and the books finished to the high quality standard for which the Press is recognised around the world. The latest print-on-demand technology ensures that the books will remain available indefinitely, and that orders for single or multiple copies can quickly be supplied.

The Cambridge Library Collection brings back to life books of enduring scholarly value (including out-of-copyright works originally issued by other publishers) across a wide range of disciplines in the humanities and social sciences and in science and technology.

Geschichte der böhmischen Sprache und ältern Literatur

Ganz umgearbeitete Ausgabe

JOSEPH DOBROWSKY

CAMBRIDGE
UNIVERSITY PRESS

CAMBRIDGE
UNIVERSITY PRESS

University Printing House, Cambridge, CB2 8BS, United Kingdom

Published in the United States of America by Cambridge University Press, New York

Cambridge University Press is part of the University of Cambridge.
It furthers the University's mission by disseminating knowledge in the pursuit of
education, learning and research at the highest international levels of excellence.

www.cambridge.org
Information on this title: www.cambridge.org/9781108066013

© in this compilation Cambridge University Press 2013

This edition first published 1818
This digitally printed version 2013

ISBN 978-1-108-06601-3 Paperback

Geschichte

der

Böhmischen Sprache

und

ältern Literatur,

von

Joseph Dobrowsky,
Mitglied der k. böhm. Gesellschaft der Wissenschaften.

Ganz umgearbeitete Ausgabe.

Mit einer Kupfertafel.

Prag 1818,
bei Gottlieb Haase.

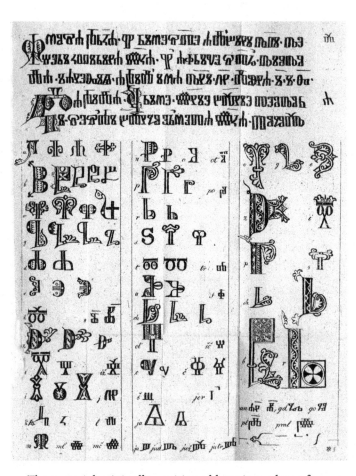

The material originally positioned here is too large for reproduction in this reissue. A PDF can be downloaded from the web address given on page iv of this book, by clicking on 'Resources Available'.

§. 1.

Alter und Ursprung der flawischen Sprache; älteste Sitze der Slawen.

Wenn gleich andere Sprachen ältere geschriebene Denkmahle aufzuweisen haben, als die slawische, so kann ihr deßhalb ein gleiches Alter nicht abgesprochen werden. Da sich die Schreibekunst in ältern Zeiten nur allmählich verbreiten konnte, so mußte die Sprache eines ganz eigenen Volksstammes tausend Jahre geredet worden seyn, ehe man Anlaß fand, sie zu schreiben. Dieß ist der Fall mit der slawonischen Sprache, deren Ursprung man eben so wenig historisch nachweisen kann, als einer jeden andern sogenannten Muttersprache. Der griechische Geschichtschreiber Prokop, welcher der Slawen unter dem Namen σκλαβηνοι zuerst erwähnet, wußte von der Sprache der Slawinen und Anten nichts anders zu sagen, als daß sie sehr barbarisch (ατεχνως βαρβαρος) wäre. Damit wollte er eben nicht sagen, die slawonische

Sprache sey nicht so gebildet, biegsam und wohl=
klingend als die griechische, sondern sie sey dem
Griechen unverständlich, etwa in dem Sinne, in
welchem Stolberg (im IV. B. seiner Reisen S.
385) von der Sprache der Wenden in Krain
sagte, daß sie den Deutschen völlig unver=
ständlich sey. Das βαϱβαϱος der Griechen ist
bei den Slawen Cžud, Wlach, Niem.
Cžud sind bei ihnen fremde Völker, vorzüglich
aber finnischer Abkunft, Wlach callische, itali=
sche, und Niem besonders deutsche Völker. Die=
jenigen aber, die eine ihnen verständliche Sprache
reden, Völker von einerley Worte (Slowo) sind
ihnen Slowane. Unter diesem allgemeinen Na=
men werden seit der Mitte des 6ten Jahrhunderts
alle slawischen Stämme, Serben, Chrowaten, Le=
chen und Czechen u. s. w. begriffen.

Der russische Nestor, der böhmische Dalimil
und Pulkawa und alle andern, die den Mythus
von Babel historisch deuteten, wollen die slawo=
nische Sprache schon unter den durch die allge=
meine Sprachenverwirrung entstandenen 72
Stammsprachen gefunden haben. Allein schon
Aeneas Sylvius bestritt diese Meinung nicht zwar
mit Gründen, aber doch mit feinem Spotte.
Pabst Johann VIII., da er vernahm, daß der

mährische und pannonische Erzbischof Method in barbarischer, d, i. in slawonischer Sprache die Messe lese, hatte zwar anfangs (im J. 879) die=sen Gebrauch verbothen, bald darauf aber die Erfindung der slawonischen Buchstaben belobet und den Gottesdienst in der slawonischen Sprache aus dem Grunde gestattet, weil Gott nicht nur der hebräischen, griechischen und lateinischen, als der vorzüglichen Hauptsprachen, sondern auch al=ler übrigen Sprachen Urheber sey. „Nec sane (sanae) fidei vel doctrinae aliquid ob-stat, so spricht er in dem Briefe an den Herzog Swatopluk vom J. 880, five missas in ea-dem sclavonica lingua canere, five sa-crum evangelium vel lectiones divinas novi et veteris testamenti bene transla-tas et interpretatas legere aut alia hora-rum officia omnia psallere, quoniam qui fecit tres linguas principales, Hebraeam scilicet, Graecam et Latinam, ipse cre-avit et alias omnes ad laudem et glo-riam suam" So unphilosophisch auch der Ausdruck „eine Sprache schaffen" von Gott gebraucht, seyn mag, so räumte er der sla=wonischen Sprache doch hiermit den Vorzug ei=nes gleichen Alterthums ein, wogegen im Grun=

6

be nichts einzuwenden ist. Nur bleibt uns ihr
wahrer Ursprung noch immer unbekannt.

Nach G. C. Kirchmayers Hypothese
von einer gemeinschaftlichen Ursprache, aus wel-
cher mehrere europäische Sprachen entstanden seyn
sollen, wäre auch die slawonische Sprache eine
Tochter seiner celtoscythischen Matrix, wie er die-
se Ursprache zu nennen beliebt. Im Grunde aber
heißt dieß eben nichts anders, als: im Slawoni-
schen giebt es Wörter, die theils mit celtischen,
theils mit scythischen übereinkommen. Einzelne
Wörter entscheiden hier nichts. Auch indische
Wörter lassen sich in Menge im Slawonischen fin-
den. Wer möchte sogleich das Indische für die
Mutter des Slawonischen halten? Hier muß
viel weniger auf das Materielle, auf den rohen
formlosen Stoff, der mehrern ganz verschiedenen
Sprachen zur Grundlage dienen kann, gesehen
werden, als auf das Formelle, worauf ungleich
mehr ankommt. Selbst diejenigen, die über den
Ursprung der slawonischen Sprache eigene Unter-
suchungen angestellt haben, konnten noch wenig
Befriedigendes darüber vorbringen. Dolci, ein
Dalmatiner, glaubt, sie sey mit der alten illyri-
schen einerley, so wie Katancsich die kroatische
mit der alten pannonischen für einerley hält. Bei-

der Voraussetzungen haben keine andern Gründe für sich, als gezwungene Erklärungen einiger illyrischen alten Namen aus dem Slawonischen. Der ragusinische Graf Sorgo will sogar das Etymon griechischer und lateinischer Götternamen daraus herleiten. Eben so grundlos ist die Behauptung, daß das Getische und Sarmatische, das Ovid zu Tomi erlernet hat, slawonische Mundarten gew sen seyn sollen. Um diese Zeit und selbst noch einige Jahrhunderte später wohnten keine Slawen in den römischen Provinzen über der Donau. Nach Kärnten und Krain kamen sie als Untergebene oder Verbündete der Avaren nach dem J. 568, nachdem die Longobarden nach Italien gezogen waren, und Pannonien den Avaren überlassen hatten. Nach Dalmatien und Servien unter dem Kaiser Heraklius in der ersten Hälfte des 7ten Jahrhunderts. Um eben diese Zeit kamen sieben Geschlechter (Stämme) nach Bulgarien, denen die Bulgaren als Eroberer im J. 679 andere Gegenden zur Wohnung anwiesen. Kurz, die Byzantiner reden ganz bestimmt von der eigentlichen ehemaligen Heimath der Slawen, die nicht weit von den nördlichen Usern der Donau gelegen war. Von den Mündungen der Donau erstreckten sie sich, wie Jordanes bezeuget

bis an den Dnestr, von da über den dacischen Ge-
birgen bis an den Ursprung der Weichsel. Allein
auch diese Länder, die sie nicht eher beziehen konn-
ten, als nach dem Abzuge der Gothen im 4ten
Jahrhunderte, sind nicht ihre ursprünglichen Sitze.
Ehedem hielt ich selbst dafür, daß die Slawen
schon im ersten Jahrhundert an der Weichsel saßen,
indem ich die Visula des Pomponius Mela, beim
Plinius Vistula, beim Jordanes Viscla, böhm.
und polnisch Wisla, für die älteste uns bekannte
slawische Benennung erklärte, und dessen Etymon
aus dem Slawonischen abzuleiten suchte. Allein
die Ableitung von wiseti, hängen, scheint mir
jetzt zwar nicht so ungereimt wie dem sel. Hanke,
doch aber gezwungen, und die von is, vis, das in
mehrern alten Sprachen Wasser bedeutet, wo-
von auch die Weser (Visurgis), die Iser und selbst
der' Ister ihre Namen erhielten, viel natürlicher
zu seyn. So hätten also die Slawen den alten
Namen dieses Flusses schon vorgefunden, und ihn
in der Aussprache nur ein wenig verändert. Da
K. Konstantin schon βισλα schreibt, so scheint er
den Namen aus slawischem Munde vernommen
zu haben.

Sollten die Slawen etwa erst mit den einbre-
chenden Hunnen oder bald nach ihnen aus Asien nach

Europa herüber gekommen seyn? Oder saßen sie schon längst, als Nachbarn der Gothen, hinter den Lithauern am obern Dnepr und der obern Wolga? Das letztere machen manche gothische Wörter, die im Slawonischen zu finden sind, wahrscheinlich. Auch das Zeugniß des Gothen Jordanes bestätigt es. Denn diesem zufolge soll schon vor dem Einbruche der Hunnen der gothische König Hermanrik nebst andern Völkern auch Wenden bezwungen haben. Jordanes ist der erste, der die Slawen Wenden und Winden nennt, weil er sie zu seiner Zeit da fand, wo ehemals des Tacitus Venedae saßen. Eben so legt er ihnen den geographischen Namen Anten bei, weil sie jene Gegenden am schwarzen Meere bezogen haben, wo ehedem vor ihnen Anten wohnten. Spätere Byzantiner nannten sie auch Geten, nicht etwa darum, daß sie getischen Ursprungs wären, sondern ihrer damaligen Sitze wegen, die vormals Gothen und noch früher auch Geten eingenommen haben. So weit wir in ältere Zeiten hinaufsteigen können, saßen die slawischen Stämme gerade da, wo Plinius den Serben ihre Wohnplätze anweiset. Wenn wir also annehmen, daß dieß die alte allgemeine Benennung der Slawen war, so wird es begreiflich, wie sie sich bei zwey ganz verschiedenen Stämmen, dem südlich = serbischen in Servien, und dem nördlich= serbischen in der Lausitz, bis auf den heutigen Tag erhalten konnte. Hier nun stehen zu bleiben, ist rathsamer, als sie in wüsten uns unbekannten Gefilden der alten scythischen Welt vergeblich zu suchen. Wenigstens ist keine Benennung unter den vielen scythischen Völkern, die Herodot aufzählt, den Slawen angemessen. Vielmehr klingen die wenigen scythischen Wörter, deren Bedeutung wir wissen, gar nicht slawisch. Nur ein unkritischer Dolci konnte spati, schlafen, mit dem scythischen Spu, Auge, vergleichen, weil man mit zugemachten Augen schlafe. Auge und Schlafen, welche Vergleichung! Unverkennbar ist s-p (sop) die Wurzelsylbe von dem slawischen Worte spati und zugleich von dem lateinischen sopire, sopor Wer würde wohl deßhalb die Lateiner von den Slawen, oder umgekehrt die Slawen von den Lateinern ableiten wollen?

Wenn also der Pole Kleczewsky und Andere geradezu behaupten, die slawonische Sprache sey scythischen Ursprungs, was haben wir dabey gewonnen? Nichts anderes, als was wir eben schon wissen, nämlich, daß die slawonische Sprache einem ganz eigenen im Norden wohnenden

Volke angehöre. Dieß ergibt sich auch schon aus
der Vergleichung derselben mit der lithauischen
Sprache, deren sehr nahe Verwandtschaft einige
zu der irrigen Meynung verleitete, daß sie selbe
für eine reine slawische Mundart erklärten. Un-
ter den vielen Sprachen der scythischen Welt kön-
nen wohl die lithauische und slawische auch begrif-
fen gewesen seyn. Allein dann ist der Satz: die
slawische Sprache ist scythischen Ursprungs, ganz
dem Satze gleich: die slawische Sprache ist sla-
wischen Ursprungs. Und so wären wir in der Er-
gründung der Abstammung der slawischen Völker
und ihrer Sprache auf diesem Wege um keinen
Schritt weiter gekommen.

§. 2.

Verhältniß der slawischen Sprache zu andern
Sprachen.

Blos aus der Vergleichung der ersten zehen
Zahlen ergibt es sich, daß die slawonische Spra-
che mit den semitischen keine Verwandtschaft habe.
Daher mußten Frenzels Versuche, slawische
Wörter aus dem Hebräischen herzuleiten, ganz
mislingen. Viel ähnlicher sind die slawischen Zahl-
wörter den indischen, und eine nicht unbetracht-

liche Anzahl von andern Wörtern sind auch im
Samstrdamischen anzutreffen. Allein ungeachtet
dieser auffallenden Aehnlichkeit in einzelnen Wör-
tern sind die indischen, so wie die finnischen, ta-
tarischen und andere asiatischen Sprachen, wenn
man auf den ganzen Bau derselben Rücksicht
nimmt, mit dem Slawonischen viel weniger ver-
wandt, als das Lateinische, Griechische und Deut-
sche mit eben demselben. Denn die ganze Einrichtung
der slawischen Sprache ist europäisch. Sie unter-
scheidet drey Geschlechter, sie hat die Pronomina·
possessiva zu förmlichen Adjectiven ausgebildet, sie
setzet die Präpositionen nicht nur den Nennwörtern
vor, sondern bildet vermittelst derselben zusammenge-
setzte Verba. Dem Lateinischen kommt sie schon da-
durch näher, daß sie den Gebrauch der Artikel nicht
kennt. Doch ist, ungeachtet der vielen gemeinschaftli-
chen Wurzelsylben, die Verwandtschaft dieser zwey
Sprachen nicht so groß, daß man mit Levesque
die Lateiner für eine alte slawische Colonie ansehen
könnte. Höchstens darf man annehmen, um sich
diese Erscheinung zu erklären, daß die Sprachen
der in Jllyrien, Pannonien, Thracien, Dacien
wohnenden alten Völker von der Art waren, daß
sie einerseits ins Lateinische und heutige Walachi-
sche, andererseits ins Lithauische und sonach mit-

telbar auch ins Slawonische eingriffen. Diejeni=
gen, die das Slawonische als eine aus dem Grie=
chischen entstandene Sprache darstellten, haben
sich erstens durch die slawonischen Buchstaben, die
Cyrill, der Erfinder derselben, der größern Anzahl
nach aus dem Griechischen borgte, zweytens durch
die beträchtliche Menge von griechischen Wörtern,
die man in die slawonischen Kirchenbücher auf=
nahm, täuschen lassen. Nach dem Gelenius, des=
sen Lexicon symphonum den ersten Versuch
von Vergleichungen ähnlicher Wörter aus der la=
teinischen, griechischen, deutschen und slawonischen
(eigentlich böhmischen) Sprache enthält, hat auch
Martinius in seinem etymologischen Wörterbuche
der lateinischen Sprache slawische Wörter häufig
auf lateinische und griechische Wurzeln zurückge=
führet. Vollständigere Vergleichungen des Sla=
wonischen (neuen Illyrischen) mit dem Celtischen
und Deutschen hat in neuern Zeiten der gelehrte
Däne Temler, des Russischen mit dem Deut=
schen Soltau, des Illyrischen mit dem Gothi=
schen Graf Sorgo, angestellt, so wie Ihre
in seinem schwedisch = gothischen, Frisch und
Adelung in ihren deutschen Wörterbüchern das
Slawonische zur Erläuterung deutscher Wörter
oft genug anführen. Allein aus bloßen Verglei=

chungen ähnlicher Wörter läßt sich über das wahre
Verhältniß der slawischen Sprache zu andern noch
kein richtiges Urtheil fällen, wenn man nicht zu-
gleich auch auf die Formen der Wörter und den
ganzen Bau der Sprachen besondere Rücksicht
nimmt.

§. 3.

Kurzer Abriß der slawonischen Sprache.

a) Nach ihrer Materie.

In der slawischen Sprache hat jeder Laut
zweyerley Bestimmung, je nachdem er entweder
als Materie, oder als Form betrachtet wird. Als
Materie d. i. als roher Stoff bildet er einzeln,
oder in Verbindung mit einem zweyten, dritten,
auch vierten Laute die ersten Wurzelsylben, wie
o, po, ot, pri, pred, blesk, deren Aufzäh-
lung in die Grammatik, oder in das Wörterbuch ge-
hört. In Rücksicht der Vocale hat der slawische
Mund keinen weiten Umfang. Er kennt kein ä,
ö, ü. Hingegen hat er ein gedoppeltes i, ein fei-
neres (böhm. und poln. i, ruff. iže) und ein grö-
beres, böhm. und poln. y, ruff. jery: biti schla-
gen, byti seyn. Er hebt selten mit einem rei-
nen a, nie mit einem e an, sondern gibt dem a

oft, dem e immer den Vorschlag j: jaje Ey,
jasti essen, jest ist, lat. est. Das o im An=
fange sprechen zwar die meisten Stämme rein aus,
wie in oko Auge, aber der Lausitzer Wende spricht
wo, das auch der Böhme in der gemeinen Rede=
sprache thut, wenn er gleich in seiner Schriftspra=
che das reine o noch immer beybehält: on er für
won. Der Kroate spricht wieder den Vocal u
nie rein aus, weil er ihm ein v vorsetzt: vuho
Ohr für uho (ucho) u. s. w.

Bemerkenswerth sind die vielerley Bestim=
mungen des i, wenn es wie j ausgesprochen wird.
Es dient den Vocalen nicht nur am Anfange, son=
dern auch nach verschiedenen Consonanten zum
Vorschlage: biel oder bjel weiß, miaso oder
mjaso Fleisch, niem oder njem stumm. Nach
Vocalen bildet es Diphthonge: daj, stoj. Wenn
es nach gewissen Consonanten verschlungen wird,
so mildert es die Aussprache derselben: koń (für
konj) Pferd, budʼ verkürzt aus budi, jestʼ (für
jesti) ist, griech. εστι. Daher wird des ver=
schlungenen i wegen der russische Infinitiv mit
dem mildernden jeř bezeichnet. Auch der Slowak
thut dieß: daʼ geben, staʼ stehen, chodiʼ ge=
hen, für dati, stati, choditi. Die Slawen
lechischen Stammes verändern in diesem Falle das

t in ć: dać stać. In Rücksicht der Consonan=
ten langt der Slawe mit den Lippenlauten w, b,
p aus und entbehrt in ursprünglich slawischen
Wörtern den Laut f. Man vergleiche wru mit
ferveo, bob mit saba, bodu mit sodio, pe-
ru mit ferio, plamen mit flamma, pišča-
la mit fistula, piesť mit Faust u. s. w. Selbst
wenn er fremde Wörter aufnimmt, verändert er
oft das f. Aus F a r b e machte der Böhme bar-
wa, aus Stephan Stiepan; das gothische fana
ist bei den Böhmen und Polen pán.

Seine 6 Sibilanten z, ž, s, š, c, č, un=
terscheidet er genau, und liebt sie so sehr, daß er
nicht nur seine drey Gurgellaute g (oder h), ch,
und k, sondern auch d und t nach bestimmten
Regeln des Wohlklanges in analoge Sibilanten
verwandelt. Man wird also auch zima mit
hiems, wezu mit veho, zrno (zerno) mit
granum, žrati mit γραω, syr mit τυρ ς,
plešči (plece) mit πλαται, jucha mit jus,
jusculum, čist mit castus vergleichen dürfen.
Eben so ležeti mit liegen, zlato mit Gold,
srdce (serdce) mit Herz, cerkew mit Kirche.
Unter den drey Gurgellauten (g, ch, k) gilt sein
glagol entweder für g (γαμμα) oder für h nach
Verschiedenheit der Mundarten. Für goniti,

gora, glawa, grad, spricht der Böhme, Mäh=
re und Slowak honiti, hora, hlawa, hrad
aus, an die sich der Oberlausitzer Wende anschließt.

Betrachtet man den Sylbenbau in Wörtern,
die aus mehrern Consonanten bestehen, so wird
man finden, daß der Slawe mehrere Consonanten
lieber vor, als nach dem Vocal verbindet. Man
vergleiche brada mit Bart, breg Ufer mit Berg,
mleko mit Milch, lgati mit lügen, prasia
(prase) mit porcus u. s. w. Da dem Grie=
chen die Consonantenfolge sl in dem Worte Slo-
wan fremd war, so nahm er sich die Freyheit
ein κ oder θ dazwischen einzuschalten: σκλαβη-
νος, Θλαβος. Der Niedersachse, Schwede, Dä=
ne, Engländer sprechen und schreiben richtiger
Slave für Sclave.

Da l und r zwischen zwey andern Consonan=
ten der Sylbe genug Haltung geben, und zugleich
Stellvertreter der Vocale seyn können, so sind
Sylben ohne Vocale, wie wlk, chlm, srb,
srp nicht ungewöhnlich. Doch schaltet man hier
in neuern Mundarten das euphonische o oder e
gern ein: wolk, cholm, serp, böhmisch
wlk, srp, aber nicht mehr chlm, sondern
chlum.

B

b) Nach ihren Formen.

Die einfachen Laute, als Form betrachtet, dienen zu Ableitungen, d. i. zu Bildungen der Redetheile aus der formlosen Stammsylbe, und zu Biegungen (Declinationen und Conjugationen). Da ich auf meine Abhandlung über den Ursprung und die Bildung der slawischen Sprache (vor Tomsa's böhmischem Wörterbuche), auf den Aufsatz über die Bildsamkeit der böhmischen Sprache (vor dem Deutsch = böhmischen Wörterbuche), endlich auf das Lehrgebäude der böhmischen Sprache verweisen darf, so begnüge ich mich, nur so viel, als zur Vergleichung mit andern Sprachen nöthig zu seyn scheint, hier auszuheben.

Functionen der Vocale. 1. Zur Bezeichnung des weiblichen Geschlechtes an allen biegsamen Redetheilen dienen die Vocale a, ia, des sächlichen o und e: on, ona; ono und weš, wsia, wse. Im Plural ist i dem männlichen, y und ia dem weiblichen, a dem sächlichen Geschlechte eigen. Im Dual ist a der männliche, ie der weibliche und sächliche Ausgang: dwa, dwie.

2. Alle Vocale dienen zur Bezeichnung verschie=
bener Casus: bog, boga, bogu, bože,
bozie, Plur. bozi, bogy.

3. Die meisten bezeichnen auch verschiedene Zeit=
formen an den Verbis. Die erste Person des
Indicativs im Singular u und ju. slowu
sluju. Den Imperativ i: nesi, daj. Im
Gerundiv das Präsens y oder a: nesy oder
nesa. Das einfache Präteritum in der zwey=
ten und dritten Person e, u, se, i, a: ne-
se, kopnu, vidie, chodi, kopa.

Functionen der Consonanten. 1. w, ver=
mittelst eines Vocals an die Stammsylbe ange=
hängt, bildet Substantiva und Adjectiva (in
aw, ow, iw). An den Verbis Gerundiva
Präterita: vidiew, chodiw, kopaw

2) ba, so viel als wa, und oba sind Ab=
leitungssylben der weiblichen Substantive:
mlatba; zloba, chudoba.

3. m (om, em, am, ym, im) ist die all=
gemeine Bezeichnung des Dativs im Plural:
im, ihnen, krawam, den Kühen, dobrym
rabom, den guten Knechten.

Des Dativs der Adjective (omu, emu).
Des männlichen und sächlichen Instrumentals
im Singular (om, em, ym). Des Locals

B 2

an Fürwörtern und Adjectiven (om, em).
Der Adverbien in mo.

An den Verbis bezeichnet em, im die erste
Person im Plural: kopajem, vidim. Hier
hängen aber andere Mundarten noch ein y oder
e oder o an, weil sie im Singular den Aus-
gang em für u, und im für iu, und am für aju
angenommen haben. Die irregulären jesm',
jam (jem), wiem, dam, imam haben
im Plural auch my: jesmy, jamy, wie-
my, damy, imamy. Im Präterito ist
om allein üblich: vidiechom. Das Präsens
des Participii passivi om, em: nesom, ko-
pajem, womit die griechische Termination
ομενος zu vergleichen ist. Der Grieche hat hier
zwey slawische Bildungssylben om und en ver-
bunden.

4. n (an, en, in) bildet Substantiva, Adjectiva.
Vermittelst an ist der allgemeine Völkername
Slowan, auch Slowian abgeleitet. Zu Pro-
kops Zeiten mag die Form in üblich gewesen
seyn, weil er σκλαβηνος schrieb. So ist ser-
blin ein Servier von dem Stammworte Serb.

An den Verbis das Part. pass. Präteritum
en, an: nesen, kopan.

5. l (el, al) bildet Substantiva und Adjectiva: žatel, swietel. An den Verbis das Participium Activum Präteritum: nesl, vidiel, chodil, kopal, woran, so wie am Passivo der Geschlechtsunterschied Statt findet: nesl, nesla, neslo; nesen, nesena, neseno.

6. r (ar') dienet blos zur Ableitung einiger Substantive und Adjective: dar, mytař; mokr, mokra, mokro von mok.

7. t (ot, et) bildet Substantive, so wie at, it Adjective: skrežet, böhm. škřehot.

An den Verbis bezeichnet t die 3te Person: neset, chodit, im Plural nesut, chodiat. Dieses t fiel in neuern Mundarten weg, daher böhmisch nese, nesau, chodj für chodit und chodiat. te die 2te Person im Plural: nesete, chodite, im Präterito nesoste, chodiste. Hierin also ist die slawische Bildungssylbe der Griechischen ετε ähnlicher als der lateinischen atis, etis, itis. Ferner bezeichnet t auch das Part. Pass. Präteritum: wit gewunden, von wiju. Und ti den Infinitiv: nesti, stydnuti, widieti, choditi, kopati. Die Dienstlaute st siehe unter s.

8. z mit ň verbunden bildet Abstracta: kazň, bojazň, böhm. bázeň. Eben so s mit ň: piesň, böhm. pjseň.

9. ž mit vorhergehendem e dienet blos zur Bildung einiger Substantive: lupež.

10. s mit t verbunden, nimmt den Vocal o vor sich auf (ost') und bildet so wie stwo, stwïe Abstracta: milost, diewstwo, lakomstwïe.

11. š bildet Comparative: menšii. An den Verbis ši die 2te Person des Präsens im Singular neseši, chodiši. In den neueren Mundarten fiel das i nach š längst weg. Die Sylbe si nimmt auch das weibliche Geschlecht des Gerundivi Präteriti an, še im Plural bezeichnet alle drey Geschlechter: widiewši nachdem sie gesehen hatte, widiewše nachdem sie gesehen hatten. ša fur chu die 3te Person im Plural des Prät. nesoša sie trugen.

12. š mit č verbunden, weiblich šči, im Plural šče, bildet das Präsens des Gerundivs: nesušč, nesušči, Plur. nesušče; chodiašč, chodiašči, chodiašče. In neuern Mundarten der 1ten Ordnung ist blos č (im Jllyrischen ch, ein feinerer Sibilant) für šč üblich. Im Böhmischen und Polnischen ver=

tritt c die Stelle des šč oder č. Für das alt=
böhmische nesuc, nesuci, nesuce, cho-
diec, chodieci, chodiece, ist nesauc
u. s. w. chodje u. s. w. üblich.

13. išče, böhmisch iště, bezeichnet an den Sub=
stantiven einen Ort, Raum, eine Ausdehnung:
ognišče Feuerheerd, kopišče Spießstange.

14. c (ec, ica, ce) bildet Substantiva, auch
Diminutiva: konec, diewica, sълnce,
böhm. slunce Sonne. Agnec entspricht dem
lat. agnus. An den Verbis imBöhmischen, Pol=
nischen das Präsens des Gerundivs, s. oben
šč N. 12.

15 č (ač, eč, ič) sind Ausgänge der Sub=
stantive tkač für tkalec böhm. tkadlec, der
Weber. ič (für išč) bildet auch Diminutiva.

16. go bezeichnet den Genitiv an dem Pronomen:
togo, iego, so wie am Adjective mudrago,
böhm. mudrého. Die südlichen Mundarten
versetzen ago und sprechen mudroga.

17. ch (och, uch, ucha) bildet Substantiva:
čech der Volksname der Böhmen, von četi,
anfangen; pastuch Hirt, böhm. pastucha.
Bezeichnet den Local des Plurals durch alle
Declinationen: w nich, boziech, die=
wach, milostech, bielych u. s. w.

24

An den Verbis die 1te Person im Singular
des Präteriti: nesoch, widiech, chodich.
kopach. Im Plural (chu) die dritte Per=
son: widiechu, chodichu, kopachu.
S. oben ša N. 11.

18. k (ek, ok, ik) bildet Substantiva (auch
Diminutiva) und Adjectiva: čelowiek
Mensch, böhm clowěk, piesok, böhm. pj-
sek Sand; sladok, sladka, sladko,
tiažek böhm. těžek. griešnik Sünder,
welik groß.

19. sk (skyj) Adjectiva: diewičesk pol Mäd=
chengeschlecht, nebeskyj himmlisch.

Dieß mag nun zureichen, um die verschie=
denen Formen der flawischen Sprache mit den
Formen der griechischen, lateinischen, deutschen
und jeder andern Sprache vergleichen zu können.
Diese Vergleichung wird noch durch folgende
Bemerkungen erleichtert werden.

a. Den Gebrauch des Artikels haben nur ger=
manisirende Mundarten, die wendische in bey=
den Lausitzen und die windische in Kärnten,
Krain, Steyermark, angenommen. Man ver=
wendet dazu das demonstrative Pronomen ton,
ta, to, windisch ta, ta, to. Andere

Mundarten kennen ihn eben so wenig, als der Lateiner.

b. Die slawischen Declinationen sind eben deßhalb vollständiger, als im Griechischen und Lateinischen. Für den Singular hat der Slawe 7 Casus, für den Plural aber nur 6, indem der Nominativ zugleich den Vocativ vertritt. Im Dual lassen sich nur 3 Casus unterscheiden: Nom. dwa, dwie, Gen. dwoju (dwu), Dat. dwiema, indem hier der Accusativ dem Nominativ, der Local dem Genitiv, und der Sociativ oder Instrumental dem Dativ gleich sind. Ungeachtet der vielen Casus unterscheidet der Slawe an den weiblichen Nennwörtern im Plural den Accusativ nicht vom Nominativ, da es doch der Grieche und Lateiner thun. Den Deutschen trifft dieser Vorwurf doppelt, indem er auch den männlichen Accusativ dem Nominativ gleich macht.

c. Die Adjectiva, da sie einen unbestimmten und bestimmten Ausgang haben, werden auch nach zweyerley Muster gebogen. Die unbestimmten richten sich nach den Substantiven: blag, blaga, blagu, u. s. w. Die Bestimmten nach dem Pronomen: malyj, malago, malomu u. s. w.

d. In der Steigerung der Adjective, welche vermittelst des angehängten ij oder šij geschieht, vertritt im Altslawonischen der Comparativ auch den Superlativ. Neuere Mundarten bilden den Superlativ, indem sie dem Comparativ die Partikel naj vorsetzen: najmensij, böhm. neymenšj. Da der lat. Ausgang issimus aus si und mus zusammengesetzt ist, so floß die Sylbe si aus derselben ältern Quelle, aus welcher das slaw. ši entsprungen ist.

e. Durch die Endsylben u, eši, et, im Plural em, ete, ut, oder iu, iši, it, Pl. im, ite, iat werden die Personen im Präsens bezeichnet. Im Präterito aber nach Verschiedenheit der Formen durch och, e, Plur. ochom, oste, ochu; iech, ie, Plural iechom, ieste, iechu; ich, i, u f. w. ach, a, u. f. w. Endigt sich die Stammsylbe auf einen Vocal, so bekommt die 1te Person nur ein ch: dach, pich, obuch, indem da, pi, obu schon die 2te und 3te Person bezeichnen. Im Plural chom, ste, chu: dachom, pichom, obuchom, daste, piste, obuste, dachu, pichu, obuchu.

f. Periphraſtiſche Präterita verbinden das Hülfs=
wort jesm', jesi, jest mit dem Partici-
pio activo Präterito: kopal jesm', ich
habe gegraben; smiel jesi, ausus es.
Wird biech damit verbunden, ſo entſteht
das Plusquamperfectum: kopal biech ich
hatte gegraben. Wird aber bych damit
verbunden, ſo erhält man das Imperfectum
des Optativs: kopal by er würde graben.

g Das einfache Futurum iſt entweder das pri=
mitive Verbum ſelbſt, wie budu (ero, fiam),
oder es wird vermittelſt nu gebildet: bodnu,
oder aber vermittelſt einer Präpoſition: obu-
ju, izuju. Das periphraſtiſche beſteht aus
dem Infinitiv und dem Hülfswort budu, oder
chošču: budu kopati; in einigen neuern
Mundarten auch budu kopal. Allein bu-
du kopal iſt eigentlich das Futurum exactum
anderer Sprachen, und entſpricht dem lat. Fu-
turo des Conjunctivs.

h. Das Paſſivum wird entweder mit sia (se)
umſchrieben: spaset sia, salvabitur, oder
man verbindet die Hülfswörter mit dem Par-
ticipio paſſivo: spasen byst', spasen bu-
det u. ſ. w.

i. Da es dem Slawen an iterativen und fre-
quentativen Formen nicht fehlt, so konnte er
gar leicht das Verbum soleo, ich pflege,
entbehren. So ist bywati das Frequenta-
tivum von byti; und nositi, lamati, ku-
powati sind Iterativa von nesu, lomiti,
kupiti.

k. Die Adverbia qualitatis werden meistens ver-
mittelst ie gebildet: podobnie u. s. w. Fast
eben so der Lateiner: caste, plene.

l. In der Fügung (Syntaxis) nähert sich der
Slawe mehr dem Griechen und Lateiner, als
dem Deutschen. In der Wortfolge hat er
viel Freyheit. Die verneinende Partikel ne
setzt er dem Verbo vor, selbst wenn schon ei-
ne andere Verneinung im Satze steht. In
negativen Sätzen gebraucht er den Genitiv an-
statt des Accusativs. Nur die ersten vier
Zahlwörter betrachtet er als Adjective, alle
übrigen als Substantive, daher nach ihnen
das regierte Wort im Genitiv stehen muß:
osm sot (set) 800. Alter bemerkte zwar
richtig in seinem Aufsatz über den Gebrauch
des Dativs anstatt des Genitivs, daß auch
im Slawischen der Dativ für den Genitiv öf-
ters gesetzt wird, aber das allgemein aus-

gesprochene Urtheil: Gewiß keine Sprache hat
die Vorzüge und so viel Analogisches mit der
griechischen Sprache als die slawische, kann
nur unter sehr vielen Einschränkungen gelten.
S. seine Miscell. S. 37.

m. Unter den Partikeln die dem Nennworte
vorgesetzt, und vermittelst welcher auch zu-
sammengesetzte Verba gebildet werden, sind
o, u, w, wy, po, na, za, s (su),
ob, ot (od), iz, wz (woz), bez, pro,
pre, pri, pod, nad, raz (roz), pred
wahre Präpositionen; nur radi, dielia
(dlia) sind Postpositionen. Wy und iz
sind gleichbedeutend. Wydati, wyliti sa-
gen der Böhme und Pole, izdati, izliti,
die südlichen Slawen. Der Russe gebraucht
beydes wy und iz. Roz spricht der böh-
mische und polnische Mund, raz aber der
russische und serbische. Dieser geringe Unter-
schied nebst einigen andern Merkmalen begrün-
det die Abtheilung der slawischen Sprachen
in zwey Ordnungen.

§. 4.

Munbarten der flawiſchen Sprache.

Zur bequemern Uiberſicht ſtellen wir die Merk
maßle beider Ordnungen neben einander.

I.	II.
1. raz : razum	roz : rozum
raven	roven
rabota	robota
rastu	rostu
2. iz : izwedu	wy : wywedu
izwoliti	wywoliti
izbrati	wybrati
3. mošči *Infin.*	moci
nošč, noc	noc
nesušči, nesuči	nesuci
obrasčen, obračen	obracen
4. ralo	radlo (d *epenth*)
salo	sadlo
prawilo	prawidlo
moliti	modliti
5. zemlia (l *epenth*)	zemia
postawlen	postawen
kupliu	kupiu (kupim)

So wie eine Völkerschaft aus mehrern einzel-
nen durch das Band gemeinschaftlicher Abstam-
mung verbundenen Geschlechtern besteht, so ist
auch die Sprache eines Volkes als das Aggregat
von mehreren Sprecharten zu betrachten. Ver-
schiedene slawische Stämme konnten, ungeachtet der
Verbindung durch eine gemeinsame allgemeine
Sprache, doch nicht ganz einerley Mundart reden.
Es mußte also schon im grauesten Alterthum
nach Verschiedenheit der Stämme auch mehrere
Mundarten geben. Prokopius unterscheidet schon
im 6ten Jahrhundert Anten und Slawinen.
Nach seiner Aussage redeten sie zwar einerley
Sprache, aber gewiß nur in dem Sinne, in welchem
auch noch heut zu Tage Böhmen und Pohlen,
oder Russen und Servier, so fern sie nämlich alle
slawonisch sprechen, einerley Sprache reden. Wenn
man bedenket, daß schon im 7ten Jahrhunderte
Kroaten und Servier, die in die entvölkerten Pro-
vinzen des byzantinischen Reiches über die Donau
wanderten, als zwey Stämme von einander ge-
nau unterschieden werden, so darf man die nörd-
lichen Serben in Meißen und in der Lausitz, als
Nachbarn und nächste Geschlechtsverwandte der
Czechen, mit den südlichen Serben (den heutigen
Serviern) noch weniger vermengen. Man darf

diese, wenn sie gleich ehedem auch im Norden an den Karpaten saßen, nicht von jenen unmittelbar ableiten. Sie konnten sich auch damals nur mittelbar berühren, weil zwischen ihnen noch andere, nämlich die lechischen Stämme lagen. Eginhard nennt unter den Völkern, die Karl der große bezwang, Weletaben, Soraben, Abotriten, Böhmen; er legt ihnen aber nicht mehr einerley, sondern nur eine ähnliche Sprache bey. Sein gewählter Ausdruck lingua quidem pene similes deutet doch offenbar auf Verschiedenheit der Mundarten hin. Alle slawische Mundarten, so viel ihrer heute geschrieben oder gesprochen werden, lassen sich, wenn man sie nach den angegebenen Merkmahlen untersuchet, unter diese zwey Ordnungen bringen. Zur ersten gehört 1) das Russische, 2) das Altslawonische, 3) das heutige Slawonische oder Jllyrische (in Bulgarien, Servien, Bosnien, Dalmatien), 4) das Kroatische und 5) das Windische in Krain, Kärnten, Steyermark, nebst der Varietät des Windischen im Eisenburger Comitat.

Zur zweyten Ordnung gehören 1) das Slowakische, 2) das Böhmische, 3) das Wendische in der Oberlausitz, 4) das Wendische in der Niederlausitz, 5) das Polnische mit der schle-

fifchen Varietät. Bloß der Nachbarfchaft und
dem häufigen Verkehre mit den Polen ift es zu=
zufchreiben, daß der Ruffe auch die Partikel wy
neben iz aufnahm, daß er rospis für raspis
fchreibt, da er doch fonft in allen andern Zufam=
menfetzungen nicht roz, fondern raz ausfpricht.
Auch im Gebrauche des o für a nähert er fich
dem Polen: gorod, kolos, soloma, Polnifch
grod, klos, sloma, wo doch felbft der Böh=
me mit den füdlichen Slawen das a noch beibe=
hielt: hrad, klas, slama. Das Slowaki=
fche macht gleichfam den Uibergang fowohl vom
Böhmifchen, als vom Polnifchen in das Windifche
und Kroatifche. Das Wendifche fteht zwifchen
dem Böhmifchen und Polnifchen in der Mitte,
neigt fich aber in Rückficht des tiefern Vocals o
und der häufigern Sibilanten (für d, t) doch
mehr zum Polnifchen, wenn es gleich den lechi=
fchen Rhinefmus nicht kennt. Der Wende fpricht
mit andern Slawen ruka, nicht renka.

§. 5.

Böhmifche Sprache.

Herrn Anton Puchmayer verdanken wir eine
ziemlich vollftändige Vergleichung der böhmifchen
Sprache mit der ruffifchen, die er in feinem böh=

C

34

misch = russischen Prawopis angestellt hat. Dieß
Werklein könnte wohl andern zum Muster dienen,
die Lust oder Beruf haben, ähnliche Sprachver=
gleichungen anzustellen, wenn gleich die Absicht,
das mit russischen Buchstaben geschriebene Böhmi=
sche auch Russen lesbar und verständlich zu ma=
chen, nie erreicht werden dürfte. Vor ihm hat
auch Christoph von Jordan in seinen Origini-
bus slavicis, und Papanek in seiner hist. gen-
tis Slavae das Böhmische und Slowakische mit
dem Kroatischen verglichen, um die Abstammung
der Böhmen von den Kroaten wahrscheinlicher zu
machen. Allein das Böhmische als Sprache der
2ten Ordnung weicht vom Kroatischen, das zur
1ten Ordnung gehöret, noch immer zu sehr ab,
als daß man die alte, von beiden verfochtene Mei=
nung von einer Wanderung des Stammvaters
Czech oder der Czechen überhaupt aus Kroatien
nach Böhmen wahrscheinlich finden könnte. Viel=
mehr muß, weil auch historische Gründe dafür
streiten, die böhmische Sprache für eine besondere
Mundart eines alten eigenen slawischen Stammes,
der etwa seit 550 nach und nach von der Weichsel
bis nach Böhmen vordrang, angesehen werden.
Sie ist nicht etwa, wie Leonh. F r i s c h in seinem
5ten Programm wähnte, ein Mischling, der aus

einer Vermengung des servischen, kroatischen und
bulgarischen Dialektes entstanden sey. Frisch
läßt erstens die Servier nordwärts nach Böhmen
ziehen, wo doch in der Stelle des K Konstantin,
die er anführt aber ganz unrichtig übersetzt, aus-
drücklich gesagt wird, daß die Servier ehedem im
Norden über Ungern hinaus gewohnt hätten. Da
Konstantin den kroatischen Stamm vom serbischen
unterscheidet, so dürfen wir den czechischen Stamm,
der im Norden zurückblieb und schon früher gegen
Westen vorgedrungen war, weder mit dem kroati=
schen, noch mit dem serbischen vermengen. Dann
läßt Frisch, von Dubravius irre geleitet, auch ei-
ne kroatische Kolonie nach Böhmen wandern, da
doch umgekehrt die Kroaten aus Groß = oder
Weißkroatien, das im Norden an den Karpaten
lag, nach Dalmatien gezogen sind. Endlich nimmt
er mit Stransky an, daß die im bulgarischen
Dialekte abgefaßte griechische Liturgie zu gleicher
Zeit mit dem Christenthum in Böhmen Eingang
gefunden habe. Wenn auch diese Voraussetzung
nicht ganz falsch wäre, wie sie es in der That
ist, so dürfte man ja doch den bulgarischen Dia-
lekt der Kirchenbücher nicht von dem altserbischen
unterscheiden. Denn die liturgische Sprache ist
hie altserbische, und heißt nur bulgarisch, weil sich

auch die Bulgaren dieser Liturgie bedienen. Aber
setzen wir auch, daß Herzog Bořiwoy in Mähren
von Method getauft worden sey, daß er einen
slawischen Priester mit sich nach Böhmen brachte,
so konnte doch der Einfluß der Kirchensprache nicht so
groß gewesen seyn, daß durch dieselbe aus der
vorhandenen Redesprache eine ganz andere Mund-
art entstanden wäre. Aus zwey oder auch drey
Sprachen der ersten Ordnung kann zwar ein neuer
Mischling entstehen, aber nie eine Mundart der
zweyten Ordnung, so wie die Vermischung der
polnischen und böhmischen nie eine Mundart her-
vorbringen wird, welche die Merkmahle der er-
sten Ordnung an sich trüge.

Wollte man nun das Eigenthümliche und
Charakteristische der böhmischen Sprache mit we-
nigen Zügen entwerfen, wie ich es in der Vorre-
de zu meinem Lehrgebäude der böhmischen Spra-
che versucht habe, so dürfte man nur die Mund-
arten der zweyten Ordnung, nämlich das Polni-
sche und Wendische, mit ihr vergleichen. Das
Slowakische würde ohnehin, wenn man geringere
Verschiedenheiten der neuern Sprache weniger
beachtete, mit dem Altböhmischen zu einer Mund-
art zusammen schmelzen. Die alten Böhmen
können das au, in aud, saud und andern Wur-

zeln, im Accusativ: mau milau, im Instru-
mental: s krásnau pannau, in der 3ten Per-
son des Plurals: berau, eben so wenig, als der
Slowak, der in allen diesen Fällen das gedehnte
ú dafür beibehält. Dasselbe gilt auch von der
Auflösung des ý in ey, wie es die neuern Böh-
men häufig thun: beywati, beyk, mleyn
für býwati, býk, mlyn. Auch für ay in
nay, day etc. hat man das engere ey einge-
führet, wo der Slowak beim Alten blieb. Hierher
gehört auch das i anstatt u oder iu: lidé anstatt
ludé. In dem eigenen Namen der heiligen Her-
zogin Ludmila hat sich lud für lid noch erhal-
ten. Für pigi, segi, milugi, spricht selbst der
gemeine Mann in Böhmen noch immer pigu, se-
gu, milugu, wenn gleich in Schriften die fei-
nern Ausgänge in i schon seit 400 Jahren vor-
kommen. Der Accusativ zemu für zemiu, der
im XIten Jahrhundert in Spitihniews Urkunde
zu finden ist, setzt nothwendig den Nominativ
zemia für das heutige zemie voraus. Cosmas
schreibt noch im 12ten Jahrhundert msa (lies
mža). Die neuere Sprache liebt in solchen Fäl-
len nach ž und andern flüssigen Consonanten e
für a. Für unser swině, neděle, duße,
hört man in Mähren häufig swinia, neděla,

dussa. Die Lubossa, Lubussa bei Cosmas
ist die Libusse nach neuerer Aussprache. Vor
dem 13ten Jahrhunderte kommt in Urkunden noch
kein h für g vor, d. i. man schrieb Dragomir,
Praga, nicht Drahomir, Praha. Auch schrieb
man in ältern Zeiten Borivoy für Borziwoy,
und es ist schwer zu bestimmen, wann die säu=
selnde Aussprache des feinern r bei den Böhmen
oder Polen ihren Anfang nahm. Der Slowak
und die Wenden in der Lausitz kennen sie noch
jetzt nicht, wenn gleich der Oberlausitzer und der
Slowak das h wie die Böhmen für g ge=
brauchen.

§. 6.

Schriftarten der Slawen.

Vor der glücklichen Erfindung des slawoni=
schen Alphabets Az, Buki, Wiedi. Glagol
dobro etc. durch den Philosophen Constantin,
sonst auch Cyrill genannt, war wohl die Schreib=
kunst den Slawen ganz unbekannt. Der Gebrauch
der Runenschrift an der Ostsee, worüber die von
Masch erläuterten Obodritischen Alterthümer
nachzulesen sind, reicht nicht so weit hinauf, daß
man behaupten könnte, die heidnischen Priester

zu Rhetra und an andern Orten hätten die Na=
men ihrer Gottheiten schon lange vor Cyrill mit
Runen geschrieben. Sie mögen selbe erst im 9ten
oder 10ten Jahrhunderte den Dänen oder Schwe=
den abgeborgt haben. Unser Stransky träum=
te sogar von einer ruthenischen (altrussischen)
Schrift, die bei den heidnischen Böhmen gebräuch=
lich gewesen sey. Allein es konnte vor der Erfin=
dung des cyrillischen Alphabets, das einige ruthe=
nisch, andere bulgarisch nennen, keine ältere ru=
thenische Schrift vorhanden seyn, da die Russen erst
im 10ten Jahrhunderte slawonische Kirchenbücher
und Buchstaben kennen lernten. Die Glagoliten
in Dalmatien gaben in der ersten Hälfte des 13ten
Jahrhunderts vor, sie hätten ihre Buchstaben
(glagoli) von ihrem vermeintlichen Landsmanne,
dem Kirchenlehrer St. Hieronymus erhalten. Da=
her nannten sie auch ihre Bukvica das hierony=
mische Alphabet. Der sel. Dobner, da er als
ein gründlicher Geschichtsforscher wohl wußte, daß
zu jener Zeit an der Gränze von Pannonien und
Dalmatien, weit und breit um Stridon herum,
wo Hieronymus geboren war, noch keine Sla=
wen wohnten, wollte doch der neuern glagoliti=
schen Schrift zur Ehre eines höhern Alterthums
verhelfen. Er meinte nämlich, Cyrill, da er Er=

finder eines neuen Alphabets war, könne nicht die
sogenannten cyrillischen, weil sie augenscheinlich,
bis auf einige wenige, griechisch wären, sondern
müsse die glagolitischen Buchstaben erfunden ha=
ben. Die cyrillisch = slawonischen aber hätten die
Anhänger der griechischen Kirche, die Bulgaren,
Servier oder Russen, aus dem griechischen und
glagolitischen Alphabete zusammen gestoppelt.
Man darf aber die zwey slawonischen Alphabete
nur mit einiger Aufmerksamkeit gegen einander
halten, so wird das Grundlose dieser Hypothese
sogleich in die Augen fallen. Unverkennbar sind
die Vorzüge des ursprünglichen cyrillischen, der
ältern Sprache ganz angemessenen Alphabets vor
dem verkürzten glagolitischen, das offenbar nach
der jüngern dalmatischen Mundart gemodelt ist.
Zu geschweigen daß man kein älteres Buch mit
glagolitischer Schrift aufweisen kann, als den
Psalter, den Nicolaus von Arbe im J. 1222
abgeschrieben hat, da hingegen viel ältere Bücher
mit cyrillischer Schrift in großer Menge noch vor=
handen sind. Dieser Schrift bedienten sich von
ieher (seit 860) die Bulgaren, Servier und seit
der Taufe Wladimirs auch die Russen und alle
andere Slawen, die ihre Liturgie nach dem grie=
chischen Ritus verrichten. Erst nach 350 Jahren

verfiel ein Dalmatier auf den Gedanken, auch
für die Anhänger der lateinischen Kirche das rö=
mische Mißal ins Slawonische zu übersetzen und
einzuführen. Zum Behuf der neuen Liturgie
schien es ihm rathsam, um das aus cyrillischen
Büchern Geborgte besser zu verheelen, auch neue
Buchstaben zu erkünsteln, und sie, um ihnen
leichter Eingang zu verschaffen, dem großen Kir=
chenlehrer und Bibelübersetzer Hieronymus zuzu=
schreiben. Da sich gleich anfangs mehrere Geist=
liche zu diesem patriotischen Zwecke vereinigt ha=
ben mochten, so kam auch das Brevier hinzu, in
welches sie den Psalter nach der bereits vorhande=
nen cyrillischen Uibersetzung aufnahmen, und nur
die Stellen, wo er von der Vulgata abwich,
abänderten. So verbreitete sich auch allmählich
der falsche Ruf von einer dalmatischen Bibelüber=
setzung, die den h. Hieronymus zum Urheber
habe.

Die Slawen in andern Gegenden, die aber
in ihrer Sprache viel später zu schreiben anfingen,
mußten sich mit dem lateinischen Alphabete so gut
behelfen, als sie konnten. Wenn Griechen und
Lateiner slawische Namen richtig schrieben, so ge=
lang es ihnen nur dann, wenn sie selbe gut auffaß=
ten, und für die einzelnen Laute in ihrem Alphabe=

te angemeſſene Buchſtaben fanden. Prokop ſchrieb den Namen Slowan oder Slowin σκλαβηνος, andere Byzantiner σϑλαβος. Sie trafen es hier ungefahr ſo, wie die Oeſterreicher, wenn ſie die mähriſchen oder ungriſchen Slowaken S c h l a - w a k e n nennen. Den Vocal o in der Sylbe Slow haben ſie für ein a genommen. So ſchrieben ſie auch Kelagastos, Ardagastos, Piragastos, wo der ſlawiſche Mund für gast gewiß gost ſprach. K. Conſtantin ſchreibt noch im 10ten Jahrhundert ζακανα fur zakon. Jordanes ſchreibt Viscla für Visla, Conſtantin aber βισλα. In der Hist misc. C. XXIV. kömmt im J. 805 der Name eines bulgariſchen Geſandten an Kaiſer Michael vor, der Dragomir hieß. Auch den Namen der böhmiſchen Herzogin Dragomir ſchrieb unſer Coſmas ſo, nach neuerer Ausſprache Drahomira. In den fränkiſchen Annalen wird der feſten Burg Dewen an der Mündung der March unter dem Namen Dovina gedacht. Da er daſelbſt durch puella erklärt wird, ſo iſt dafur Devina zu ſchreiben, weil diewina oder diewin von diewa abgeleitet dieſe Bedeutung wirklich hat. Beim Biographen des Bamberger Biſchofs Otto im 12ten Jahrhunderte heißen die heidniſchen Tempel, die

e.n den Enden (d. i. Quartieren, Vierteln) der
Stadt standen, Concinae, wobei er an das
lat. continere dachte, weil er fand, daß auch
andere slawische Wörter den lateinischen ähnlich
seyen. Wer da weiß, daß konec im Slawi=
schen Ende heißt, daß auch in Rußland die Städ=
te in solche Enden (konci) eingetheilt waren,
der kann keinen Augenblick anstehen, Concina
wie koncina zu lesen. Mich nimmt es Wunder,
wie mein sel. Freund Fortunat Durich
(Bibl. slau. p. 87) bei Colomezza, das er
aus einem Diplom Ludwigs vom J. 832 in die=
sem Zusammenhange anführt: usque ad me-
dium montem, qui apud Winidas Colo-
mezza vocatur, an kolo, Rad, und meza,
oder meza denken konnte, da die Winden in
Oesterreich den Berg wohl nicht anders als chol-
mec (böhm. chlum, chlumec) genannt haben.
Mit schwerer auszusprechenden Wörtern hatte man
noch größere Noth. Dessen ungeachtet versuchten
es eifrige Geistliche hier und da das Nöthigste
zum Unterrichte des Volkes mit lateinischen Buch=
staben zu schreiben. Dieß thaten zwey Merseburger
Bischöfe, Boso vor dem J. 971, und Werner vor
1101, und der Aldenburger Priester Bruno ums
Jahr 1156. Vom erstern sagt sein Nachfolger

Ditmar ausdrücklich: slavonica scripserat verba. Er lehrte die Slawen in ihrer Sprache das kyrie eleison singen, die aber darüber spotteten, weil sie es in kri olsa (d. i. w kri olsa, im Gesträuche die Erle) verdrehten. Vom Werner heißt es in der Chronik der Merseburger Bischöfe: libros schlavonicae linguae sibi fieri jussit, ut latinae linguae charactere idiomata linguae Schlavorum exprimeret. Der Priester Bruno von Aldenburg hatte schon bei seiner Mission geschriebene Reden (sermones) in slawischer Sprache, wie es Helmond (Chron. Slav. l. 1. c. 83.) bezeuget. Leider aber hat sich davon aus diesen Gegenden nichts erhalten. Allein zu München war man so glücklich, in einer alten Handschrift, die Jahrhunderte lang im Stifte Freisingen aufbewahret war, drey kurze slawische Aufsätze aus dem Xten oder XIten Jahrhunderte im krainisch = windischen Dialekte zu entdecken. Hr. D, ließ eine Anzeige davon nebst einigen Proben in den neuen Lit. Anzeiger (1807 Nr. 12) einrücken. Durch Hrn. Jak. G. auf diese wichtige Entdeckung aufmerksam gemacht, wünschte ich nichts sehnlicher, als genaue Abschriften von allen drey Stücken zu erhalten. Nicht lange darnach verschaffte mir Herr Gr. Franz von St.

bequeme Gelegenheit, die Handſchrift an Ort und
Stelle einſehen zu können. Die Abſchriften, die
ich davon nahm, ſäumte ich nicht ſprachkundigen
Krainern mitzutheilen, die ſich nun mit einer
kunſtgerechten Erklärung dieſer alten Denkmahle
ihrer Landesſprache rühmlich beſchäftigen. Wenn
man dem Hagek glauben dürfte, ſo hätten ſchon
die heidniſchen Herzoge in Böhmen ihre Schreiber
(pisak) gehabt, und Libuſſe hätte ihre Pro-
phez ihungen mit ſlawoniſchen Buchſtaben ſchon im
7ten Jahrhunderte verzeichnen laſſen. Allein vor
Einführung des Chriſtenthums, d. i vor 845 iſt
an keine Schreibekunſt, und vor dem Cyrill, d. i.
vor 860 an kein ſlawoniſches Alphabet zu denken.
Daß Cyrills Bruder der ſlawiſche Erzbiſchof Me-
thod zu Budec in Böhmen, das bereits unter dem
Regensburger Kirchenſprengel ſtand, eine ſlawi-
ſche Schule geſtiftet habe, iſt ein ganz neu erfun-
denes derbes Mährchen. Selbſt in Mähren blieb
Method, auch nachdem Pabſt Johann VIII. deſ-
ſen Rechtgläubigkeit anerkannt hatte, von dem
ihm untergeordneten Biſchofe Wichin nicht un-
angefochten. Gleich nach ſeinem Tode bekam
Mähren lauter lateiniſche Biſchöfe, und der ſla-
wiſche Ritus, dem der lateiniſche in Mähren und
Pannonien ehedem an vielen Orten hatte wei-

chen müssen, verschwand gar bald in ganz
Mähren.

Nach Hageks Erzählung brachte der Bischof
Adalbert, als er von Rom nach Böhmen kam,
das slawische kyrie eleison, auf Pergament ge=
schrieben und mit Noten versehen, mit. Diesen alten
Gesang mag wohl der heilige Bischof seinen Böh=
men empfohlen haben, wenn er ihn gleich nicht
selbst schriftlich verfaßt hat. Außer den zwey
Schenkungen, die in dem Spitignewischen Stif=
tungsbriefe der leitmeritzer Kollegiatkirche in böh=
mischer Sprache vorkommen, und außer einzelnen
böhmischen Wörtern, die in mehrern Urkunden
des XI. XII. XIIIten Jahrhunderts anzutref=
fen sind, hat sich aus den frühern Zeiten bis zu
uns herab nichts erhalten, als das Fragment ei=
ner gereimten Legende, das wir unten anzeigen
und ganz mittheilen werden.

§. 7.

Schicksale der slawischen Liturgie in Böhmen.

Es ist gar nicht erweislich, daß in Böhmen,
das seine Bekehrung deutschen Priestern zu ver=
danken hat, je der Gebrauch der slawischen Schrift

ringeführt war. Ich habe meine Meynung hier=
über schon in der böhm. Lit. B. 2. S. 18, in
den Abhandlungen einer Privatgesellschaft B. V.
S. 300, und in dem Literar. Magazin St. 2.
S. 52 und folg. geäußert, und mit Gründen un=
terstützt. Zwar brachte der h. Prokop um das
J. 1030 einige slawische Mönche, von welchen
er sich in der Cyrillischen Schrift und slawischen
Kirchensprache unterrichten ließ, zusammen, und
baute ihnen das bekannte Kloster zu Sazawa.
Allein bald nach dem Tode des heil. Mannes (er
starb 1053) beschuldigte man die guten Mönche,
der slawonischen Sprache wegen, einer Ketzerey
(dicentes, sagt der Mönch von Sazawa, per
sclauonicas literas haeresis secta hypo-
crisisque aperte irretitos ac omnino per-
uersos), und man brachte den Herzog Spiti=
hniew bald dahin, daß er den Abt Vitus mit den
übrigen Mönchen im J. 1055 aus dem Lande
jagte, und einen Deutschen zum Abte daselbst ein=
setzte. Wratislaw war ihnen geneigter, als sein
Bruder. Da er 1061 zur Regierung kam, ließ
er sie aus Ungern, wohin sie sich geflüchtet hat=
ten, wiederum zurückkommen. Unter seinem
Schutze blieben sie in ihrem Kloster mehr als drey=
ßig Jahre ungestort. Hatte der König Wratislaw

feine Abſicht, den ſlawoniſchen Ritus, wie es
ſcheint, an mehrern Orten in Böhmen einzufüh=
ren, erreicht, ſo würde dieß auf die Cultur der
böhmiſchen Sprache großen Einfluß gehabt haben.
Allein der Pabſt Gregor VII. war hierin uner=
bittlich. Wratiſlaw bekam auf ſeine Bitte eine
abſchlägige Antwort, und mußte ſichs gefallen
laſſen, ſeine beſſern Gründe mit ſchlechtern wider=
legt zu leſen. Quia vero Nobilitas tua,
ſchreibt der Pabſt im J. 1080 an Wratiſlaw,
postulauit, quo secundum sclauonicam
linguam apud vos diuinum celebrari annu-
eremus officium, scias, nos huic petitioni
tuae nequaquam posse fauere. Ex hoc
nempe saepe volventibus liquet, non
immerito sacram scripturam omnipotenti
Deo placuisse quibusdam locis esse oc-
cultam, ne si ad liquidum cunctis pate-
ret, forte vilesceret et subiaceret des-
pectui, aut praue intellecta a mediocri-
bus in errorem induceret Neque enim
ad excusationem juuat, quod quidam re-
ligiosi viri (die Mönche zu Sazawa, denen zu
Gunſten ſich Wratiſlaw an den Pabſt gewendet
hatte,) hoc, quod simpliciter populus quae-
rit, patienter tulerunt aut incorrectum

dimiserunt, cum primitiua ecclesia multa dissimulauerit, quae a sanctis Patribus postmodum, firmata christianitate & religione crescente, subtili examinatione correcta sunt. Unde ne fiat, quod a vestris imprudenter exposcitur, auctoritate beati Petri inhibemus, teque ad honorem omnipotentis Dei huic vanae temeritati viribus totis resistere praecipimus. Wratislaw schützte zwar die Mönche zu Sazawa, so lange er lebte. Allein der Wunsch des Volkes, eine slawonische Messe auch ferner und an andern Orten hören zu dürfen, konnte nicht erfüllt werden, weil ihn der Pabst für unvernünftig und der Böhmen Begehren für eine Verwegenheit erklärte. Da nun die ganze Geistlichkeit den Grundsätzen ihres Oberhauptes getreu blieb, so war es eher zu erwarten, daß sie den Herzog Bretislaw zur Vertreibung dieser Mönche, um das Aergerniß ganz zu heben, bereden würden, als daß sie dem Verlangen der Laien nachgegeben hätten. So geschah es auch. Bretislaw vertrieb die slawischen Mönche abermal, und ernannte den Brewniower Probst Diethard zum Abte, der das Kloster mit lateinischen Büchern versah, indem er nur slawonische vorgefunden hatte, die

D

aber nach und nach gänzlich zerstreuet und vertil=
get wurden. Eine so schöne Anstalt unterlag also
dem Neide der lateinischen Klerisey. Kosmas der
Geschichtschreiber, der damals lebte, verräth seine
Abneigung nicht nur gegen den König Wratislaw,
sondern auch gegen die slawischen Mönche und ihre
Liturgie auf eine besondere Art. Im ersten Bu=
che, wo er die Stiftung des prager Bisthums er=
zählt, concipirte er einen Brief, den die Prinzef=
sin Mlada vom Pabste Johann XIII. an ihren
Bruder Boleslaw überbracht haben soll. Da
setzt er denn ausdrücklich zu der ertheilten Bestä=
tigung des Bisthums die Bedingung hinzu: ve-
rum tamen non secundum ritus Bulgaricae
gentis vel Ruziae aut Sclauonicae lin-
guae, sed magis sequens instituta et de-
creta apostolica. Er legt hier schon dem
Pabste Johann XIII. in den Mund, was erst
zu seiner Zeit im J. 1080 Gregor VII. dem
Wratislaw verboten hatte. Denn um das Jahr
970 wäre so eine Klausel ganz unnöthig gewesen,
da die Böhmen den slawonischen Ritus in ihrem
Lande nicht hatten. Auch hätte Johann XIII
der Russen, deren Großfürst damals noch nicht
getauft war, nicht erwähnen können.

Wohl hätte die lateinische Klerisey, die dem
Volke doch wenigstens die Evangelien in der Volks=
sprache erklären mußte, von den slawonischen Bü=
chern, worin die Uiberseßung der Evangelien und
Episteln zu finden war, sehr guten Gebrauch ma=
chen können. Allein es zeigt ich nirgends eine
Spur, daß sie es wirklich gethan hätten. Es
scheint vielmehr, daß in den frühern Zeiten jeder
Geistliche nach seiner Fähigkeit die lateinischen
Evangelien seines Missals, so gut er konnte, aus
dem Stegreife überseßt und so dem Volke vorge=
tragen habe.

Wenn D o b n e r das Alter der böhmischen
Bibelübersetzung über das XIIIte Jahrhundert
hihauf seßen will, so gehören dazu viel stärkere
Gründe, als bloße Vermuthungen. Wer kann,
frägt Dobner, so leicht hier glauben, daß dieses
so nothwendige und heilsame Werk in so späte Zei=
ten habe verschoben werden können, da wir lange
vorher durch mehrere Jahrhunderte schon eine un=
zählige Menge von der weltlichen Klerisey hatten?
Antwort: jeder, der da weiß, wie die lateinische
Klerisey damals und noch später über diesen Punct
dachte.

Karl IV. stiftete ebenfalls für slawonische
Benedictiner im Jahre 1347 ein Kloster zu Eh=

ren des heil. Hieronymus, Cyrill und Method ꝛc.
auf der Neustadt Prag, Emaus genannt. Sie
flüchteten sich aus Kroatien und suchten Schutz bei
Karln. Dieser nahm sie gnädig auf, und bat
beym Pabste Klemens **VI.** um Erlaubniß, ihnen
ein Kloster erbauen zu dürfen. Der Pabst erlaub-
te es, und so wurden die Mönche in ihr Kloster
eingeführt, wo sie ihre Messen und horas sla-
wonisch sangen. Daher die Benennung w slowa-
nech, im Kloster der Slawen. Karl hatte hier-
über ein großes Vergnügen, so daß er ihnen von
Zeit zu Zeit neue Schenkungen machte. Er war
ganz entzückt, einem Heiligen von slawischer Ab-
kunft (wie man ihn überredete,) in seinem König-
reiche ein Ehrenmahl errichtet zu haben: Ob reue-
rentiam et honorem, sind die Worte des
Stiftungsbriefes, gloriosissimi Confessoris
Beati Jeronymi Strydoniensis, Doctoris
egregii et translatoris interpretisque exi-
mii sacrae scripturae de hebraica in lati-
nam et slauonicam linguas, de qua siqui-
dem slauonica nostri regni Boemiae idio-
masumsit exordium primordialiter et pro-
cessit. Und ferner: vt ipse in dicto regno
velut inter gentem suam et patriam per-
petuo reddatur gloriosus. In einem Schen-

lungsbriefe vom J. 1349 heißt es, er müsse vor=
züglich auf jene Bedacht nehmen, die mit ihm
durch das sanfte Band der Muttersprache enger
verbunden wären (qui nobis natalis linguae
dulci et suaui mansuetudine connectun-
tur). In einem andern vom J. 1352 sagt er
sogar, daß durch die Gegenwart dieser Glagoli=
ten selbst die böhmische Sprache an Glanz gewin=
ne, (conspicimus et boemicae nostrae lin-
guae decores amplioris claritatis honori-
bus decorari), in wiefern nämlich die Böhmen
an dem Vorzuge und der Ehre, in slawonischer
Sprache Messe lesen und hören zu dürfen, Theil
nehmen konnten. Ferner wies Karl im J. 1356
dem Schreiber Johann, der die nöthigen litur=
gischen Bücher (libros legendarum et cantus
nobilis linguae slauonicae) für die Mönche
schrieb, einen jährlichen Gehalt an. Er wohnte
auch im J. 1372 in Gesellschaft vieler Fürsten
und Bischöfe der feyerlichen Einweihung dieses
Klosters bey.

Allein, so vielen Antheil auch die Böhmen
an dieser Anstalt nehmen mochten, so leicht sie
sich (selbst den Johann Huß nicht ausgenom=
men) bereden ließen, den heil. Hieronymus für
ihren Landsmann und für den Erfinder der gla=

golitifchen Schrift und für den Uiberfeßer der fla=
wonifchen Bibel zu halten; fo wenig Gebrauch
konnten und wollten fie von den glagolitifchen Let=
tern und den liturgifchen Büchern machen. Denn
fie hatten bereits feit hundert Jahren mit latei=
nifchen Lettern in ihrer Landesfprache gefchriebene
Bücher mancherley Inhalts, fogar einige biblifche
Bücher; ihre Sprache hatte auch fchon einen ge=
wiffen Grad von Cultur erreicht, daß fie nicht
mehr nöthig hatten aus flavonifchen Büchern ih=
re Literatur zu fchöpfen. Ich habe die böhmi=
fche Uiberfeßung jener Zeit in fehr vielen Stellen
mit der flawonifchen Kirchenverfion der Ruffen
und Glagoliten fleißig verglichen, und nicht die
geringfte Spur davon entdecken können, daß die
Böhmen ihre Uiberfeßung daraus gemacht, oder
verbeffert, oder wenigftens einige paffendere Aus=
drücke daraus entlehnt hätten.

So leicht es auch gewefen wäre, die bibli=
fchen Bücher der alten flawonifchen Uiberfeßung
ins Böhmifche umzufchmelzen, fo wollten die
Böhmen doch lieber ihre eigene alte Verfion nur
nach der allgemein angenommenen lateinifchen Vul=
gata, aus welcher fie urfprünglich gefloffen war,
nach und nach auch bei fpätern Recenfionen ver=
beffern. Ich kann nicht umhin, hier Alters

Behauptungen (Uiber Georg. Literatur S. 285)
zu rügen. Seine Sätze sind: „Die erſten böh=
miſchen Uiberſetzer der Bibel haben höchſt wahr=
ſcheinlich aus der ſlawiſchen Kirchenüberſetzung,
die ſie aus glagolitiſchen Handſchriften der Miſſa=
len, Brevieren, Pſalter kennen konnten, ſehr
bei ihrer Arbeit ſich beholfen. — Später iſt dieſe
erſte böhmiſche Uiberſetzung nach der Vulgata
freylich überarbeitet worden, und zwar ſo über=
arbeitet, daß man faſt allgemein die Vulgata für
die Quelle anſieht, aus der die böhmiſche Uiber=
ſetzung gefloſſen iſt.” Ferner: „Die böhmiſchen
Kalender ſind nicht nach dem Lateiniſchen ge=
macht worden; ſie erkennen ein glagolitiſches Mu=
ſter.” Unmöglich kann mein ſel. Freund die alte
böhmiſche Uiberſetzung mit den bibliſchen Stücken,
die die Glagoliten in ihren Büchern leſen, auf=
merkſam verglichen haben. Worauf ſoll ſich wohl
ſeine Behauptung gründen? Etwa auf den Zu=
ſatz 1 Kor. X, 17: a gednoho kalicha, et
de vno calice?

Alter meinte, (S. 98) da die Vulgata
lieſt: de uno pane participamus, ohne dieſen
Zuſatz, ſo hätten die Böhmen dieſes nicht aus der
Vulgata nehmen können. Allein aus den cyril=
liſchen und glagolitiſchen Büchern konnten ſie die=

fen Zufaß ebenfalls nicht nehmen, da er auch da
nicht zu lefen ift. Man vergleiche nur die aus
einer flawifchen Handfchrift und aus der Oftro=
ger Bibel (S. 271) angeführten Texte. Wuß=
te denn Alter nicht, daß gerade lateinifche Hand=
fchriften den Zufaß: et de uno calice, häu=
fig lefen? Und er fcheint es felbft eingeftehen zu
wollen, da er S. 271 meinen Auffaß über den
erften Text der böhmifchen Bibelüberfeßung und
Ungar's allgem. böhm. Literatur (der Bibeln)
citiret, in welchen Schriften gerade das Gegen=
theil von dem, was er vermuthete, gefagt wird.
Aus der Aehnlichkeit der alten böhmifchen Kalen=
der mit dem glagolitifchen hätte Alter nicht
fchließen follen, letzterer fey das Mufter der er=
ftern gewefen. Beide floffen aus einer Quelle,
dem lateinifchen Kirchenkalender, und beide find
von einander ganz unabhängig, fo wie die böh=
mifche Bibelüberfeßung von der flawonifchen gar
nichts geborgt hat, als etwa den 151ten Pfalm,
der in derjenigen Handfchrift der böhmifchen Bi=
bel vom J. 1416 gefunden wird, die von den
Brüdern des flawifchen Klofters in Emaus her=
rühret.

Die alten Kroaten ftarben nach und nach
aus, und man nahm geborne Böhmen ins Klo=

ſter auf. Dieſe ſchrieben aus Mangel einer gan=
zen ſlawoniſchen Bibel die vorhandene böhmiſche
(gut gemerkt b ö h m i ſ ch e, nicht ſ l a w o n i ſ ch e)
Bibelüberſetzung mit glagolitiſchen Buchſtaben ab,
wovon unten ein Band angezeigt werden ſoll.
Später, denn ſie traten zur Partey der Utra=
quiſten über, haben ſie den ſlawoniſchen Gottes=
dienſt mit dem lateiniſchen und was die Geſänge
betrifft, mit dem böhmiſchen vertauſcht.

Von ihren ſlawoniſchen Schriften kann ich
nur weniges anführen:

1. Ein Azbukividarium (Azbukownak)
oder Alphabetum S k a u o r u m, auf ei=
nem Pergamen in dem großen Buche zu Stock=
holm, das aus Böhmen dahin kam. Dieß
Alphabet ließ Abt D i w i ß (von Břewniow)
aufſetzen. Da er 1409 ſtarb, ſo mag es um
das J. 1400 geſchrieben ſeyn. Die Züge der
glagolitiſchen Buchſtaben ſind nicht ſo ſchön, als
in der Bibel. Die Namen der Buchſtaben,
denen auch ihr Zahlenwerth beigeſetzt iſt, ſind
nach damaliger böhmiſcher Orthographie ſo ge=
ſchrieben: Az, buky, widi, glagole, do=
bro, geſt, zzywnyte, zelo, zemla, yzze, i,
ge, kako, ludy, myſlyte (und noch einmal
myſlyte über einer zweyten Figur), naſſ, on,

58

pokoy, rczy, ſlowo, trdo (anſtatt twrbo)
uet (für uk), frt, chyr, ot, ſſtya, ci, czrw,
ſſa, ger, yat, yuß. Bei ger ſteht neben der
Figur zur Erklärung titl, neben yat ya, bei
yuß yu. Schwerlich wird man irgendwo ein
älteres glagolitiſches Alphabet finden. Das Al-
phabetum rutenum auf einem kleinern Stücke
Pergamen iſt ohne Erklärung, und die Schrift-
züge ſind viel ſchlechter.

2. Ein Fragment von 2 Pergamenblättern aus
einem Miſſal. S. meine Glagolitica S. 54
und 78, nebſt der Schriftprobe auf dem Titel-
kupfer.

Wo mögen wohl die ſlawoniſchen Bücher hin-
gekommen ſeyn, die noch in der erſten und zwey-
ten Hälfte des 16ten Jahrhunderts, auch wohl
noch ſpäter daſelbſt vorhanden waren. Bohuſlaw
Bilegowſky, ein utraquiſtiſcher Prieſter, ſagt in
ſeiner böhmiſchen Chronik von der Beſchaffenheit
des chriſtlichen Glaubens der drey Parteyen (Nürn-
berg 1537), Kaiſer Karl habe ihnen auch Bü-
cher mit ſlawoniſchen Buchſtaben verſchafft, und
nennet die Bibel, den Pſalter, Miſſale und Ge-
ſangbücher ausdrücklich, wie ſie ſelbe noch zu ſei-
ner Zeit hätten. Zgednal y knihy literami ſlo-
wanſkymi pjané, biblij, žaltáře, mſſaly, a gi-

né k zpjwánij, gakož podneš ge magij. Unter
der Bibel kann er freylich nur einige einzelne
biblische Bücher, oder die mit glagolitischen Buch=
staben geschriebene böhmische Bibel verstanden ha=
ben. Auch Lupacius bezeuget, daß das Kloster
noch 1584 mit slawonischen Büchern versehen
war, wiewohl sie den Gottesdienst nicht mehr in
slawonischer Sprache hielten. Eodem Slavi,
sagt er beim 29. März, sunt a Caesare in-
troducti, qui Slavonica lingua sacrum
concelebrabant. Extantque etiamnum
hodie ibidem libri hoc ipso idiomate con-
scripti etc. Dasselbe versichert auch Paproc=
ky in seinem Diadocho Th. 2. S. 363, wo
er einige Zeilen daraus, in Holz geschnitten, an=
führet. Die Wörter sind böhmisch, die Buchsta=
ben glagolitisch. Allmählich gewöhnten sich also
die kroatischen Mönche an die böhmische Sprache,
weil sie nach der Hand auch geborne Böhmen auf=
nahmen. So scheint auch das Mstum pictu-
ratum, aus welchem Dobner die Abbildun=
gen der ersten Herzoge entlehnte, das Werk eines
Bruders aus diesem Kloster zu seyn, weil die
Namen der Herzoge mit glagolitischen Buchsta=
ben darunter stehen. Selbst Balbin will noch
in diesem Kloster glagolitische Schrift als Knabe

60

gesehen und gelesen haben. Quales literarum
notas in coenobio Slavorum Pragae pu-
eri quondam legebamus, sagt er in seiner
Epit. hist. S. 77, woran man fast zweifeln
sollte. Im heutigen Kloster, in welches Ferdi-
nand II. die Benedictiner von Montserrat im J.
1624 einführte, ist von slaw. Denkmahlen nichts
mehr übrig, als ein altes Copiarium lateinischer
und böhmischer Urkunden, in welchem S. 90 die
Worte Hleday wedcskach zemskich theils mit
böhmischen, theils mit glagolitischen; die Worte
aber Tuhan pro Čachowic blos mit glagoliti-
schen Lettern, das h ausgenommen, welches böh-
misch ist, geschrieben sind. S. meine Abh. über
das Alter der böhm. Bibelübersetzung im 5ten B.
der Abhandl. einer Privatgesell. S. 312 und die
dazu gehörige Kupfertafel.

Die Bekanntschaft der Böhmen mit diesen
slawischen Mönchen war für sie nicht ganz ohne
Nutzen. Magister Huß ward durch die Benen-
nungen ihres Alphabets auf den Gedanken gelei-
tet, auch den Buchstaben des lateinisch = böhmi-
schen A B C nicht gerade dieselben, aber doch
ähnliche Namen zu geben. Er verband die ein-
zelnen Wörter zu einem belehrenden Satze: A-
bude = cele = čelebi = dano = u. s. w. Weß-

halb es ein catechetiſches Alphabet heißen kann.
S. unten ſeine Schriften.

Durch das Beiſpiel dieſer Mönche ſind die
Böhmen aufgemuntert worden, die Liturgie in
böhmiſcher Sprache, wenigſtens zum Theile, ein=
zuführen. Sie verachteten geradezu die lateiniſche
nicht, allein ein großer Theil der utraquiſtiſchen
Böhmen glaubte, der Gottesdienſt, wo das Volk
den Prieſter verſtünde, müſſe erbaulicher ſeyn,
als derjenige, wo dieſer von dem größten Theile
der Zuhörer nicht verſtanden würde. Sie brach=
ten ihr Verlangen mit einer Art von Zutrauen
und Freymüthigkeit dem Kirchenrath zu Baſel
1437 vor, (quatenus vestrae paternita-
tes dignentur permittere ad minus Evan-
gelia, Epistolas et symbolum in vulgari
in Miſſis et ecclesiis eorum populo ad ex-
citandam devotionem libertari, legi et
decantari); und unterſtützten ihre Bitte damit,
daß es ja von der Kirche ſchon ehedem erlaubt
worden wäre, ſelbſt in Böhmen in der ſlawiſchen
Sprache Meſſe zu leſen; (nam in nostro lin-
guagio sclavico ex indultu ecclesiae olim
ab antiquo in vulgari suo exercetur), in
Dalmatien, Kroatien, (etiam in regno no-
stro) bei den Slawen in Emaus.

Auch unsere Philologen wußten von der
Kenntniß der slawonischen Sprache guten Ge=
brauch in Erklärung veralteter, oder dunkler böh=
mischer Wörter zu machen, davon ich zwey Bei=
spiele nennen kann. Eins vom Jahre 1307, in
welchem Johann von Holeschau, ein Břewniower
Benedictiner, seinen Kommentar über das bekannte
böhmische Lied des h. Adalberts zu Ende brachte;
das zweyte vom J. 1587, in welchem Matthäus
Philonomus, der dem Kloster in Emaus kurze
Zeit als Abt vorstand, ein kleines etymologisches
Werkchen zu Prag in 8. unter dem Titel heraus=
gab: Knjžka slow českých wyložených, obkuð
swůg počátek magj, totiž gaký gegich gest rozum,
d. i. Erklärung böhmischer Wörter, woher sie ih=
ren Ursprung, und was sie für einen Sinn ha=
ben. Ersterer führt aus der Messe der Slawen
in Emaus die Worte an: aganczze bozy
wzemle grechi mira, day nam mir, d. i.
agnus Dei, qui tollis peccata mundi, da
nobis pacem, um zu beweisen, daß mir auch
Welt bedeute. Für vzemle richtiger vzemlej
(tollens) lesen die neuern Glagoliten in ihrem
Missal ki wzemleš, qui tollis.

Philonomus beruft sich oft auf die sla=
wonische Uibersetzung mancher biblischen Stellen,

wie er sie in den glagolitischen Büchern zu sei=
ner Zeit noch lesen konnte, und fügt noch am
Ende seines sehr seltnen und schätzbaren Werkchens
7 Psalmen aus einem slawonischen Psalter bei,
die er mit böhmischen Lettern abdrucken ließ. Der
sel. Dobner, der der böhmischen Bibelüberse=
tzung ein unglaublich hohes Alter beilegen wollte,
hielt diese Psalmen, aus zu geringer Kenntniß
beider Sprachen, für böhmisch, und gründete seine
Behauptung von dem Ursprunge der böhmischen
Uibersetzung aus der slawonischen darauf. Allein
slawonische Psalmen, mit böhmischen Lettern abge=
druckt, bleiben noch immer slawonisch, und dürfen
mit den böhmischen nicht vermengt werden.

Der Einfluß der altslawonischen Kirchensprache
auf die Kultur der böhmischen war also ganz unbe=
trächtlich, oder besser zu sagen, der Gebrauch der sla=
wischen Sprache und Schriftarten (die zwey Klöster
ausgenommen) war den alten Böhmen so unbe=
kannt, daß sie beim Gottesdienste, auf Münzen,
in Urkunden sich hie einer andern Sprache und
Schrift als der lateinischen bedient haben, bis sie
endlich anfingen, ihre Landessprache, deren Ge=
schichte wir nun verfolgen wollen, dazu zu ge=
brauchen.

64

§. 8.

Perioden der Kultur der böhmischen Sprache.

Der ganze Zeitraum der Geschichte der böh=
mischen Sprache zerfällt in sechs Abschnitte. 1.
Von der Einwanderung der Czechen bis auf ihre
Bekehrung zum Christenthum. 2. Von der Ver=
breitung des Christenthums bis auf den König
Johann. 3. Von diesem bis auf Huffen oder
K. Wenzels Tod. 4. Vom Anfange des Huffi=
tenkrieges bis auf die Verbreitung der Buchdru=
ckerkunst in Böhmen, oder bis auf Ferdinand I.
5. Von dieser Zeit an bis auf die Schlacht am
weißen Berge 1620. 6. Von der Vertreibung
der Nichtkatholischen bis auf unsere Zeiten.

Erste Periode.

(J. 550 — 845)

Wenn sich gleich in allen slawischen Dialek=
ten Spuren einer viel frühern, freylich nur an=
fänglichen Kultur der ganzen Nation in ihren al=
ten Wohnsitzen finden lassen, so war doch der
ganze Umfang ihrer Begriffe und Kenntnisse nicht
sehr beträchtlich, und ihre Sprache mußte daher
auch ihren Begriffen angemessen seyn. Etwa seit

550 hob sich derjenige Stamm der 2ten Ordnung, zu welchem die Slowaken, Mähren und Böhmen gehoren, aus ihren Sitzen an der Weichsel und bezog die Slowakey (Slowansko), d. i. die Gegenden am Gran und Wag, das Land an der March (Morawa), und Böhmen, von den neuen Ankömmlingen Čechi, česká zemie genannt. Uiber den Namen Čech habe ich eine eigene Abhandlung geschrieben, die Pelzel der 3ten Ausgabe seiner Geschichte von Böhmen im J. 1782 vorgesetzt hat. Ich billige noch immer die Ableitung des Namens čech, von četi (jetzt počjti, načjti, začjti). anheben, anfangen. Da die Böhmen am weitesten vordrangen, so konnten sie mit Recht von den an der March und in Schlesien zurückgebliebenen die e r s t e n und v o r d e r n genannt werden, wenn sie diesen Namen nicht etwa doch von einem Stammvater erhalten, und schon viel früher geführt haben. Nebst diesem ächt slawischen Namen kommt noch in auswärtigen Annalen der Name eines böhmischen Heerführers Lecho vor, der im J. 805 in einer Schlacht blieb. Lech war zu Dalemils Zeiten noch immer ein Appellativ, das er für einen freyen, edlen, tapfern Mann gebraucht davon auch die Polen Lechen heißen, beim Nestor

E

liach, daher das Adjektiv liackyj, lechifch, d.
i. polnifch. Bei der Gelegenheit, als Karls des
großen Heere tiefer ins Land eindrangen, beka=
men die weftlichen Slawen einen Begriff von ei=
nem mächtigen Könige, den fie ehedem nicht zu
nennen wußten, und nannten von Karl einen
deutfchen König Král, fo wie die Deutfchen ihr
Kaifer von Caesar entlehnten.

Wenn man die Veränderung der tiefern Vo=
cale in höhere, die Diphthonge ey anftatt ý,
und au anftatt ú, die Ausfprache des glagol
wie h, des feinern r wie rz und ähnliche Klei=
nigkeiten abrechnet, fo war die böhmifche Spra=
che, ihrem Bau und wefentlichen Eigenfchaften
nach, fchon damals die heutige. Woburch fie als
Sprache der 2ten Ordnung von den Mundarten
der 1ften Ordnung unterfchieden war, ift §. 4. 5.
angegeben worden. Dazu kann man noch ver=
fchiedene Formen rechnen, als ten für t, toj,
ptak anftatt ptica, Vögel, studna, studnie
für studenec, Brunn; ferner die Wörter hwiez=
da für zwiezda, Stern; kwetu, kwiet
für cwietu, cwiet, blühen, Blüthe. Selbft
einige Wurzeln mögen die Böhmen fchon damals
nicht mehr gekannt haben, daher prawice für
das ältere desnica, lewice für šuica, pûl-

noc für siewer. Wie sehr, oder wie wenig
das Böhmische von dem Polnischen schon damals
abwich, ist schwer zu bestimmen; doch scheint die
Einschaltung des t zwischen s und r uralt zu seyn:
straka für sraka, polnisch sroka. Der Böh=
me spricht weyce (ehedem wayce), der Pole jaje,
im Plur. jayka, jayca. In andern Stücken
weicht vielmehr der Pole, als der Böhme, von an=
dern Mundarten ab.

Aus dieser Periode kennen wir nur noch die
eigenen Namen der Berge und Flüsse, Städte und
Schlösser, der ersten heidnischen Herzoge, wie sie
uns Cosmas im 1ten Buche seiner Chronik aus
der Sagenwelt aufbewahrt hat. Dergleichen sind
die Flüsse und Bäche: Labe die Elbe, Ogra die
Eger, Wltaua die Molbau, Msa (d. i. mža)
die Mies, Belina die Biela, Bruznica die
Bruska im Hirschgraben. Zwar sind die Namen
der drey ersten Flüsse ursprünglich deutsch, allein
die Böhmen gaben ihnen eine slawische Form.
So nannte man die March, Maraha, im Sla=
wischen Morawa.

Die Berge: Rip (d. i. rzip) der Georgen=
berg, Osseca, Ossiek, Meduez, von med-
wied, Bär; Pripek, Petrin, mons nimis
petrosus, sagt Cosmas: qui a petris dicitur
E 2

Petrin. Unmöglich kann der heutige Lorenzenberg von einem lateinischen Worte seine Benennung damals erhalten haben. Sie scheint vielmehr neuer zu seyn, wo man schon den Namen
Petr kannte. Die Länder=, Städte=, Völkerna,
men: Luca, latine pratum, eine Gegend des
heutigen sazer Kreises, daher die Einwohner daselbst Luczane hießen. Zribia hat eine lateinische Form, weil Cosmas lateinisch schrieb, und
muß wohl srbsko das Serbenland geheißen haben; zribin ein Serbe ist wieder der Form nach
slawisch, nur muß die Sylbe zrib wie srb gelesen werden. Turzko der eigene Name eines Gefildes, von Tur. Praga, jetzt Praha, die
Hauptstadt, von prah, ehedem prag, Schwelle.
Libufsin, eine Stadt, die Libufsa erbaute.
Dewin (diewin), cui a virginali vocabulo inditum est nomen, sagt Cosmas. Zur
Erläuterung dient eine Stelle aus den fränkischen
Annalen, wo auf das J. 864 erzählt wird, König Ludwig habe den mährischen Herzog Rasticen in einer Stadt belagert, welche Deuina
hieß, quae lingua gentis illius Douina (lies
Deuina), id est, puella dicitur. Leuigradec, eine kleine Burg am linken Ufer der Moldau. Dragus, eine alte Stadt in der Gegend

von Poſtelberg. Hurasten, die alte Benen=
nung von Wiſsegrad, ab arbustis traxerat
nomen. Wirklich wird für chrast im altſla=
woniſchen chwrast geſchrieben. Tethin, The-
tin, ein Schloß, das Teta erbaute. Stadici,
ein Dorf, jetzt stadice im Plural. Die Perſo=
nen=Namen: Croh, Crocco, deſſen drey Töch=
ter: Kazi (eine alte weibliche Form, wie mati,
dci), Tetha (auch Tetka), Lubuſsa, wor=
aus Libuſſe geworden iſt, von dem Stammworte
lubiti, liubiti, liuby, mit der weiblichen Bil=
bungsſylbe uša. Die prager Herzoge: Premizl,
Nezamizl, Mnata, Voyn (Vogin, Vo-
gen), Vnizlau (Unezlau), Crezomizl,
Neclan, Goztiuit, und endlich der Herzog der
Luczanen, und zugleich die von ihm ſo genannte
Stadt Wlastizlau. Daß man im 12ten Jahr=
hunderte die Bedeutung von úne, unij, nicht
mehr wußte, ſchließe ich aus der in der Dresdner
und Wiener Handſchrift vorgenommenen Verän=
berung des Namens Unezlau in Vitozlau, der
bem alten Abſchreiber verſtändlicher ſeyn mußte.
Une heißt im altſlaw. melius, beſſer, und unij,
der beſſere, daher iſt Uneslaw ſo viel als der beſſere
Ruhm. Boriwoy, als der erſte chriſtliche Her=
zog, macht nun den Uibergang zur zweyten Periode.

§. 9.

Zweyte Periode.

(J. 845 — 1310.)

Schon im Jahre 845 ließen sich vierzehn böhmische Fürsten taufen, deren Namen wir nicht wissen. Doch kommen auf das J. 872 in den Fuldner Annalen 5 Fürsten (duces) mit ihren Namen vor, nämlich Zwentislaw, Witislaw, Heriman, Spoitiman, Moyslaw, worunter vier unstreitig slawisch sind, und etwa nur Spoitiman einer Berichtigung bedarf. Man lese Spitimir. Für Zwentislaw möchte ich Swatoslaw setzen, weil es kaum glaublich ist, daß die Böhmen sollten swenty für swaty gesprochen haben. Mit dem Herzog Boriwoy kam die christliche Religion auf den Thron. Seine kurze Regierung nach seiner Taufe machte, daß er für das Christenthum weniger thun konnte, als sein Sohn Spitihniew that, den die ältesten Legenden vom heil. Wenzel als den Urheber und ersten Beförderer der christlichen Religion in Böhmen rühmen. Die nach dem Tode Swatopluks in Mähren entstandenen Unruhen veranlaßten den Herzog Spitihniew, im J. 895 mit dem deutschen Reiche in genauere Verbindung zu treten, und so erhielt Böh=

men seine erſten chriſtlichen Lehrer aus Deutſchland. Die erſten Kirchen wurden in Burgen oder Kaſtellen gebauet; man denke hier an die zu Hrabeß von Bořiwoy erbaute Kirche des heil. Clemens, daher der böhmiſche Name K o ſt e l, Kirche.

Der heil. Wenzel ward von einem Prieſter zu Budeč, unweit Prag, wo Spitihniew eine Kirche erbauet hatte, in der lateiniſchen Sprache unterrichtet. Da er zur Regierung kam, ließ er aus Sachſen, Schwaben und Bayern Prieſter nach Prag kommen. Dieſe, weil ſie Deutſche waren, und den Gottesdienſt in lateiniſcher Sprache verrichteten, machten die Böhmen mit zwey Mitteln bekannt, ihre noch arme Sprache mit neuen Ausdrücken für neue Begriffe zu bereichern. Man nahm von nun an fremde Wörter auf, dergleichen biſkup, oltář, křjž, papež, kláſſter, kůr, mſſe, ornát, kapſa, komže, křeſt, mnich, geptiſſka, biřmowati, orodowati und mehrere andere ſind. So entſtand das Wort cyrkew aus Kirche, das aber ſüdlichen Slawen ſchon eher bekannt ſeyn mochte. Man bildete auch nach dem Muſter der lateiniſchen und deutſchen Sprache neue Wörter aus böhmiſchen Wurzeln. So entſtanden byt, bytnoſt essentia, ſwátoſt sacramentum, trogice trinitas, očiſtec purgatorium, prozřetebl-

noſt prouidentia, pobeʒřelý suspectus, dwor=
ný curiosus, (man dachte hier an curia, dwůr),
ʒlořečiti maledicere, přebſewʒetj propoſitum,
Vorſaͤ, bobrobinj beneficium, maſopuſt car-
nis priuium, wſſemohaucý omnipotens, mi=
loſrdný misericors, malomyſlný pusillanimis,
kleinmuͤthig, beʒboʒný gottlos, bohabogný got=
tesfuͤrchtig, dobrowolnĕ freywillig, twrdoſſigný
hartnaͤckig, okamʒenj Augenblick, wſſeobecný all=
gemein u. ſ. f. Manche andere Woͤrter, die ſchon
vorhanden waren, bekamen durch Uibertragung
auf einen andern Gegenſtand neue Bedeutungen:
Knĕʒ ehedem ein Fuͤrſt, Herr, dann ein Prie=
ſter, neben welchem ſich das alte P o p noch lan=
ge erhielt. Káʒati, ſa g e n, dann auch p r e b i=
g e n. Páſti, weiden, spasti, boͤhm. ſpaſyti
saluare.

Im 9ten Jahrhunderte mußten die chriſtli=
chen Boͤhmen ſchon mit den Benennungen der
Wochentage bekannt werden: nedĕle, pondĕlj, auch
pondĕlek, vterý und vterek, ſtředa, čtwrtek, pá=
tek, ſobota. Da die ſuͤdlichen Slawen eher getau=
fet worden, ſo verbreiteten ſich dieſe Benennungen
von dort aus oſt = und weſtwaͤrts, daher die auf=
fallende Uibereinſtimmung. Den Sonntag, als
den Ruhetag, an dem ſie nicht arbeiten ſollten,

nannten die Mifſionäre nediela, den Montag
den Tag nach dem Sonntage, ponedieli, ver-
kürzt, pondělj, den Dienſtag den zweyten, von
wtory, böhm. uterý, die Mittwoche ſtředa, in
andern Mundarten sreda, d. i. die Mitte, den
Donnerſtag den vierten, von čtwrtý, den Frey-
tag den fünften, von pátý, den Sonnabend oder
Samſtag sobota von Sabbatum. Die Sla-
wen hätten alſo in Görres Mythengeſchichte der
aſiatiſchen Welt (S. 23 in der Note) nicht den
Völkerſchaften, die die Wochentage nach den ſie-
ben Planeten benennen, beygezählet werden ſollen.
Die Benennung und Eintheilung derſelben bey
den Slawen iſt offenbar chriſtlichen Urſprungs.

Zweifelhaft iſt es, ob auch die ſlawiſchen
Benennungen der Monate: leden, vnor, březen,
duben, u. ſ. w. ſo alt ſeyn mögen. Daß aber
die Geiſtlichen in jedem ſlawiſchen Lande befliſſen
waren, dem gemeinen Volke das Vaterunſer in
einer verſtändlichen Uiberſetzung vorzubethen, dar-
an iſt doch nicht zu zweifeln. Wir können zwar
keine Formel aus dem 9ten oder 10ten Jahrhun-
derte vorlegen; da aber zu vermuthen iſt, daß
man damit keine beträchtlichen Veränderungen vor
dem 14ten Jahrhunderte vorgenommen, ſo will
ich die älteſte Formel, die ich in Handſchriften fand,

mit einigen Varianten hieher setzen und sie mit der altslawonischen vergleichen.

Otcze naſſ genz gſy nanebeſyech a).

1. oswyet se gmye twe.
2. przyd kralowstwo twe.
3. bud wola twa yako wneby takez wzemy.
4. chleb naſſ wezzdayſſy day nam dnes.
5. a otpuſt nam dluhy naſſye yako y my otpuſſtiemy swym dluznykom,
6. a neuwod nas wpokuſſenye
7. ale zbaw ny otezleho Amen.

Varianten.

a) wnebeſyech, in caelis.
1) twee gmie, dein Name.
2) twe kralowstwye, dein Reich.
3) twa wuole, dein Wille.
   nanebi y nazemi. Verkehrt: wzemy y naneby
5) wyny, wynnykom für dluhy, dluznykom iſt neuer.
   odpuſſcziemy, ſſcz iſt älter als ſſt; odpuſtyeme iſt neuer.

dluznykom nafsiem, debitoribus nostris, für swym dl. unſern Schuldigern.

6) neuwody, ber alte Imperativ mit i, hier mit y, baher ber verkürzte n e v w o ð.

7) wiswuobod nas, in ber Dreöbner Bibel, ein neuerer Verſuch, für zbaw ny, mit bem alten Accuſativ ny für nas.

Man ſetze priidi für przid, budi für bud, otpusti für otpust, dlgy, dlžnikom für dluhy, dlužnikom, neuwodi, für neuwod, zbawi ober izbawi für zbaw, zlego für zleho, ſo erhält man bie Formel ber frühern Jahrhunderte. Sie erkennt zwar bie lateiniſche für ihr Original, aber boch mit Rückſicht auf beutſche Uiberſetzungen. Von ber altſlawiſchen (cytilliſchen) Uiberſetzung, bie auö bem Griechi= ſchen gefloſſen iſt, weicht ſie in mehrern Auöbrü= cken ab. Dieſe hat carstwie für kralowstwie, nasuščstwnyj für weždajši, ostawi, ostawliajem für otpust, otpuštiemy, napast für pokušenie, ot lukawago für ot zleho. Geringere Abweichungen ſind bie Op= tative in ber 3ten Perſon da swiatitsia, da priidet, da budet für bie Imperative oswieť, prziď, buď, ferner bie Form iže für jenž w wedi von wedu für uwoď von woditi,

i für a in der 5ten und 6ten Bitte, wiewohl
zwey alte Handschriften auch y vor neuwod an=
statt a lesen; no (n-) für ale. Da die südli=
chen Slawen schon vor Cyrill bethen gelernet ha=
ben, so mußten sie auch vor ihm eine Uibersetzung
des Vaterunsers haben, die sich mündlich fort=
pflanzte, und man darf nicht glauben, daß alle
andern Uibersetzer die cyrillische zum Grunde gelegt
hätten. Das dalmatische ot neprijazni ist ge=
wiß älter als das cyrillische ot lukawago, na-
past hat selbst Cyrill beybehalten.

Zehntes Jahrhundert.

Dem heil. Adalbert, dem zweyten Bischofe
von Prag, einem gebornen Böhmen, schreibt man
ein böhmisches Lied aus dem zehnten Jahrhundert
zu. Wenn Cosmas erzählt, das Volk habe bey
dieser oder jener Gelegenheit krlefsn gesungen, so
scheint doch kein anderes Lied gemeint zu seyn, als
das Adalbertische Krleff, Krleff, Krleff, das man
noch heut zu Tage bey öffentlichen Prozessionen zu
singen pflegt. Selbst bey der Einsetzung des er=
sten Bischofes Ditmar soll das Volk krlefln
(kyrie eleison) gesungen haben. Auf diese
Art wäre das Lied noch älter, und Adalbert hät=
te es nicht verfaßt. Nach einer alten Handschrift

in der öffentlichen Bibliothek zu Prag unter Y. I.
3. 83, welche einen lateinischen im J. 1397 ge-
endigten Kommentar eines Benedictiners von Břew-
now über dieses Lied enthält, den zwar schon
Balbucky 1668 in Rosa bohemica, jedoch
mit vielen Fehlern herausgab, lautet es so:

Hospodyne pomiluy ny
Ihu Xpe pomyluy ny.
Ty spase wseho mira
Spasyz ny y uslyss
Hospodyne hlafsy nassye.
Day nam wfsyem hospodyne
Zzizn a mir wzemi
    Krles Kiles Krles.
Domine, miserere nostri,
Jesu Christe, miserere nostri.
Tu Salvator totius mundi
Salva nos, et exaudi,
Domine, voces nostras.
Da nobis omnibus, Domine,
Saturitatem et pacem in terra.

Eine Raudnitzer Handschrift aus dem XVten
Jahrhunderte weicht nur in der Orthographie ab.
Sonst liest sie im 4ten Vers vslyssizz für uslyss.

So klein dieses alte Denkmal ist, so viele
veraltete Wörter und Formen kommen darin vor,

78

die jedoch auch in spätern Werken noch gefunden
werden. Ny im Accusativ anstatt nas hat auch
noch Pulkawa. Žižn, fertilitas, kommt eini=
gemal bei Dalemil vor. Die im XIVten Jahr=
hunderte noch übliche Redensart žižné leto, fer-
tilis annus, führt selbst der alte Ausleger zur
Erklärung des Wortes žižn an. Der jüngere Aus=
leger schrieb über zžižn sufficientiam tempo-
ralium et necessariorum, darunter aber zy=
wnost. Hajek, der dieses Lied auch in seiner
Chronik abdrucken ließ, hat žižžeň für žižň, an=
dere haben žižu daraus gemacht, beides unrich=
tig. Im dritten Verse las Hajek tys spasa,
d. i. tu es salus. Allein ty spase ist der Vo=
cativ von spas, salvator, wofür wir jetzt
Spasytel.sagen. Der Raudnitzer Ausleger schrieb
auch spasйteli bei. Mir, Welt, ist in dieser
Bedeutung längst veraltet. In alten slawischen
Handschriften und selbst beim Nestor heißt die
Welt, das Weltall, wesmir, daher wäre ty
spase wsseho mira zu übersetzen, du Heiland
der Welt. Für pomiluy sagen wir seit Jahr=
hunderten smiluy se. Uiberhaupt hat der Text
dieses Liedes mehr Aehnlichkeit mit dem alten sla=
wonischen Kirchendialekt, als irgend ein anderes
böhmisches Denkmahl. Sollte es wirklich vom

h. Abalbert herrühren, und nicht älter seyn? Cosmas, der so oft des Gesanges Krlessn Erwähnung macht, sagt nirgends, daß es vom heil. Abalbert herrühre. Dessen ungeachtet war die Tradition von dem Urheber dieses Liedes schon im XIIIten Jahrhundert allgemein. Die erste ausdrückliche Erwähnung des heil. Abalberts, als dessen Verfassers, geschieht beim Fortsetzer des Cosmas auf das Jahr 1260. In der Schlacht, in welcher Ottokar über den K. Bela siegte, sangen die Böhmen dieses Lied, und machten die ungrischen Pferde scheu: Bohemi valido in coelum clamore excitato, canentes hymnum a S. Adalberto editum, quod populus singulis diebus dominicis et aliis festivitatibus ad processionem cantat etc. Sonst geschieht auch Erwähnung von diesem Liede bei demselben auf das J. 1249, wo man es bei der feyerlichen Einführung K. Wenzels I. in die Schloßkirche gesungen hat: populo ac Nobilibus terrae, qui tunc aderant, Hospodin pomiluy ny resonantibus. Und wiederum auf das J. 1283, wo er ebenfalls den ersten Vers davon anführet, ohne jedoch den Verfasser zu nennen.

Eilftes Jahrhundert.

Aus dem eilften Jahrhunderte haben wir
kein anderes Denkmahl aufzuweisen als die ein-
zelnen böhmischen Wörter, welche in lateinischen
Urkunden zerstreut vorkommen. Das älteste und
erheblichste Stück sind zwey kleine Sätze in dem
Spitihniewischen Stiftungsbriefe der Kollegiat-
kirche zu Leitmeritz um das J. 1057, welche am
Ende desselben in böhmischer Sprache geschrieben
stehen: „Pavel dal iest ploſſkovicih ze-
mu. Wlah dal iest doleaſſ zemu bogu
i ſſvatemu Scepanu ſse dvema duſsnico-
ma Bogucea a ſsedleav." Zemu im Accu-
sativ steht hier noch für zemi, weil das u erst
später in 'i überging, so wie noch die Slowaken
duſſu anstatt duſſi sagen. Bogu ist unser Bohu.
Die lateinischen Schreiber wählten meistens das
g, um unser h auszudrücken, wie man noch Pra-
ga für Praha schreibt. Das ſlawonische Gla-
gol ist eigentlich ein Mittellaut zwischen g und h.
Und selbst die Russen sprechen ihr glagol in
manchen Wörtern fast wie ein h aus. Dve-
ma ist unser, dwěma, der Dual von dwa.
Duſſnicoma, ist der Dual von Duſſnjk, ani-
mator, ein Seel = Knecht, welches Wort auch

unter den Slowaken üblich gewesen seyn muß, weil es auch in Diplomen Ungrischer Könige vorkommt. Scepan ist ščepan, jetzt stépán, zu lesen. Plofskovicih steht im Local des Plurals, ih gilt also ich. Wlah ist unser Wlach.

Die sechserley Zölle, die die Schiffe auf der Elbe bei Luthomiric (in spätern Zeiten Litoměřice, Leutmeritz) entrichten mußten, heißen in der Urkunde:

Homuthne, d. i. chomutné von chomut, chomaut, ein Kommet.

Othodne, d. i. otchodné, von ot und chobiti, abgehen.

Otroce, d. i. otroče oder otročj, von otrok, Knecht, Leibeigner, mancipium.

Gostine, d. i. hostinné, von hostina, host, ein Gast, fremder Kaufmann.

Grrnecne, d. i. hrnečné, von hrnec, ein Topf.

Sitne, d. i. žitné, von žjto, Korn, Getraide.

Noch sind die Benennungen gewisser Gefälle und Strafgelder zu bemerken, als:

Sswod, d. i. swod, die Einfuhrung, wenn es, wie es scheint, hier mit zwod einerley ist.

Glava, d. i. hlawa, Kopf.

F

Narok, d. i. Naŕek, Beſchuldigung.

Nedoperne, d. i. nedeperné, von ne, und
doperu, nicht völlig erſchlagen.

Grrdost, d. i. hrdoſt, ſonſt auch pých, Frevel.

Vergleicht man damit noch einige Ortsnah=
men, als: Sytenicih, d. i. w ʒitenicých, Ser-
noſſieceh, d. i. w ʒernoſiecech u. ſ. w., ſo
ʒeigt ſich ſchon eine beſtimmtere Orthographie.
Breza, ein Ort, Zlaton (ʒlatoñ), Kozel,
Rozroy, drey Mannsnamen, ſchreiben die Böh=
men auch ſpäter mit z. Der Name eines Man=
nes Cis iſt gewiß čjʒ ʒu leſen. Daher ward
oben die Präpoſition ſe mit ʒwey ſſ geſchrieben,
damit man ſe nicht etwa wie ʒe leſe. Nur ſ und
ſſ, c und č wußte man nicht gehörig ʒu unter=
ſcheiden. Das r, wenn es ʒwiſchen ʒwey Con=
ſonanten ohne Vocal ſteht, wird hier, ſo wie
noch ſpäter, verdoppelt.

Auch im Wratiſlawiſchen Stiftungsbriefe der
Kollegiatkirche am Wiſſehrad um das J. 1038
kommen viele böhmiſche Namen und Wörter vor.
Wir wollen folgende herausheben, ordnen, und
mit Anmerkungen begleiten:

Bogdan, Bogumil und Bohumil, Namen
der Perſonen. Unſer h kommt hier ſchon ein=
mal vor; das g aber iſt noch gewöhnlicher.

(Brod) na brode, die Furth bei Tetin an der Mies. Wir schreiben jetzt na brodě.

Casnici, cum caliciariis, qui dicuntur Casnici. Uiber dem C vor a ist im Originale ein Punkt, folglich c wie unser č zu lesen, von čaſſe, calix, welches später čeſſe und čjſſe geschrieben ward.

(Dubec) w dubci, ist der Lokal von Dubec.

(Hvala) w Hvalah, das h gilt hier für unser ch, w Chwalách, ein Dorf.

(Kacigora) na Kacigore, nach heutiger Schreibart na Kačjhoře, auf dem Entenberg.

(Kamenmost) w Kamenemoste, d. i. w kamenném moſiě, in der steinernen Brücke.

(Knaſawez) w Knaſawezi, zusammengesetzt aus Knas, Fürst, Herr, sonst kněž, und wez, Dorf, jetzt wes, im Lokal wſy. Man merke hier z anstatt s.

Luhgost, Lubica, ersteres ein Mannsname, das zweyte ein Ort. Später ging das u (in) in i über: libhoſt, libice.

Modlibogh, ein Mannsname, hier steht gh für h. Noch ist zu merken, daß das d epentheticum längst üblich war. Der Böhme und Pohle sagt modliti, wo andere Slawen moliti sprechen.

F 2

Rudnici, cum aliis ministerialibus, qui vulgariter dicuntur Rudnici; von ruda. Rudnik iſt noch im Polniſchen üblich, und bedeutet einen Arbeiter in Bergwerken.

Svinar, cum porcario, qui dicitur Svinar; jetzt ſwiňák; die erſtere Form in ar oder ař hat noch der Pohle und Kroate.

Tona, stagnum, quod dicitur tona, jetzt tůně, alt toňa, ein Tümpfel.

Wlk. d. i. Wolf, ein Mannsnahme. Noch jetzt gibt es viele Sylben, wo das l zwiſchen zwey Conſonanten den Vocal entbehren kann.

(Zagradne) zagradnego XVI. okau, jetzt zahradné, eine Abgabe vom Garten; da aber mel vorausgehet, ſo iſt die Rede vom Bienengarten. Okau kann wohl nichts anders ſeyn als okow, Eimer, ſonſt wiedro

Zwölftes Jahrhundert.

Beim Fortſetzer des Koſmas ſteht auf das J. 1128 nach dem Worte Novembris in der prager Handſchrift: et ſclavonice Prosince. Pro ynec iſt nun freylich die Benennung eines Monates, allein nicht des Novembers, ſondern bei den Böhmen des Dezembers, bei andern Slaven des Januars.

In dem Schenkungsbriefe Sobieslaw's vom
J. 1130 im Archive des Wissehraber Capitels,
davon ich das Original einzusehen das Glück hat=
te, (nach dem sehr fehlerhaften Abdruck bei Ham=
merschmidt in seiner Gloria Wissegr. ecclesiae
S. 135 durfte ich mich -nicht richten) kommen
einiger bekanntern Städte Namen vor, die, wie
folget, geschrieben sind. Pragae, Wisegrad,
Satči, d. i. w žatči, (der Punkt über dem c
ist eigentlich im Original ein mit c verbundenes s)
Sedlcih (s ist hier unser s), Lutomericih,
Belinae, Dačine, d. i. Děčin, das heutige
Tetschen, Bolezlavi, Camenci, Gradci,
Opočnae, Hrudimi, Kurimi, Pilzni, Lu-
bici, Wratne. Ferner Csazlavi mit Cs für
unser č. Die Einschaltung eines i in den Sylben
ohne Vocal, wie hier in Pilzni für Plzni,
kommt auch in Wirsevicih anstatt Wrsevi-
cih vor. In den ältern Handschriften des Cos=
mas findet man zwatoplik (plik für plk, spä=
ter pluk), dlygomil (dlygo für dlgo, spä=
ter dlaho), und Drisimir für Držimir. Aus
demselben Diplome bemerke ich noch die Stelle:
vaccam sterilem, quae vulgari locutione
Jalouica dicitur, wofür Hammerschmidt Jalo-
wice nach heutiger Orthographie abdrucken ließ.

86

Die Schreibart nadworze müßte die Gesetze
Sobieslaws II. bei Dobner (Annal. VI. 523)
verdächtig machen, wenn schon im Original ein rz
stünde. Der jüngere Copist erlaubte sichs hier
nadwore mit rz zu schreiben.

Als der König Wladislaw das Aufgeboth zu
dem berühmten Zuge nach Mailand ergehen ließ,
ertönte ganz Prag von Gesängen der jungen mu-
thigen Ritterschaft. In eorum cantibus et in
eorum sermonibus Mediolani resonat ob-
sessio, sagt Vincentius auf das J. 1158.
Daß die meisten böhmisch gesungen haben, daran
ist wohl nicht zu zweifeln. Allein niemand hielt,
es der Mühe werth, auch nur ein Lied schriftlich
auf die Nachwelt zu bringen.

In der Urkunde, die Dobner in Kupfer ste=
chen ließ, wird Bechin schon mit ch geschrie-
ben So auch Chreno d. i. Chren, nicht
aber Oldrih. Die Namen Gaul d. i. Hawel,
Glupen, Blego, Dulgomil beweisen noch im=
mer den Gebrauch des g für h Z gilt zwar für un=
ser z als in Zawisa, d. i. zawissa; aber auch für
s als in Zezema, d. i. Sezema, Zobizlaus.
So wird Zlawon, d. i. Slawoň, mit z und
die Endsylbe zlaw noch immer mit z geschrie=
ben: Bolezlav, Boguzlav, Sdezlaus;

auch mit zz: Scazzlav. Ones ist wohl wie
Oneš zu lesen, und Ciec (100 Jahre später
Czieczo) wie čeč, und Csta wie čta oder
č ta. In den Präpositionen před, při: Pred-
bor, Pribizlaus, wird das r noch ohne z ge-
schrieben.

Der Selauer Chronist auf das J. 1175
wußte eine Stadt im Mailändischen nicht latei-
nisch zu nennen, er nennt sie daher böhmisch,
cujus nomen boemice Sussina. Offenbar
ist dieß eine Uibersetzung von Sicca.

Auf das J. 1179 nennt er das Schlachtfeld
bei Wissehrad, wo Herzog Friedrich über den
Sobieslaw siegte Boisse. Vermuthlich schrieb
der Chronist Boisce, weil der Name Sstěpan
in alten Urkunden Scepan geschrieben wird. Un-
ser bogisstě spricht der Siowak noch bogissče aus.

Uiber die Ernennung Friedrichs, eines Sach-
sen, zum Bischofe von Prag, äußert der Selau-
er Chronist seine Unzufriedenheit. Er glaubt,
die böhmische Klerisey würde einen der Landes-
sprache nicht kundigen Ausländer, wenn ihn die
Königin nicht unterstutzt hätte, nicht selbst ge-
wählet haben. Man rechnete also damals die Kennt-
niß der böhmischen Sprache unter diejenigen Eigen-
schaften, die ein Bischof in Böhmen besitzen sollte.

Dreyzehntes Jahrhundert.

Die Könige von Böhmen Premyſl Ottokar I.,
Wenzel I., Ottokar II. und ſein Sohn Wenzel II.
begünſtigten die Städte, die großentheils mit deut=
ſchen Handwerkern und Künſtlern beſetzt wurden,
auf eine ſolche Art, daß ihr Wohlſtand ſichtbar
zunahm. Der Handel, zu deſſen Beförderung
die Könige verſchiedene Freyheitsbriefe ertheilten,
erweckte den Geiſt der Thätigkeit; dieſe erzeugte
Uiberfluß und nährte die Künſte. Durch Geſetze,
die zu der Zeit die vornehmſten Städte ſchriftlich
aufſetzen ließen, ward Ruhe und Ordnung in
denſelben hergeſtellt. Der Adel war reich und
mächtig, und der königliche Hof ſo glänzend,
daß er nach dem kaiſerlichen der erſte in ganz
Deutſchland war. Die deutſche Sprache beliebte
der Hof und der Adel, und ſie war das Mittel,
wodurch die Nachahmung der Deutſchen, die in
Künſten und Wiſſenſchaften die nächſten Muſter
waren, erleichtert worden iſt. Man lernte nun
die Werke der deutſchen Dichter kennen, und fand
Geſchmack daran. Unter den Minneſängern iſt
Kunig Wentzel von Beheim in dem Golda=
ſtiſchen Verzeichniſſe (in I. G. Eccardi hist.
stud. etym S. 165.) der Reihe nach der vierte.
Von ihm ſteht ein Gedicht in der Maneſſiſchen

Sammlung (Zürch 1758, 4). Dieß war Otto=
kars Vater, Wenzel der I., der 1253 starb. Der
unglückliche Zwiste aus dem Rosenbergischen Ge=
schlechte, der K. Wenzels II. Mutter heurathete,
und 1292 den Kopf verlor, soll im Kerker viele
artige Lieder verfertigt haben.

Hagek sagt ausdrücklich, daß er im weißen
Thurm allerley Lieder verfertigt habe; denn er
sey gelehrt genug, und ein vortrefflicher Sänger
gewesen. (Tu mnoho rozličných pisnj složil, neb
byl muž dosti včený a wyborný zpiewák). Bal=
bin will sie noch in alten Handschriften gefunden
haben, ohne doch zu bestimmen, in welcher Spra=
che sie abgefaßt waren. (Ubi multas lepi-
dasque in fortunae suae solatium cantiun-
culas , quas in manuscriptis codicibus
saepius inveni, composuit. Epit. hist.
p. 296.) Es ist fast nicht zu zweifeln, daß
diese Lieder in deutscher Sprache verfaßt waren.
Diese Beispiele reizten nun auch die Böhmen zur
Nachahmung, zu ähnlichen Versuchen in ihrer
Muttersprache, wenn es gleich auch in frühern
Zeiten an kleinern Volksliedern nicht fehlen konnte.
Von nun an erscheinen aber schon größere Werke,
die wir gleich anzeigen wollen.

90

Aus Urkunden, die aus dem 13ten Jahr=
hunderte in Menge vorhanden find, ließe sich ein
ganzes Glossarium. alter böhmischer Wörter sam=
meln. Ich beschränke mich auf einzige zwey. In
dem Freyheitsbriefe, den Přemysl Ottokar im
J. 1225 der Stadt Königingräß verlieh, (f. die
Geschichte dieser Stadt von C. J. von Bienen=
berg, worin er in Kupfer gestochen vorkommt,)
wird zwar Gradec noch mit G geschrieben, aber
andere Wörter schon mit H, als: Hroznata,
Bohuše, Holac, Riwin de Zahornic,
Stoghney (sonst Stoygneu). Die Dienstbar=
keiten, Narez, Nocleh genannt, beweisen, daß
man dem r und c noch kein z anhing. Dieß ge=
schah erst viel später. Ich erwähne dieses Um=
standes absichtlich, weil ich hiermit dasjenige, was
ich in Rücksicht der böhmischen Paläographie und
Sprachkunde in meinem Versuche über den Brew=
niower Stiftungsbrief vom J. 993 gesagt habe,
zurücknehme, da ich auch aus andern Gründen der
bestrittenen Urkunde dieß Alter nicht mehr einräu=
men kann. S. mein Liter. Magazin von Böh=
men, St. III. 174.

In den ältesten, der Brüner Landschaft im
J. 1227 gegebenen Landrechten, die im J. 1237
der mährische Fürst Ulrich auch in dem Lunden=

burger Gebiethe einführte, kommen folgende Be=
nennungen vor: Narok, Zok (b. i. fok) Dru-
ho (ohne lateinische Endung druh), Zwod
(nach älterer Schreibart in den Brüner Rechten
zuod), Powod, Zlubni zud (b. i. flibnŷ fub)
Wiboy, Hirdozt, Wrez, Pohonce, Po-
mocne, Nestoyte, deren Erklärung Dobner
in der Geschichte Ulrichs (in den Abhandl. der
böhm. Gesellf. der Wiff. Th. II.) so gut er da=
mals konnte, gegeben hat. Der Zupane wird
im Eingange der Urkunde erwähnet, und das Ž
mit S ausgedruckt: Şuppani.

Die Orthographie der frühern Jahrhunderte
kann man am richtigsten und leichtesten nach dem
eigenen Namen, wie sie in den ältesten Nekrolo=
gien geschrieben werden, beurtheilen. Das Ne=
krologium des ehemaligen Benedictiner Klosters
Podlažic bei Chrast, das ich aus dem großen Bu=
che zu Stockholm, wohin es aus Böhmen gekom=
men ist, vor vielen Jahren abschrieb, enthält eine
sehr große Menge von böhmischen Namen derjeni=
gen Personen, die im 10ten, 11ten, 12ten und
im 13ten Jahrhunderte bis etwa 1230 gelebet
haben. Die verschiedenen Formen derselben, ihre
Zusammensetzung, selbst die Orthographie dienen
dazu, uns von der Ausbildung der Sprache in

frühern Zeiten, aus denen uns andere Denkmahle mangeln, einen richtigen Begriff zu machen. Die Auszüge daraus mögen indessen die Stelle eines Onomastici bohemici vertreten.

Reine Wurzelwörter sind: Ban, Bauor, Ben, Cac, Cen, Drob, Hual, Mah, Man, Meh, Muc, Nah, Ozel, Pan, Pest, Quet, Seber, Sen, Suig, Sut, Stir, Taz, Tes, Vac, Verc, Zlat, Zuer.

Desgleichen mit Präpositionen: Bezded, Meziles, Nacas, Nadey, Naruz, Nauoy, Nevſir, Obezd, Omizl, Pabir, Podgrad, Podles, Premil, Pribek (přibieſ, přibjſ) Smil, Vteh, Zastup, Zauid, Zmil.

Männliche und weibliche Namen mit der Endung a, seltner mit e: Baba, Bda, Caſce, Caſſa, Casta, Caua, Crne, Cunta, Cutra, Deua, Diua, Dula, Duſſe, Glupa, Haia, Hrapa; Jana, Ilta, Jura, Krala, Leua, Luca, Male, Meſſa, Mika, Mila, Nina, Olga, Oſſua, Peka, Pula, Quaza, Rada, Sda, Sara, Sera, Slaua, Strada, Suece, Teba, Teha, Tota, Vara, Vgra, Vſſa, Zlava, Zuda. Mit Präpositionen: Bezdeda, Necraſſa, Nedoma, Nerada, Neroda, Opale, Podiua, Presobe.

Zahlreich sind die vermittelst der diminuti=
ven Bildungssylben ck, ka, ik und ec abge=
leiteten Namen.

Männliche auf ek: Belek, Banek, Bi-
nek, Blizek, Bolek, Bonek, Buhek, Ca-
stek, Crnek, Dobrek, Dragek, Drsek,
und Drisek (lies Držek), Dulek, Gezdek
Godek, Gostek, Hrapek, Janek, Lazek,
Louek, Lubek, Lutek, Marek, Maffek,
Misleh, Mladek, Mogek, Mutiffek, Mu-
cek, Ninek, Palek, Paffek, Petrek, Pi-
uek, Polek, Piucek, Prauek, Quetek,
Racek, Radek, Radoffek, Scitek, Sco-
rek, Slusek, Stirek, Sudek, Suecek,
Teffek, Trebek, Vecek, Vitek, Vlcek
und Vlicek (lies Wlček), Voyek, Zlauek,
Zlusek (lies Služek). Drusco ist mit der la=
teinischen Endung o versehen, anstatt Drusek.
Pilunk scheint fremd zu seyn.

Weibliche auf ka, womit aber ca abwech=
selt: Belca, Benka, Bicka, Cauka, Crab-
ca, Crnca und Crnka, Danika (etwa Dań=
ka) Darka, Decka, Deuka, Dobka, Do-
brocka, Drasca, Drusca, Gneuca, Hel-
ca, Ladka, Marka und Marca, Nedelka,
Otroca (von Otrok), Picka, Piseka, Rad-

ka, Raska, Sohka, Sobotka, Sbiska, Sperka, Sudka, Tefca, Trebca, Turca, Vecka, Vlicenca (lieẞ Wlčenka), Vnca, Zorka, Zouka, Zudka, Zuinka (in beiden leßtern iſt z wie unſer ſ zu leſen). In Rayca iſt wohl ca nicht wie ka, ſondern wie unſer ca zu leſen. S. die Bildungsſnlbe ica, ice.

Männliche auf ik: Bofik, Batik, Bicik, Cstik, Deuik, Gostik, Janik, Jurik, Kralik, Krafik, Louik, Marcik, Pacik, Paulik, Petrik, Radik, Ratik, Sdik, Sobik, Sulik, Tomik, Thomik, Vaurik, Voyk, Zlaunik. Mit ic werden geſchrieben: Deuic, Jauic, Milic, Profic, Quafic, Sobic. Sollte hier ic nicht etwa, wenigſtens in Milic, wie ič geleſen werden? Man kennet ja einen berühmten Mann aus dem 14ten Jahrhundert, der Milič hieß.

Männliche auf ak: Vorak. Andere werden mit ac geſchrieben: Bradac (lieẞ Bradáč), Crifac (lieẞ Křižáč), Crucac, Gostac, Hualac, Lstac, Malac, Modlac, Ruac (lieẞ Rwáč). Das ac am Ende iſt alſo zweydeutig, da es wie ák und áč geleſen werden kann. In Misloc, Rihoc iſt wohl oc unſer ok.

Männliche auf ec: Benec, Bilec, Comolec, Crupec, Dobec, Drasec, Gneuec, Golec (daher ist unser Holetek), Ladec, Malec, Milec, Omizlec, Paulec, Petrec, Radec, Scorec, Znanec.

Weibliche auf ica, ice, ce: Batice, d. i. Schwesterchen (von Batja Bruder), Bratrice (von Bratr), Budica, Cernice, Dalice, Deuice, Golice (unser Holka), Malica und Malice, Milica, Pecice, Pozica, Pupce, Rayca, Rihce, Sirce, Siznce, Susice, Vince, Volice.

Männliche auf uh: Miluh.

Weibliche auf iha, uha: Benediha (von dem männlichen Beneda), Sdiha, Sduha, Streziha, Sudiha, Vogiha, Voliha, Voyha. Vergleiche die weiblichen auf ihna, ehna, ohna.

Vermittelst der Sylbe ey oder eg: Boseg, Boleceg, Gosteg, Mileg und Miley, Radeg und Radey, Vlastey, Vliteg. Auch Mali.

Vermittelst an, ana, ane: Boian, Cacana, Cakan, Cekana, Cicane, Cohan, Crisan, Crisana, Dobrane, Doman, Dragan, Milouan, Piscana, Radouan, Sdan,

Stan, Suliana. Die Endung am ist gar sel-
ten: Nagoram.

Vermittelst en, weiblich ena: Borena,
Bozen, Branena, Bratrena, Cogen, Cras-
sena, Crscen, Cstena, Danena, Dobren,
— ena, Dragouen, Dussen, Gelena, Gla-
zen, Gosten, — ena, Hoten, Hualena,
Jurena, Marena, Miren, — ena, Mnen,
Modlena, Mrizena, Mstena, Obiden,
— ena, Odolen, Petrena, Pomnen, Pro-
tiuen, Puten, Quassen, — ena, Raden,
Sedlena, Senena, Sestrena, Sobena, Sue-
cena, Trpen, Velena, Vlastena, Volen,
Vracen, — ena, Zorena.

Vermittelst in, ina, ine: Kalina, Lbi-
na, Mutine, Polanin, Sgina, Scorina.

Vermittelst on, one: Bratron, Brzon,
Caston, Crasson, Dobron, Gneuon, Gr-
don, Milon, Mladon, Otrone, Piuone,
Quasson, Queton, Radon, Sdon, Sko-
ron, Suaton, Trebon, Trgone, Turidon
(lies Twrdon), Vezton, Vlcon, Zuaton.
In allen diesen Wörtern ist on, one, wie oñ,
oñe zu lesen.

Vermittelst un, una: Bogun, — una,
Perun.

Weibliche vermittelst na: Blasna, Bosna, Bresna, Cohna, Crisna, Decna, Deuna, Drasna, Radna, Ratna, Sehna, Sizna, Strehna, Strezna, Tehna, Vacna, Vecna.

Und ehna, ihna, ohna, uhna: Bolehna, Bozehna, Bratohna, Crnohna, Dobrohna, Malehna, Milehna und Milohna, Petruhna, Radohna, Sedehna, Suatohna, Vacehna, Vadihna.

Die Ableitungsformen eš, ša, še, oš, iš, iša, uš, uša (uše) waren sehr beliebt: Benes, Boges, Dobes, Mares, Peres, Zles. Borse, Domasse, Gostsa, Lucsse, Ratsse, Trebsa.

Dedos, Dobros, Jaros, Lubos, Lucos, Vicos, Zlauos, Zuos. Ostas steht einzeln da. Boris, Branis, Budis, Bulis, Diuis, Dragis, Gostis, Gostisse, Grabissa, Janis, Kanis, Laurissa, Malis, Modlis, Mutis, Mstis, Petris, Stanis, Stoisa, Vratis, Zauisse.

Bogusse und Boguza, Bratruls und Bratrusse, Janus, Malus, Petrusse, Radus. Bei den Russen ist doch auch Boris (mit s) gebräuchlich, und in Boguza steht wahrscheinlich

G

z für unſer s, daher Bogusa zu leſen. Im
Polniſchen iſt die Form usia ſehr üblich.

Nicht weniger die Bildungsſylben a a (eta)
und ota, ost, osta, ut, uta, für Mannsperſonen:
Benata, Boiata, Bonata, Bozeta,
Coiata, Cstata, Crnata, Doſſata, Gneua-
ta, Godata, Golata, Gostata, Gotata,
Groznata, Honata, Hualata, Jurata, Kna-
ta, Krata, Marata, Milata, Mizlata, Poz-
data, Pucata, Quaſſata, Royata, Sdata,
Sedlata, Sirata, Siznata (lies ʒiʒnata),
Sluſata, Suoiata, Teſſata (lies Ʒéſſata, von
téch), Trebata, Tuorata, Vaurata, Vis-
seta, Vlaſſata, Vrbata. Endlich auch eines
in ita: Vouita.

Janota, Kiaſſota, Krecota, Mahota,
Milost, Milosta und Milota, Mladota,
Radost, Radosta und Radota, Srpota.

Boguta, Borut, Roscuta, Strelut.

Für Weibsperſonen aber aua: Brzaua
(dreyſylbig), Cstaua (lies Ʒſtaw., Ʒtawa von
Ʒeſt), Cuuaua, Dobraua, Dubraua, Gas-
saua, Godaua, Hlupoua (etwa für Ʒhlu-
pawa), Hrapaua, Lubaua, Miraua, Mla-
daua, Petraua, Pozaua, Plugaua, Que-
taua, Sdaua, Sihaua, Siraua, Siznaua

(ließ Žižñawa), Sudaua, Tihaua, Tre-
baua, Vestaua, Vlkaua, Vltaua, Ziz-
ñaua, Zlugaua, Zobaua, Zoraua, Zua-
taua. In Ziznaua iſt das erſte z = ž, das
zweyte = z, in Zlugaua, Zuataua iſt z = s.
Die Sibilanten z, ž, s, š waren nach der da=
maligen Orthographie noch nicht genau beſtimmt.
Andere Ableitungsformen ſind viel ſeltner;
nämlich l, el, la, ula: Vstal, Vikel, Ba-
tela, Debla, Deuula, Gisla, Medla,
Hrastla, Hrebele. Adla, Peihta ſind
wohl fremd.
er, ar, or: Dnepr, Hraber (für Chrabr
tapfer) Sestere. Begar., Mukar, Piscar.
Mramor, Smogor. So iſt Benecka von
Ben, Rackau von Rad; Ostoy, Raduy
ſind Imperative, Mileyſi der Comparativ von
Mil, Nectom etwa das Participium paſſivum
Präſens von čtu, mit der vorgeſetzten Vernei=
nungspattikel ne; Zuest iſt das Abſtractum von
Zwěděti, ehedem auch zwěſti. Manche andere
ſind dunkel und nicht leicht erklärbar, wie Mal-
sta, Sezema.
Selbſt in den Zuſammenſetzungen leuchtet ei=
ne gewiſſe Vorliebe für manche Wörter hervor.
Bog machet häufiger als beſtimmendes Wort den

erſten Theil der Zuſammenſetzung aus, und ſelt⸗
ner ſteht es als das beſtimmte am Ende.

a) Bogacaia und Bogucaia, Bogdal,
Bogdalec, Bogdan, Bogdanec, Bogudar,
Bogumil, Bogumest, Boguulast, Bo-
guuole und Bohuuole, Boguzlau, Bogu-
zud, Bozelze, Bozepor, Bozteh.

b) Hualibog, Modlibog, — ga, Suoy.
bog, Znoybog.

Bor ſteht häufiger am Ende : Cstibor,
Hotebor, Lutobor, Nutibor, Prebor,
Predbor, Prisnobor, Ratibor, Stabor,
Vlastibor, Zemibor. So auch folgende:

Gost: Bedigost, Domagost, Dobro-
gost, Lubgost, Milgost, Radgost.

Mil: Bogumil, Bolemil, — la, Bra-
trumila, Dlugomil, Dobremil, — la, Liúd-
mila, Petrumila, Premil, — la, Sdemil,
Smil., Stremil, Vacemila und Vecemil,
— la, Zdemil, Zmil.

Mir: Domamir, Dobromir, Hotimir,
Jacimir, Jaromir, Lubomir, Namir, Ne-
damir, Predmir, Radmir, Ratimir, Sdi-
mir, Spitimir oder Zpitimir, Volimir.

Voy: Boriuoy, Budiuoy, Castouoy
(lies Caſtowoy), Hotiuoy, Nauoy, Pre-

duoy, Prediuoy, Protiuoy, Scorouoy, Streziuoy, Wratiuoy, Zbivog (g für y). Zlau, für weibliche Perſonen Zlaua, das beliebteſte Wort für den zweyten Theil der Zuſam= menſeſung, von Slawa, gloria: Boguzlau, — ua, Borizlaua, Bratrozlaua. Breci-zlaus, Budizlau, — ua, Caslau (lies Caſlaw) Domazlau, — ua, Dobrozlaua, Drago-zlaua, Drifizlau und Drfizlau, Hotezlau, Jarozlau, Iscizlau, — ua, Milozlaus, — aua, Mirozlau, — ua, Nozizlau (lies No= ſiſlaw), Otazlauus, Predzlau, Pribizlau, — auec, — aua, Radozlau, — aua, Sbi-zlaus, Sdezlaus, — aua, Sdizlau, Sta-nizlau, Stranslaua, Strezizlaua, Suezlau, Sudizlaua, Sulizlau, Suuzlaua, Vaczlau, — ua, Vbizlau, — ua, Vladizlaus, Voy-zlau, — ua, Vratizlaus, — aua, Vfezlau, Zbizlaus, Zdeslaus, Zobeslaus (lies So= bě ſlaw), Zuatozlau.

Das Wort cest kommt in der Zuſammen= ſeſung viermal, gneu und teh dreymal, cray, mizl, nega, rad, sir zweymal, brod, del, god, lut, ſizn, vest, vit gar nur einmal vor:

Bolecest, Pribicest, Suecest, Vbi-cest.

Jarogneu, Stoygneu, Zpitigneu.

Bozteh, Voyteh, — ha, Vteh (lieš Utěch).

Cuzcray, Drſicray (Držikray).

Ninomizl, Premizl.

Mironega, Vbinega. Niega iſt bei ben Ruſſen Weichlichkeit, Verzärtlung.

Sderad unb Zderad, Vserad.

Neuſir, Vratiſir (lieš Wratižjr),

Kuſibrod (von kuſtli, tenta vadum).

Somodél (vielleicht ſamobĕl)

Brizgod (lieš Bržhob).

Zbilut. Dobroſizn (Dobrožižň). Do-
brouest. Radouit.

Mest, ·Vlast, Zud ſiehe oben unter Bog,

Frembe Namen, bie aber nicht ſo häufig alš bie einheimiſchen in bieſem Nekrologio vorkom-
men, verkürzten unb veränberten bie Böhmen
vor Alterš ſchon eben ſo, wie ſie eš noch jeßt
thun. Arnust iſt Erneſt, Gauel (Hawel) iſt
Gallus, Jacub Jacobus, Indrih (Ginbřich)
Heinrich, Karel Karl, Martin Martinus,
Micul Nicolaus, Mihalec Michael, Ol-
drih Ubalřich, Pauel Paulus. Pabian iſt
Fabianus, Scepan Stephanus; boch ge-
wöhnten ſie ſich allmählich auch an baš ſ, baher

kommen hier Offo, Frum, Volframmus, Eufemia, Francardus, Fridericus vor, wenn gleich Dalimil nach 80 Jahren noch immer Bedřich für Friedrich schreibt.

§. 10.

Böhmische Schriften des 13ten Jahrhunderts bis 1310.

1. An ihrer Spitze steht eine gereimte Legende von den 12 Aposteln, wovon sich aber nur ein kleines Fragment von 76 Versen auf einem Blatte Pergamen in der kaif. Hofbibliothek zu Wien erhalten hat. Der sel. Fortunat Durich würde es im Anhange zu seiner Bibl. Slav. herausgegeben und mit Noten erläutert haben, wenn er den Druck der ganzen Einleitung erlebt hätte. Da dieß Fragment ganz gewiß in die Mitte des 13ten Jahrhunderts hinauf reicht, und wir nichts älteres dieser Art kennen, so mag es hier nach einer sehr genauen Abschrift von Durichs Hand ganz stehen.

Erste Seite, erste Kolumne.

Nenys wiernych zzyrdecz sizny
Prones mi , . lzie uteczi

Hi mufiu achz nerad rseczi
O toho czizzarsie zlobie
Jemus ne zzteklo pokobie
Neb czos wzzwitye liute zwierfi
Tey zzie ta zlob neprfimierfi.
Jus iezzt on gmiel sneliutowal
Chtye wzwiedyety kak zzie wzzchowal
Gdys lesal materfi vbrfiuffe
As iako rseczi ne zzluffie
Se yu cazal rozrfiezaty
A chtye nato zzam hledaty
. . . zapowiedne lose.
Onems as rseczi nemose
Gdys kto wezme nezzmyzzl taky
Jensto any mezi ptaky
Any gie prfi hlupem zwierfiu
Bywa achz zzam zzobie wierfiu.

Zweyte Kolumne.

Wecze ale tdy chcziu tomu
By neprawiecze nycomu
Tak achz chczte by siwi byli
By mi lekarzztwa dobyli
Gims bych mohl dyetye gmiety
Neb chcziu wffdy tu zztrazzt wzwidyety
Justo ma iezzt maty gmiela

Na porodye gdys mie gmiela
Hi chcziu progity tu cziezztu
Nato czos giezdye pomiezztu
Zzlyſſal zzem senu plachziucze
Dyetyetem uzziluyucze
Tohos zzie nykaks nezbawiu
Bych newzwiedyel czo wem prawiu
Ktere sena gma uzzile
Prsi nepocogiu te chwile
Lekarsi dozzty mluwiwſſe
Proti tomu. wſſaks nezbywſſe
Muzzichuy gmu napoy daty.

Zweyte Seite, erſte Kolumne.

Wtom miezztye ony lekarſi
Tu sabu iaks wzzie byl wchwatyl
Dachuy gmu. by yw wywratyl
Inheds onu sabu wzdulu
As zlo rseczi zle oplulu
Wida. welmi zzie uſiezze
Rska moy tak mi zly ne chziezze
Talik zzem byl liudem hrozen
Tdy. gdystoy zzem byl porozen
Tehdy mistrſi zzie zzezrſiewſſe
Dachuy gmu rſiechz iaks umiewſſe
Rskucz - ruſſilzz tyem ieho crazzu

S zzi nedosdal zzweho chzaſſu
W toms hi wginem bludyw zzlepie
Zly cral. kaza dyetye wzzklepie
Lekarsom taynye zazdyecze
Chzttnye chowaty. A kyrmiecze
Czo rsku pak oginey zlobie
Muſie za senu wzem zzobie.

Zweyte Kolumne,

Nedawſſe gi ginak zzteczi
Kazachu hi zznym useczi
Pronyes to miezzto zlatrana
Zzlowe ḥi dnezz. latens raną
Hi zzlowe tuse prſichzinu
Tayna saba - polatynu
Takese hi mistr Seneca
Wyklada zzie. zzam zzie zzieca.

Uwiechzſſi zzwathy iacub zzlowe
Chzinem trogie chztty hotowe
Yus iemu pizzmo wydawa
Podle tyechto trſi chztty prawa
Gims zginych iezzt wieczi mnohem
Pyrwe sdrsewe pozwan bohem
Mezi wſſiemi uchzennyky
Pronesto zzlowe weliky

Druhe smu boh byl domowit
Hi byl tyem wſſdy wiecze mowit
S ty gho wſſdy zzobu pozywal.

Merkwürdig iſt die ganz ſonderbare, aber
doch beſtimmte Orthographie, wie ſie in keiner
andern alten Handſchrift gefunden wird.
s = ž: lose lies ložе, sena lies ženq.
rs = rž oder ř: rseczi lies řeci.
zz = ſ: nezzmyzzl lies neſmyſl.
chz = č: chzazzu lies čaſu, achz lies ač,
Für unſer wĕ:ŋj wird wiechzſſi, aber auch
wieczi geſchrieben. Sonſt iſt cz = c: czo
lies co.

Die Verkürzung der Conjunction že, wie hier
in s neliutowal anſtatt že neliutowal, s zzi
fur že ſy, daß du, s drsewe für že, dřewe
(drjwe), s mu für že mu, s ty für že tý (ten),
daß der, iſt ſonſt ſelbſt in Verſen ganz ungewöhn=
lich. Tdy iſt unſer tedy, chczte unſer chcete.
Der Conjunction i (y) wird unnöthig ein h vor=
geſetzt, wie man damals oft holus, hostium
für olus, ostium ſchrieb. Hi iſt alſo wie i zu
leſen. Zzwathy für ſwaty iſt eine gleiche Un=
art. In zzyrdecz, kyrmiecze, pyrwe
wird das y ohne Noth vor dem r eingeſchaltet.

In wzzwitye, wzwidiety ließ der Schrei-
ber das e nach wi aus. Aber uchzennyk
(jetzt učedlnjť) erscheint in der alten Gestalt ohne
Einschaltung des dl. Das tiefere flüssige iu ist
anstatt des jüngern i in liute, liutowal, brsi-
uſſie, liudem zu finden; ferner in den Flex o-
nen und zwar im Local zwierſiu, nepočogiu;
im Accusativ yu, yus, yusto; im Gerundiv
plachziucze, uzziluyucze. In der 1ten
Person des Präsens steht iu für i oder jm: muſiu
(lies muſſiu) für muſjm, chcziu für chci,
wierſiu, zbawiu, prawiu für wĕrjm, zba-
wjm, prawjm. yw anstatt yu scheint ein
Schreibfehler zu seyn. Für das om des Inſtru-
mentals hatten die Böhmen schon damals em:
chzinem, bohem. Der Dativ wem für *wam*
kommt auch im Dalimil vor. In dem verkürz-
ten gmu (aus gemu) muß das g noch hörbar
gewesen seyn, wenn ein Vocal vorherging, daher
ward diesem noch ein y angehängt: muzzichuy
gmu, dachuy gmu. So steht auch gdystoy
zzem für ťdyžto gsem. Wir lernen auch aus
diesem Fragmente, worin alle gereimten Zeilen aus
vier Trochäen oder aus acht Sylben bestehen, die
älteste Versart kennen, die bis auf unsere Zeiten
noch immer die beliebteste blieb.

2. Ein nur auf einer Seite beschriebenes Blatt
Pergamen kam zufällig in die Hände des Hrn.
Linda , der es zu schätzen wußte. Es enthält
die Klage eines Verliebten an den Ufern der Mol
bau in Prosa. Der Dichter wendet sich an die
hohe und feste Burg Wischehrad:

Ha ty naaszye sluncze
Vysegrade twrd.
Ty smyelye y hrdye
na przyekrzye stoiyefz
na skaalye stoiyefy
vfyem czyuzyem postrah.

Die darunter fließende Molbau durfte in der
Schilderung nicht ausbleiben:

Pod tobu rzieka bystra valye sye
valye sye rzieka vhltaua yara
po kraiyu rzyeky vhltauy czysty
stoyie fyela hurastya
pohladeczek mil

In schattigen kühlen Gebüschen singt die
Nachtigall bald fröhlich, bald traurig:

Tu slauyeczek malyi
veselo pyeye y mutno.
kako frdeczko radost, zzyal
yeho czyuye.

Dieß stimmt das Herz zu ähnlichen Empfin
bungen, zur Freude und zum Leibe. Der Lie=
bende wünscht sich eine Nachtigall zu seyn, um
zu seiner theuren Schönen (draha, liepa) flie=
gen zu können:

Kezz yazyſın ſlauieczek
v zelenem luzye.
Rucze byh tamo leczal
kdye draha hodye veczerem poz.
dnoy

Wo alles Liebe erwecket, jedes lebende Ge=
schöpf nach ihr sich sehnt, seufzet und klaget der
arme Sänger:

Kdyzz vſye milost budye
vſyeliky ziuok velim snabzenstuyem
yeie-zyelye
Yaz neboſzczyek tuziu
po tobye liepa, pomyluy hu.

Nach hu würde wohl eho folgen, also po.
myluy hudeho; erbarme dich des armen.
Syela hurastya ist sehr dunkel. Soll es et=
wa ſjla chwraſtj, eine Menge Gesträuch, hei=
ßen? Was wir chraſt nennen, ist im Slawoni=
schen chwrasť, und chwrastja wäre der alte
Genitiv von dem Collectiv chwrastje.

Zwiſchen ra dost, zzyal, Freude und Leid,
ſollte doch ein y ſtehen.

In Snabzenstuye, ſo wie ſonſt, ſteht u
für w, alſo ſnabzenſtwie, Aufmerkſamkeit, Sorge,
von ſnabdëti, acht geben, betrachten.

Ziuok ließ ziwok ein lebendes Weſen, da=
her ziwûtek und ziwotich.

yſm iſt aus yeſm verkürzt, für das jetzi=
ge gſem.

yeie iſt der alte weibliche Genitiv, wovon
das Adjectiv gegj, ihr, abgeleitet iſt.

tuzyu iſt die erſte Perſon von tuziti, jetzt
taužjm, taužiti.

leczal ſteht für letial. Alles übrige iſt
verſtandlich.

3. Ein Brief, vom Himmel in die Stadt Ga=
latan geſandt, ein Fragment auf einem Blatte
Pergamen, welches Herr Gottfried Dlabač, Bi=
bliothekar im Stifte Strahow zu Prag, glück=
lich gerettet hat. Die Orthographie kommt ſchon
derjenigen näher, die man in ſpatern Handſchrif=
ten findet, wie man es aus der kleinen Probe
erſehen kann:

Kteryz knyez nebude czyſty prſzyed
ſwymy lyudmy epiſtoli me a nepoka-
zyu we wſech ny vmyeſtech bude ſu=

zen. — Hoſpodyn naſz drzewnyem le-
tye poslal vmyeſto Galatan yakz yaz
pⲅtr byſkupſtwye prſygal — a proto aby
lepe wyerzyly yaz petr prſyſahagyu
ſkyrzye mocz bozyu y Gezu Kryſta ſyna
geho a ſkyrzye ſwatu trogyczyu — —
ze tato epiſtola nenye pſana ruku lyud-
sku ale poſlana gest od Boha ſſedmeho
trona. Wnedelyu ſiworzen geſt weſz
ſwiet. —

Hier gilt alſo cz für c und č, ſz für ſſ,
wie noch bey den Pohlen, z für ʒ und ǯ. Der
Schreiber macht einen Unterſchied zwiſchen dem
mildern rz nach einem Vocal und dem härtern
rſz, welches nach p und andern härtern Mit-
lautern ſtehet: stworzen, prſzygal. yaz iſt
gá, ich.

In der Probe, die uns Fr. Tomſa in ſeiner
böhm. Chreſtomathie aus dieſem Briefe geg=ben
hat, kommt buoh, für boh, nakyrmyl für
nakrmil, ſo wie hier ſkyrzye anſtatt ſkrʒe
vor. Auf Jahrmärkten wird dieſer Brief in
deutſcher Sprache noch verkauft. Auch böhmiſch
mag er gedruckt worden ſeyn, da im Index ver-
botener Bücher ein ſolcher Brief dreymal im An=
hange angeführet wird, einmal unter Liſt prſtem

Bozjm pfany, dann unter Spis, und endlich
unter Weypis.

4. Ein Fragment von einer gereimten Leidens=
geschichte entdeckte vor mehrern Jahren Hr. Be=
nignus K. auf 2 von unten beschnittenen Perga=
menblättchen, die zum Einbinden eines Buches
verbraucht worden sind. Die Orthographie darin
kommt der im XIV. Jahrhundert üblichen* ganz
nahe. Schade, daß nicht alles mehr zu lesen ist.

Erstes Blatt. Seite 1. Kolumne 1.

Mnye ſtebu otczye zgyednane
y byly wyecz tako ſſebu.
yako ſem yaz otczye ſtebu.
gehozto newyerny nemnye.
bych wnych gſa a ty wemnye.
Byly ſpolu wgednom ſnyety.
y mohl ſwyet to tak zwyedyety

— — —

Kolumne 2.

Trzyebay ho myſtru naſſ᷎emu
Sta ſye tak yakz rozkazal.
gehoz hrzyebye ten otazal.
procz by mu bylo poyato.
powyedyechu rzkucze nato

— — —

H

114

Buduly ony mlyczyety
kamenye bude krzyczyety
Wys czlowyecze bohoboyny
Bozye mylosty dostoyny
Welykeho mylofrrdya
Kako syn — — —

Kolumne 2.

Gymys by konye pobadal.
zboznye ktos fye tomu nadal
zez wfye moha nehtyéls moczy
htye nam fprofienfiwym fpomoczy
Gezdyw na ofletku lychem
wobyczyegyu fprofnye tychem
y gels nafmryt dobrowolnye
Moha wfye moczy odolnye
yrzekl fwaty pawel nato
Mluwye bratrzye — — —

Zweytes Blatt. Seite 1. Kolumne 1.

A fnad htye gym tyem pomoczy
zecz yus byl zerodske moczy
gens tehdy byes przyfel nahody
ftrzyeha fye buduczye fkody
y pofla ho pylat gemu.

Obacz neprzyetely ſwemu.
Htye tudy ieſuzye zbyty
A geho przyezny dobyty
Naly herodes ho zadal.
a tomu ſye welmy nadal.

Kolumne 2.

Kdys zydowſtwo znowa krzycze.
a rzka czo nam otwlaczyugyes.
procz ho yus neukrzyzyugyes.
ktere geſtye hledas zbawy
że tak lytugyčs geho hlawy
Nechay at ſye prawo ſkona.
vczynye podle zakona.
Wſyeho — — —

Seite 2. Kolumne 1.

Geſtyes . . wſy wleſt onu.
tu tak derlaw korunu
ſtaſſe geden kopym dawye
aby ſyc whnyetla geho hlawyę
Jus ho wyecze byty neda
a zatym ho wen wyweda
wſukny purpurneho rucha
— — —

H 2

Kolumne 2.

Neyſem wynen wtom czlowyecze
a toho ſye dnes zmywagy
ze czos mu ſye ſtane nedbagy
ynhed opyet gych wſyelyky
krzycze yakz mal tak welyky
Rzka ty wtom neczty ſwe wyny
Nany y na naſſye syny

— — —

Für unſer ʒ ſteht hier noch einige Mal s,
doch nur am Erde: gymys, lies gimiʒ, ktos,
ktoʒ,.yus. giʒ, guʒ, gens, genʒ, kdys,
kdyʒ, czos, coʒ.

In htye, htyel ſteht das h für unſer ch:
chtĕ, chtĕl.

In ſmryt, mlyczyety wird das y ohne
Noth eingeſchoben, da die richtige Ausſprache der
Sylben mrt, mlč keinen Vokal erfordert.

Für gá ich, ſteht hier noch das alte yaz,
in der ſlawoniſchen Bibel az.

Die erſten Perſonen gehen ſchon nicht mehr
in agiu ſondern in agy aus: zmywagy,
nedbagy, jetzt zmywam, nedbám.

Da in dem Verſe gens tehdy hies przy-
ſſel na hody eine Sylbe zu viel iſt, ſo muß

wohl aus der Feder des Dichters tdy für tehdy
geflossen seyn. Bies ist aus bieſſe verkürzt.
In dem Verse tư tak derlaw korunu, muß
ehedem erstens derlawu, weil sonst eine Sylbe
abginge, zweytens koronu, weil dieß Wort sich
mit onu reimen soll, gestanden haben. Der-
law, Dörnern, ist von deru, drati, reißen, ab=
zuleiten. Sonderbar ist es, daß der Abschreiber fast
durchgängig das i vermied und dafür y schrieb.
An den spätern im Schreiben festgesetzten Unter=
schied der Sylben wy und wi, by und bi u. f.
w. ist hier gar nicht zu denken. Man überließ
nicht nur dieß, sondern selbst die doppelte Aus=
sprache der drey Zeichen z, ſ, cz, (unser z, ſ,
c und ž, ſſ, č) ganz der Entscheidung des böh=
mischen Lesers. Ob er zadal wie žádal oder
wie zadal lesen sollte, mußte er oft nur errathen.

5. Ein ganzer Psalter, nebst den gewöhnlichen
Gesängen aus dem alten und neuen Testamente,
dem Te Deum, dem Athanaſiſchen Symbolo,
der Litaney von allen Heiligen, dem Officium
für die Todten, 147 Blatt in 4. auf Pergamen
in der öffentlichen Bibliothek zu Prag. Wenn
gleich die Uiberſetzung als erster Versuch in eini=
gen Stellen äußerst schlecht gerathen ist, so blei=

ben uns biefe Stücke ihres hohen Alters wegen
fehr fchäßbar. Da die vielen Schreibfehler in die=
fer Handfchrift, die, nach ihren Schriftzügen zu
urtheilen, ins XIV. Jahrhundert gehöret, von
der Art find, daß fie nur allmählich durch meh=
rere Abfchriften entftehen konnten, fo war die
Uiberfeßung felbft gewiß fchon etwa 100 Jahre
früher verfertigt.

Das iu anftatt i herrfcht durchgängig 1) in
den Stammfhlben: brziucho, cziuzi, iuz (wie
noch in der gemeinen Rebefprache guʒ und uʒ für
giʒ) yutro und giutro, liubost, sliub, liud,
liuty, sliutowati, obkliucziti, pohrziu-
ffen, (für poḫřjʒen,) rziuciugete, rziugiucz,
tyffiucz und tiuffiuce. Eben fo in czeliust
für čeliſt. Wenn in biefen und ähnlichen Wör=
tern manchmal ein i anftatt iu vorkommt, wie in
brzicho, fo ift es nur als Aenderung von der
Hand des fpätern Schreibers zu betrachten. 2)
in der 1ten Perfon des Singulars in den Verbis
auf iti, anftatt des jeßigen jm: naucziu, tr-
piu für naučjm, trpjm u. f. w. Die Verba
auf *ati* haben in der erften Perfon noch agiu für
am: wzwolagiu, uffagiu, für wʒwolám,
vffám ꝛ∴. Die Inchoativa und Iterativa auf
eti haben egiu für jm: omdlegiu, urozu-

miegiu für om̓lim uroʒumim. 3) In den
Flexionen, als a) im Dativ und Local der 2ten
männlichen Declination: w olegiu, ohnyu,
w ſrdciu; b) im weiblichen Accuſativ: ſtraziu,
woliu, koziu, duſſiu, nadiegiu, wie man
noch in Mähren und unter den Slowaken ſpricht;
c) im Inſtrumental der weiblichen Subſtantive
ohne Endvocal: mociu, radoſtiu u. ſ. w. Die
Orthographie betreffend, wird rz von rſ unter-
ſchieden. Erſteres findet Statt nach einem Vo-
cal: korzecz; letzteres nach härtern Conſonan-
ten, weil. es in dieſem Falle auch härter ausge-
ſprochen wird: krſidlo, tſriepina.

Uibrigens gilt z nicht nur für ʒ, ſondern auch
für unſer ǯ, cz für c und č, ſ und ſſ bald für ſ,
bald für ſſ. Czrw wird noch ohne e vor dem
r geſchrieben, jetzt čerw.

Die Sprache ſelbſt iſt ziemlich verſtändlich,
ungeachtet einiger alten Formen und veralteten
Wörter. Zezl *baculus*, zwierz *fera*, ſan
draco, ſtred *favus*, ſind darinn männlich;
ziz, w zizi, *in siti*, ſteht für ǯǯeň; mezh
mulus für meʒek. Längſt veraltet ſind rucziei
und byſtrſina *torrens*, wiehlasny *prudens*,
wiehlasnost *prudentia*, motowuz *zona*,
ducholowy *dolosus*, mrakawa *caligo*,

podstawa *substantia*, kramola *seditio*, prokni *unusquisque*, obihem *abundanter.* Da *lutum platearum* czrſiedne blato überſetzt wird, ſo muß czrſieda damals eine Gaſſe be= deutet haben, woraus mit der Zeit ſtřjba entſtan= den iſt, daher nun die Benennung der langen Gaſſe in Prag dlaubá ſtřjda.

In Adelungs Mithridates (Th. 2, S. 665) wird eine Probe aus dem lateiniſchen Pſalter zu Wittenberg, der mit einer (vermeyntlich) polni= ſchen Uiberſetzung zwiſchen den Zeilen verſehen iſt, angeführt. Dieſe Uiberſetzung hielt man für das älteſte Denkmal der polniſchen Sprache. Schon der 1te Vers des erſten Pſalms, noch mehr aber der 13te Pſalm ſetzt es außer Zweifel, daß die Sprache der Uiberſetzung nicht polniſch, ſondern böhmiſch iſt.

In einigen Stücken weicht ſchon der Text dieſer Exemplare von einander ab. Eben ſolche Abweichungen zeigen ſich, wenn man den Text des Prager Pſalters mit dem Fragmente des Officium vom heil. Geiſte vergleichet, woraus Hr. Tomſa in ſeiner Schrift über die Veränderungen der če= chiſchen Sprache (Prag, 1805) den 69ſten Pſalm abdrucken ließ. Den 2ten Vers: Deus in ad- jutorium meum intende: Domine ad ad-

juuandum me festina, überseßt das Fragment:
Boze k memu poczatku przyhleday, Hofpody=
ne k mey pomoczy pofpyeff; der prager Pfalter:
Boze ku pomoci mey wzezrfi hospody-
ne ku pomahanyu mnye pofpiey. Dieß
mag zur Probe hinreichen, und zugleich zum Be=
weife dienen, daß die erfte böhmifche Uiberfeßung
des Pfalters fehr alt feyn müffe.

Von den gewählten Stücken aus den Evange=
lien, die an Sonn = und Fefttagen vor der Predigt
gelefen werden, mag man auch fchon im XIIIten
Jahrhunderte, und wohl noch früher eine böhmi=
fche Uiberfeßung verfucht haben. Von diefer Ge=
wohnheit, Abfchnitte aus den Evangelien vorzule=
fen, nannten die alten Böhmen das Evangelium
čtenie, d. i. lectio, das Lefen, die Lefung.
Allein aus diefem Zeitraum hat fich keine Hand=
fchrift davon erhalten. Zwar glaubte der fel. k.
Hausarchivarius Taulow von Rofenthal 1736
bey dem Freyherrn Gottfr. Dan. von Wunfchwiß
zu Prag ein, über fünfthalb hundert Jahr altes
Manufcript von einer böhmifchen Bibelüberfeßung
gefehen zu haben, deffen Befißer Balthafar von
Tettau, ein Vorfahr des noch jeßt in Böhmen
blühenden fürftlichen und gräflichen Kinffifchen
Gefchlechts, im J. 1311 gewefen feyn foll. „Die=

ſes überaus rare Manuſcript, ſchreibt Taulow von
Roſenthal in ſeinem Entwurfe eines böhmiſchen
Staatsrechtes, hat auf meine Anhandgebung, weil
der damalige Graf und nachherige Fürſt Stephan
von Kinſky um 100 Dukaten an ſich gebracht,
in deſſen hinterlaſſener Bibliothek es auch noch
wirklich vorhanden iſt.”

Berghauer macht von dieſer Handſchrift in
ſeiner Bibliomachia S. 36 gleichfalls Erwäh=
nung. Er ſchlug die Stelle Joh. 5, 7 darin
nach, und fand ſie dem böhmiſchen Texte anderer
Handſchriften gleichförmig. Aus ſeiner Nachricht
wiſſen wir alſo, daß es keine ganze Bibel, ſon=
dern ein neues Teſtament war. Der ſel. Dobner
hatte es um das J. 1768 einen ganzen Monat
lang bey ſich, und nennt es eine auf Pergamen
geſchriebene Bibel, und ſetzt hinzu, er habe ſich
überzeugt, daß ſie vor dem 14ten Jahrhunderte
geſchrieben ſey. Allein nach einer mir von der
Hand des Hrn. Profeſſors H. zugeſendeten Be=
ſchreibung dieſer Handſchrift, die man ſeit 1782
vergeblich ſuchte, und vor Kurzem zu W. ent=
deckte, kann ich verſichern, daß ſich alle, die ihr
ein ſo hohes Alter beylegten, durch die drey nach
der Schlußformel beigefugten Zeilen haben täuſchen
laſſen. Die Lehren des Balthaſar von Tetau

an seine Söhne sind erst im J. 1579 auf Befehl
des Johann Tetauer von Tetau auf dem beyge=
bundenen Papiere von neuem abgeschrieben wor=
den. Nach den erhaltenen Proben der Uiberse=
tzung zu urtheilen, enthält sie nicht einmal die
ältere Recension, wie sie noch in Handschriften
vor 1420 zu finden ist, sondern eine spätere, die
kaum über das Jahr 1460 hinauf reichen kann.
Dazu kommt noch die jüngere Orthographie, nach
welcher ihr auch kein höheres Alter zukommen kann.

Dobner meynte auch an der zu Wienerisch=
Neustadt im Cistercienser Stifte vorhandenen Bi=
bel ein Denkmal von höherem Alter gefunden zu
haben, als ich in der Abhandlung von dem Alter
der böhmischen Bibelübersetzung ihr beylegen konn=
te. Es hat sich aber in der Folge gezeigt, daß
die erwähnte Bibel zu Neustadt erst im J. 1456
geschrieben worden ist.

6. Das bekannte Lied vom heil. Wenzel, Swa=
tý Wáclawe, Weywodo české země, gehört ganz
gewiß in diese Periode. Hagek, bei dem es auf
das J. 1368 zu lesen ist, macht zwar den Erz=
bischof Johann zum Verfasser desselben. Allein
er irrt sich hierin ganz gewiß. Denn Beneß von
Weitmil, der es ganz in seine Chronik aufnahm,
nennt es ein Lied, das man von jeher zu singen

gewohnt ſey (cantionem ab olim cantari consuetam). Der Erzbiſchof Johann erhöhte nur den Werth des alten Liedes dadurch, daß er allen Reumüthigen, die es zu Ehren des heil. Wenzels ſingen würden, 40 Tage Ablaß verlieh. In den Script. rerum Bohem. T. II. iſt es nach der alten Handſchrift abgedruckt worden. Zu Hageks Zeiten ſcheint es ſchon mit einigen Zuſätzen vermehrt geweſen zu ſeyn, weil er dabei die Bemerkung macht, daß es nur aus drey Strophen beſtehe, und wenn jemand mehr zugeſetzt habe, ſo ſey dieß überflüßig (Geſtliže kbo přidal co wjce, to geſt zbytek).

7. Die meiſten Stücke meiner Handſchrift aus der erſten Hälfte des XIVten Jahrhunderts auf Pergamen in 12. Sie enthält lauter Gedichte und Lieder in vierfüßigen gereimten Verſen, meiſtens geiſtlichen Inhalts. Die beträchtlichſten darin ſind:

a) Die Legende vom heil. Prokop, woraus Durich in ſeiner Bibliotheca Slav. S. 17, 46, 47 einige Verſe anführte.

b) Die neun Freuden Mariä.

c) Die weinende Magdalena am Grabe Jeſu.

d) Das Weinen der Jungfrau Maria.

e) Die Paſſion.

f) Die zehn Gebothe Gottes.

g) Die schöne Fabel vom Fuchse und Kruge.
Diese ließ Hr. Ant. Puchmayer im 1ten Bänd=
chen seiner Sammlung böhm. Gedichte 1795 aus
dieser Handschrift abdrucken.

h) Satyren auf Schuster, böse Richter, auf
Schmiede, Mälzer, Bader, Fleischhauer, Bäcker.
Franz Tomsa nahm sie in seine Chrestomathie auf.

i) Das Gedicht vom reichen Prasser (o Bo=
hatcy) beschließt die ganze Sammlung.

Das iu für das neuere i kommt in allen die=
sen Stücken seltner vor, aber doch noch bole-
yucz, zieleyucz für bolegıc, ʒelegıc; gyu
(eam), przed nyu, für gi, pŕed nj; auch noch
liutostiwy, giessiutnyė für litoſtiwý, gef=
ſitnĕ (in vanum); otczu für otci, yuzt'für
giʒt'. Die erste Person geht bald auf jm aus:
prawym, sadym, odpustym, bald wieder
auf i: prawi, uczyny, zhozi, ukraczy,
ztraczy, zaplaczy für prawjm, učinjm,
ʒhodjm, uŕátjm, ʒtratjm, ʒaplatim. So
auch prossy und prossym. Doch findet man
auch razu für radjm, chczu und chczy. Die
Verba auf gi mit einem vorhergehenden Vocal,
wie ossigi, sdiegi, spilegi, porucziegi, wy-
strzyhagy, przirownagy, haben selbst iu

der 3ten Person des Plurals nur selten· den Vo=
cal u: lagyu, przebywagyu, sonst magy,
tbagy, wrownagy. Wenn aber lidie am
Ende des Verses mit bludie oder ludie (von
bludíti, ludíti) sich reimen soll, so ist wohl lidie
für das ältere liudie nur von der Hand des spä=
tern Abschreibers. Die weiblichen Duale poy-
dewįe, chczewie, ſſwie, bychwie gelten
auch für die männlichen poydewa etc. Das
Präteritum wiedie, selbst in der ersten Person
(yaz wiedie), vertritt das Präsens, etwa wie
das lat. novi. L und r werden in den Sylben,
worin sie zugleich den Vocal vertreten, gewöhn=
lich verdoppelt: pllny, brrzo.

8. Der sogenannte Bohemarius in der Bib=
liothek der Prager Domkirche in 4. vom¦J. 1309.
Zum Behufe der Latein lernenden Jugend, und
vielleicht insbesondere der 1259 vom Domherrn
Eberhard gestifteten Bonifanten, die nach ihren
Regeln Latein reden mußten, brachte man eine
beträchtliche Anzahl lateinischer Wörter mit beige=
fügten böhmischen Erklärungen in Verse, welche
die Lehrlinge auswendig lernten. Das ganze la=
teinisch = böhmische Vocabularium besteht aus 886
Hexametern. Die Uibersetzungen ganzer Redens=

arten, die voran gehen, ließen sich nicht in Verse
zwängen. Zur Probe nur weniges:

Est ortus wychod, sed occasum fore zapad,
Aurora zorze, tibi sit impreſſio zarzye.
Dic fore wyetr ventus, sed zywel ele-
mentum.
Aer sit powvetrzye, flatus duch, vapor para.
Spiramen dychanye, cometa sit tibi zazrak.
Grom tonitrus u. ſ. w.

Die Benennungen der Monate leden, vnor,
brzyezen, duben, May, czrwen, czrw-
necz, Sirpen, zarzwy (zarug); rzygen, lis.
topad, proſſynecz weichen von den noch übli=
chen nur wenig ab. In Sirpen iſt das i eingeſchal=
tet, wo doch ſonſt ſolche Sylben hier ohne Vocal
geſchrieben werden, wie blcha, czrmak, czrny,
czrt, czrtadlo, czrw, czrwen, zrnow, deren
Ausſprache man ſpäter durch ein aufgenommenes
e milderte: blecha, čert, žernow. In brzuch,
czeluſt, yucha, kozuch, koſſule, lud, lude,
luſnye (liſſnĕ), ſlubugu, wyzu video, hat ſich
das urſprungliche u noch erhalten, womit aber
das i abwechſelt: gyſſel sorbitium, gytro ju-
gerum, ſlibeao, znagy, ſlubugy. So kom=
men auch noch gu für gi, ſuknu für ſukni, to=

warzifu' für towařiffi vor. Für die Sylbe die
wird oft nach Polnifcher Art dzye, für tye aber
czye gefchrieben: dzyed avus, dzyecze puer,
dzyekan und dyekan; czyelo corpus, anftatt
tielo, czyefto für tiefto, doch nicht immer. Ein=
mal fteht wzhodyczi obviare, ein andermal
wzhodyti. Chczyel ift unfer chtiel. Kleinere
Abweichungen find: ozda, oznycze für hwozd,
hwozda, rzetaz anftatt řetěz Kette; ftblo und
zdblo calamus für ftéblo Strohhalm; wozkrr
Rotz, nähert fich dem gemeinen wozgr, wofür
man in Büchern ozher findet. Labie, jetzt labe,
ift die Elbe; chrzyen, jetzt křen, der Meerrettich.
Daß auch fchon aus dem Latein und Deutfchen
entlehnte Wörter vorkommen, wie kalamarz ca-
lamare, czyl Ziel, czyhla Ziegel, ift wohl be=
greiflich, da diefe zwey Quellen feit Jahrhunder=
ten den Böhmen offen ftanden.' Von veralteten
Wörtern will ich nur einige herausheben: boch
perna, byelpuch pergamenum, czifecz stan-
num, chrzyefcz asparagus, dehna cacodae-
mon, dyeff leviathan, kra maffa, krzno
chlamis, lyfycze torcular, oruzye arma,
ozyedle orificium, palczerz caefaries, razye
brachium, podgeffen autumnus, pop pies-
byter, przyelud phantasma, rinerz verna,

rʒemdyh maniplus, rʒepicʒe crater, ſkrʒyetek
titinillus, ſkuła rima, ſkworʒecʒ sturnus,
ſlemye tignum, waten vulva, ʒawoy vitta,
ʒmek belial, ʒak (d. i. ʒak) clericus. Aus
den Uiberſetzungsübungen will ich nur zwey Stel=
len anführen, die elliptiſche Redensart ſtul, ap-
pone silentium, wobei hubu-das Maul ver=
ſtanden werden muß, und die Phraſe cʒyn ſye
toho newyeda, transeas id meute neſcia.

9. Die Alexandreis in böhmiſchen Verſen, in
einer Handſchrift der Prager Domkirche in Fol.
Die Uiberſchriften der Kapitel ſind lateiniſch. Die
erſte lautet: Hic jncipit Alexander Boe-
micalis, worauf die Vorrede von 68 Verſen
folgt und ſo anfängt:

Genʒ ʒeymene byl wyehlaſny
Gehoʒ roʒum byl tak yaſny
Ʒe gmu bylo wſpecʒko ʒnamo
W ʒemi w morʒi w hwyeʒdach tamo.

Der böhmiſche Uiberſetzer ſpricht hier von
Salomon; da nun auch dieſem noch viererley Din=
ge unbekannt geblieben wären, ſo hofft der Dich=
ter eher Nachſicht, indem er, mit ihm verglichen,
ſo klein ſey, wie ein Wachslicht vor der Sonne:

I

130

Neb ſſem przieŏnym taťo maly
Jaťz przieŏelwem zwyerz vſtali
A przieŏ ſtunczem woſſcztyena ſwyeczťa
Neb przieŏ morziem myelťa rzieczťa.

Er will alſo ben Tabel ber Neiber nicht ach=
ten, unb ſchließt ſeine Vorrebe mit ben Worten:

Jaz na ty gyſtye nechczi ŏbaty
Chczy zyewnye wyeŏyety ŏaty
Tyem wſſyem ťterzyz poczſſty ſtogye
Neczſtnych ſye nycz nebogye
O ťrali czſſty toho ſwyeta
Geſto wty czaſy oſwyeta.

Das Gebicht beſteht aus mehr als 2000 ſol=
chen Verſen, unb müßte etwa noch einmal ſo viel
betragen, wenn bie Handſchrift nicht ſchon mit
ben erſten ſieben Verſen bes 34ten Kapitels auf=
hörte. Der Anfang bes Gebichtes iſt:

Kral Philipp byl w zemy rzieczťy
Muz ſlowutny weczſty ſwyeczťy
Poſwem prawu myeſye zenu
W zbozi weczſty porozenu
Olympyas tať ſlowieſye
Owſſem ŏywne ťraſy byeſye.

Das Enbe: Hic intrat Alexander mon-
tium altitudines:

W tu dobu král Maczedonye
Geho woy geho podkonye
W take sye hory tahnyesye
Gyezto wyssost taka byesye
Jakz gych sotnye moz dozrzyety
Tuhdy gemu byesye gyety.

Der böhmische Dichter hatte sich wahrscheinlich
an eine deutsche Bearbeitung dieses Gedichtes ge=
halten, wenn ihm gleich das lateinische Original
nicht unbekannt seyn mochte. Den lateinischen
sechs Versen:

Qualiter Hvrcanis cum forte leunculus arvis
Cornibus elatos videt irel ad pabula cervos,
Cui nondum totos descendit robur in artus,
Nec bene firmus adhuc, nec dentibus asper aduncis,
Palpitat, et vacuum ferit improba lingua palatum,
Effunditque prius animis quam dente cruorem.

entsprechen in der böhmischen Uibersetzung fol=
gende:

194. Jakzto lwowy styenecz prawye
Genz gestye nenye nastawye
A genz gesstye netwrd w nohy
Ny mu dossel zubek mnohy
Dzrze nye... stado wolow
Wsak pocheze k nym shory dolow.

J 2

200. Nem oḫa 'te moczi gmyety
Stana y poczne tam chtyety
Czoz neſſona nanicz myeny
Wſak to pokaze wſwem chtyeny.

In dieſer Handſchrift kommt zwar das yu für i noch häufig vor: lyud, blyud, yutro, tyusycz; doch eben ſo häufig y: lyd, klyd, weil die ſpätern Abſchreiber die Vocale zu ändern pflegten. Daher nun die Reime lyuda — klyda, lyudi — wyklydy, lydy — bludy, ſich leicht berichtigen laſſen, wenn man den urſprünglichen Vocal an die Stelle des jüngern y ſetzt. Unter den veralteten Wörtern ſind zu bemerken pruḫlo Schlinge, utroba das Eingeweide, komon Pferd, ſen dieſer, ſyeḫo ſwyeta dieſer Welt, ſen y on dieſer und jener. Im Dativ iſt em (für óm) nach flüſſigen Conſonanten nicht ungewöhnlich: kralem, wogem. So auch wogewati von woy, das Heer, für bogowati. Wz wird noch als trennbare Partikel mit dem Accuſativ gebraucht: wz hospodu, wz wodu anſtatt na hoſpodu, na wodu. Unſer wzůhru, zhůru, iſt noch ein Uiberbleibſel des ehemaligen Gebrauchs des trennbaren wz vor den Subſtantiven.

§. 11.

Dritte Periode vom J. 1310 bis 1410.

Die meisten ältern Gedichte, deren Alter sich
nicht bestimmen läßt, mögen wohl in den Zeit=
raum vom J. 1250 bis 1350 fallen. Die herr=
schende Epoche der böhmischen Dichter scheint also
nur bis zur Stiftung der Universität zu Prag 1348
gedauert zu haben. Manche Versuche mußten
schon voraus gehen, ehe es Dalimil wagen
konnte, die ganze Geschichte von Böhmen in böh=
mischen Reimen abzufassen. Bei der Krönung
des Königs Johann 1311 druckten die Böhmen
ihre Freude axch durch böhmische Gesänge aus,
wenn gleich die Zahl der deutschen Sänger größer
war. Der Abt Peter von Königsal bezeugt dieß
in schlechten lateinischen Hexametern singend:

Turba Bohemorum canit hoc, quod scivit eorum
Lingua, sed ipsorum pars maxima Tèwtonicorum
Cantat Tewtonicum.

Nach Dalimil fuhren auch noch andere
fort, die Heldenthaten oder den Tod berühmter
Böhmen, als des Plichta von Žerotin, Wilhelms
von Hasenberg, zu besingen. Lupacius nennt
das Lied auf letztern cantio, quae eo tempo-
re fuit in ore hominum celeberrima, und

er würde es beim 4ten Oktober seinem Kalender
eingeschaltet haben, wenn es nicht in böhmischer
Sprache geschrieben gewesen wäre. Das Lied über
die Schlacht bei Kressy 1346 und über König Jo=
hanns Tod, das seinen und der übrigen böhmi=
schen Helden Ruhm verewigen sollte, nimmt bei
ihm im Leben Karls IV. fünf volle Seiten ein,
woraus Abauct Voigt eine Probe (Act. Boh. I.
183 — 186.) abdrucken ließ. Unter diesem Kö=
nig aus dem Luxenburgischen Hause ist der Nach=
ahmungstrieb der Böhmen durch das Neue und
Ungewohnte, das sie bei seinem Hofe sahen, mäch=
tig gereizt worden. Ein großer Theil derselben
besonders aber die höhern Klassen, fanden an frem=
den Sitten, Kleidern, Stiefeln (daher nun boty
anstatt sſko nĕ), am neuen Haarputze und an
der deutschen Sprache Geschmack. Sie ahmten
das Fremde nach, nicht anders, als wenn sie ge=
glaubt hätten, sie müßten nun nach erloschenem
Přemyslischen Stamme aufhören, Böhmen oder
Slawen zu seyn. Es wurde zum Sprüchworte:
die Böhmen sind wie die Affen. Der Abel und
der Bürger von feinerer Lebensart in der Haupt=
stadt nahmen die Hofsprache an. Und da ohne=
hin viele Städte im Lande schon seit dem vorigen
Jahrhunderte mit Deutschen besetzt waren, so ge=

wann auch hier die deutsche Sprache immer mehr
Ansehen Die ersten geschriebenen Stadtrechte
haben deutsche Rathsmänner zu Prag 1341 mit
des Königs Bewilligung in deutscher Sprache ent=
worfen. Doch ward die' lateinische Sprache noch
immer in öffentlichen Verhandlungen, und wenn
Urkunden ausgestellt werden sollten, allgemein
gebraucht. Mit einer Art von Zufriedenheit er=
zählt es der deutsche Abt von Königsal in seiner
Chronik, daß um das J. 1330 bei Hofe und in
den meisten Städten die deutsche Sprache mehr
im Gebrauche war, als die böhmische. (In om-
nibus civitatibus *fere* regni et coram rege
communior est usus linguae theutonicae
quam bohemicae.) Daß auch öffentliche Aem=
ter und königliche Schlösser vom Könige an Aus=
länder vertheilt wurden, damit konnten die äch=
ten Böhmen weniger zufrieden seyn. Es entstan=
den zwischen ihm und den böhmischen Herren Miß=
helligkeiten, und der König mußte endlich dem fe=
sten Sinne und der Macht der letztern nachgeben.
Dalimil, der ganz im Geiste der eifrigsten böh=
mischen Patrioten schrieb, beschloß seine Chronik
mit einem Wunsche zur glücklichen Regierung des
Königs, der sehr bedeutende Winke enthielt. Es
heißt:

Toho Boze racz dluho vzdrawiti,

    A racz geho Tworcze navcziti,

Aby milowal zemany,

    A wſwe radie gmiel czeſke Pany,

Neb ſtiemi moze czti dogjti,

    A bez nich nemozc zemie vpokogiti,

Anebo gemu zemanom rwierziti,

    Nebo z zemie seczti gieti.

Panom razy mudru byti,

    Kdez mohucz pokoy cziniti.

Und nach 8 Verſen weiter:

Razy wam przideli wam kdy ktere wolenie,

    Chowayte ſie ſkrze les na krziwa drwa

                      chozenie.

Czot' tiem mienim ſam znamenay,

    Zwol ſweho yazika, czizieho nechay.

Karl IV. wußte die Begünſtigungen, die er als Kaiſer den Deutſchen angedeihen ließ, eben ſo klug als König von Böhmen zu mäßigen, daß keine Klage laut werden konnte. Prag war zu ſeiner Zeit nicht nur die volkreichſte Stadt in ganz Deutſchland, ſondern des kaiſerlichen Hofes we= gen auch zugleich der Sammelplatz der Künſte und Wiſſenſchaften. Diejenigen Kenntniſſe, die man ſich auf der neu geſtifteten Univerſität ſeit

1348 erwerben konnte, äußerten ihren Einfluß
auf die Cultur der böhmischen Sprache zwar nur
mittelbar, aber doch in der Folge sichtbar genug.
Karl selbst lernte nicht nur böhmisch sprechen,
sondern auch schreiben, und wenn gleich noch alle
Urkunden in seiner böhmischen Kanzley entweder
in lateinischer oder deutscher Sprache ausgefertigt
wurden, so vergaß er doch nicht die slawische Spra=
che selbst den Söhnen der Kurfürsten in der gol=
denen Bulle (1356) zu empfehlen.

Statuimus, lautet der 30ste Artikel, ut
illustrium principum, puta Regis Bohe-
miae, Comitis Palatini, Ducis Saxoniae
et Marchionis Brandenburgensis·, Elec-
torum filii vel haeredes et succefsores,
cum verisimiliter theutonicum idioma,
sibi naturaliter inditum scire praefuman-
tur et ab infantia didicifse, incipiendo a
feptimo aetatis fuae anno in Grammati-
ca, Italica et Slavica linguis instruantur,
cum illud non solum utile, immo ex cau-
sis praemifsis summe necefsarium ha-
beatur.

In der böhmischen Uibersetzung nach der Pra=
ger Auflage vom J. 1619 wird die slawische oder
böhmische Sprache der italiänischen vorgesetzt:

aby ob ſebmi let při Grammatyce včili ſe
gazykům, Slowanſkému aneb Cžeſkému a Wla-
ſkému. Schon als Stifter des Benedictiner Klo-
ſters in Emaus für die ſlawiſchen Mönche aus Croa-
tien bezeugte er, wie werth ihm die ſlawiſche
Sprache war. In einer Urkunde vom. J. 1356,
kraft welcher er dem Schreiber der ſlawiſchen Bü-
cher für dieſes Kloſter, Johann, einen Gehalt
anweiſet, nennet er ſie nobilis, die eble ſla-
woniſche Sprache, und insbeſondere für Böhmen
hatte er in ſeinen Satzungen verordnet., daß kein
Richter im Lande angeſtellt werden ſollte, wel-
cher der böhmiſchen Sprache nicht kunbig wäre.
(Rtevýžby nevmël mluwiti a rozumieti řeči
Cžeſkého gazyka, geſſto ſlowe řeč ſlowanſká).
Seine Frau, die Königin Eliſabeth, die 1393
ſtarb, hat auf die Einfaſſung ihrer Löffel böh-
miſche Sprüche eingraben laſſen. Auf einem z. B.
ſteht: Czo pan buoh da, to ſe ſtati ma. Siehe
die übrigen bey Joſ. von Bienenberg in der Ge-
ſchichte von Königingrätz, woſelbſt die 24 Löffel
noch aufbewahrt werden.

Sein Sohn Wenzel war unter den böhmi-
ſchen Königen der erſte, der auch ſchon Urkunden
in böhmiſcher Sprache ausfertigen ließ.

In Pelzels Urkundenbuche zu Wenzels Lebensge-
schichte findet man Num. CXVIII die älteste
vom J. 1395 genau abgedruckt. Alter, der in
seinem Beytrag zur praktischen Diplomatik für
Slawen (Wien 1801. 8.) die diplomatische Epo-
che der böhmischen Sprache ganz richtig in das
Ende des 14ten Jahrhunderts versetzt, wollte
doch noch eine ältere Urkunde von Wenzel, näm-
lich die in Bienenbergs Geschichte der Stadt Köni-
ginhof Num. VI angeführte vom J. 1368, ge-
funden haben. Allein das Original von diesem
Briefe ging durchs Feuer zu Grunde, und Wla-
dislaw bestätigte in einer böhmisch geschriebenen
Urkunde vom J. 1509 die ihm vorgelegte Ab-
schrift in einer böhmischen Uibersetzung, dessen
Original unfehlbar lateinisch war. Siehe daselbst
Num. XX.

Es gibt zwar noch ältere Briefe in böhmi-
scher Sprache, aber keine königliche. In den
so genannten Errichtungsbüchern (Stiftungsbrie-
fen) bey Balbin Miscell. L. V. kommt Vol.
II. Q. 4. S. 76 eine Stiftung der Hohenelber
Bürger vom J. 1386 vor, wobei Balbin die
Anmerkung machte: sunt literae Bohemicae,
quod hactenus nunquam factum anim-
adverti. Nebst dieser ist aus dem XIVten Jahr-

hundert nur noch eine vom J. 1398 daselbst S.
279 angezeigt. Von Jodok, Markgrafen in Mäh=
ren, ist eine im J..1393, von Prokop eine andere
im J. 1395 in böhmischer Sprache ausgefertigte
Urkunde in der ständischen Registratur zu Brün
vorhanden. Im XVten Jahrhunderte kommen
sie zwar häufiger vor, sind aber noch immer bis
in die Mitte desselben selten genug. Wenzel hat=
te unter seinen Hofleuten auch geschickte Männer,
welchen man böhmische Uiberseßungen damals be=
liebter Werke zu danken hat. Ihm eignete An=
dreas von Duba, ehemaliger Oberster Landrich=
ter seine böhmisch verfaßte Landgerichtsordnung zu.
Seine besondere Gunst gegen die Böhmen legte
Wenzel durch das Decret vom J. 1409 an den
Tag, wodurch der böhmischen Nation bey allen
Acten an der Universität drey Stimmen zugespro=
chen worden, da sie vorhin nur eine hatte. Nach
dem Abzuge der deutschen Professoren und Studen=
ten ward nun die böhmische Partey an der Uni=
versität die herrschende.

Um das J. 1374 gab es schon Leute, die
aus Eifersucht das Schreiben böhmischer Bücher
laut mißbilligten. Thomas von Sstjtný,
ein böhmischer Edelmann, der für seine Kinder
einen christlichen Unterricht böhmisch verfaßte, ver=

theibigte in seinen Vorreden mit Eifer das Lesen böhmischer Bücher geistlichen Inhalts. Seine Gegner sucht er durch eine Homilie des heil Augustin von dem Nutzen der Lesung der heil. Schrift zu beschämen, und fährt in seinem Eifer fort: A ty gesto hyzdye knyby czeske acz y dobre. snad chtyecz aby gen samy byly mudrzy wydyeny. mohli by se dobrze leknuty bozie pomsty, d. i. „Und diejenigen, welche die böhmischen Bücher, wenn sie gleich gut sind, schänden, indem sie vielleicht nur allein klug scheinen wollen, sollten wohl vor der göttlichen Rache erschrecken." Er bedauert es, daß der Tadel dieser milzsüchtigen Eiferer für ihr Latein mehr die g u t e n Bücher träfe, als schlüpfrige Gedichte, als R o = m a n e, wodurch Wollüstige noch mehr zur Wolluft entzündet würden. (Ano mnozy rady by czeske knihy zatratily a toz gen dobre. O= nyem basnyem gymyz smylny wyecze se wswem smylstwye rozzehugy nycz nedyegy.)

Unter den g u t e n Büchern, deren Lesung man damals nicht gut heißen wollte, mag S f t i = t n y vorzüglich die h. Schrift verstanden haben. Um diese Zeit sind doch schon einzelne Theile der Bibel in mehrere Hände gekommen, wenn wir gleich noch keine Handschrift der ganzen Bibel auf=

weifen können, die vor dem Ausgange des 14ten
Jahrhunderts geschrieben worden wäre. Die Kö=
nigin von England Anna, Gemahlin des Kö,
nigs Richard II., eine Schwester von unserm König
Wenzel, soll die vier Evangelien in böhmischer,
deutscher und lateinischer Sprache besessen haben.
Anna ward im J. 1381 mit Richard vermählt
und starb im J. 1394. Von diesem Evangelienbu=
che, das Lelong aus Ulserii hist. dogm. an=
führt, sagt Wiklef: Nam polsibile est, quod
nobilis regina Angliae soror Caesaris ha-
beat Evangelium, in lingua triplici exa-
ratum, scilicet in lingua bohemica, teu-
tonica et latina, et haereticare eam prop-
terea foret luciferina stultitia. Diese Stel=
le führet denn auch Hus Tom. I. p. 108. in
der Replik wider Stockes an. Wiklef selbst ver=
fertigte eine englische Bibelübersetzung König
Wenzel hatte zu seinem und seiner Gemahlin Ge=
brauch eine deutsche Bibel auf Pergamen abschrei=
ben lassen, die jetzt in der Hofbibliothek zu Wien
aufbewahrt wird. Dieß alles mußte endlich bey
eifrigen Böhmen den Entschluß hervorbringen,
auch für eine böhmische Uibersetzung der ganzen
Bibel zu sorgen.

Im J. 1397 endigte Johann von Holeschau, ein Benedictiner des Klosters Břewniow bey Prag, seinen Commentar über das alte Lied Hospodine pomiluy ny, worin er als erster böhmischer Philolog einige veraltete Wörter und Wortformen erkläret. S. oben 77.

§. 12.

Denkmahle der böhmischen Sprache aus diesem Zeitraume (1310 — 1410.)

1. Eine gereimte böhmische Chronik, Kronyka česká, dessen Verfasser wir nicht kennen. Gewöhnlich nennt man ihn Dalimil, weil beim Hagek in dem Verzeichnisse der von ihm gebrauchten Geschichtschreiber auch ein Dalimil Mezyřicky Kanownjk kostela Boleslawskeho angegeben ist. Allein der böhmische Dichter, der vermuthlich um Bewirthung und Sold auf der Burg eines Herrn (etwa Wilhelms von Hasenburg) die Thaten seiner Vorväter in Reime brachte, ist von dem alten Priester zu Bunzlau, bey dem er ein Exemplar der alten Chronik (unfehlbar den Cosmas in lateinischer Sprache) fand, wohl zu unterscheiden, und darf mit dem Bunzlauer Domherrn nicht vermengt werden. Hagets Benennungen, da er Un»

genannten ganz willkührliche Namen zu geben
pflegt, ist ohnehin nicht zu trauen. Paul Ges=
sin, der sieben Handschriften bey seiner Ausgabe
vom J. 1620 gebrauchte, nennt sie Kronyka sta=
rá Klásstera Boleslawského, alte Chronik des Klo=
sters zu Bunzlau. Eine neue Ausgabe mit Va=
rianten aus vier Handschriften besorgte im J.
1786 Franz Faustin Prochazka unter dem
Titel: Kronyka Boleslawská, und versah sie mit
einigen theils grammatischen, theils historischen Er=
läuterungen. Dem Inhalte nach schließt die
Chronik mit Johanns Krönung, als mit einer
merkwürdigen Begebenheit. Im J. 1314, also
nur wenige Jahre nach derselben, endigte er sein
Werk. Es lassen sich aber zwey verschiedene Re=
censionen dieser Reimchronik unterscheiden, eine
frühere, und eine spätere. In der letztern sind
schon manche historische Data, die in der ersten
sehr fehlerhaft angegeben waren, berichtigt wor=
den. Handschriften von der spätern Recension
hatte Prochazka zwey, P. und F. d. i. die Pel=
zelische und Fürstenbergische, beyde ohne Jahrs=
zahl, vor sich. Zusatze und größere Abweichungen
kommen bey Prochazka S. 258, 261, 264 vor.
Die ältere Recension enthalten die zwey Hand=
schriften Z. und FF. d. i. die Zebererische vom

J. 1459 und die bei den Franziskanern vom J. 1441. Aber selbst die Handschriften von der er= sten Recension sind nicht von allen spätern Zusatzen frey. Die Abschreiber konnten nicht umhin, ir= gend eine Heldenthat eines Vorfahrs jener Fa= milien, für deren Geld sie schrieben, am gehöci= gen Orte einzuschalten, wie z. B. die sechs Verse vom Czachowetz in der Handschrift F F, bei Prochazka S. 311. Sie nehmen sich auch die Freyheit, veraltete Wörter mit neuen zu vertau= schen. In dem Verse: nebo taynies Wlastu swiet gwiegiechu (Kap. 11.), haben die meisten Abschrei= ber das Wort swiet entweder durch rada, Rath; erseßt, oder gar in smiech verwandelt. Doch liest eine Handschrift auf Papier bei den Minori= ten zu Prag, die aber nur bis zum 14ten Kapi= tel reicht, noch swiet, und bestätiget also die alte richtige Lesart. Swiet ist hier aus s und wiet zusammengesetzt, und heißt buchstäblich collo= quium, Rücksprache, Rath, im Russischen so- viet, im Altslavischen s - viet. Für musym, muß liest bloß die Fürstenbergische Handschrift an drey Stellen drbi. In der Orthographie, be= sonders in der Veranderung des ursprünglichen iu in i, waren die Abschreiber noch freyer. S. 72 steht der Reim lud und blud, allein Prochazka

K

fand das lvd der erſten Ausgabe in keiner Hand-
ſchrift mehr, ſondern lid. So kann auch S. 70
der Reim nelibj und vrubj nicht von der Hand
des erſten Verfaſſers ſeyn, ſondern er muß neliubi
geſchrieben haben. Man vergleiche noch die Rei-
me lide und nebude S. 135, wlubj und libi S.
140, libi und ſubi S. 168, woſelbſt der Her-
ausgeber für den Imperativ ſudi nicht das Prä-
ſens ſaudj hätte ſetzen ſollen; ferner ſubj und lidi
S. 187, wo doch F F ludi lieſt; klibj und ſubj
S. 211, endlich ſubj und rozklibj S. 327. Aber
in Rückſicht der alten Formen des Duals, des
einfachen Präteriti auf ach, ech, ich u. ſ. w.
bleibt uns dieſes Denkmahl noch immer ſehr wich-
tig. Es ſcheint ein Lieblingsleſebuch durch zwey-
hundert Jahre geblieben zu ſeyn. Nie hatte der
böhmiſche Nationalhaß gegen die Deutſchen einen
ſo hohen Grad erreicht, als ihn hier der Dichter
ſchildert. Groß und tapfer ſind ſeine Helden, die
böhmiſchen Herren und Ritter, wenn ſie die
Deutſchen aus ihrem Vaterlande hinausjagen; klein
und ohnmächtig die Könige, wenn ſie deutſchen
Räthen Gehör geben. Heftig und grob iſt ſein
Schimpf auf Deutſche, die er für erklärte Feinde
des böhmiſchen Ruhms, der böhmiſchen Nation
und Sprache anſieht, und ſie durchgängig für die

Urheber alles Unglücks hält. Lüge und Erdich=
tung nahm er zu Hülfe, um sie allen Böhmen
noch verhaßter zu machen, als sie es seit Otto=
kars Niederlage schon waren. Immer mochte der
warme Patriotismus an ihm gefallen: nur hätte
man ihn nicht auch für einen glaubwürdigen Er=
zähler halten sollen. Aus ihm kamen die albern=
sten Mährchen in unsere Geschichte. Frühe schon
ist diese Chronik in deutsche· Reime gebracht wor=
den, wovon eine Handschrift vom J. 1389 auf
Papier in der Bibliothek der Domkirche vorhan=
den ist. Nebst dieser gibt es noch eine prosaische
Uibersetzung, die Hier. Pez nach einer jüngern Ab=
schrift des Christoph Hoffmann, der im J. 1534
starb, im 2ten Tom. seiner Script. rerum
Austr. p. 1044 — 1111 abdrucken ließ. Ein
viel älteres Exemplar sah ich vor 22 Jahren im
Kloster St. Emmeram zu Regensburg.

Nach Dalimils Beispiele fuhr man fort, auch
einzelne Begebenheiten in Liedern zu besingen.
Geßin fand die Beschreibung des Turniers vom
J. 1315 zwischen Rudolfs und Wieneks Knap=
pen in einigen Exemplaren, und hing sie seiner
Ausgabe an. In der Fürstenbergischen und der
schönen Cerronischen Handschrift auf Pergamen
ohne Jahrzahl stehen nebst dem Turniere noch

mehrere Stücke vor dem letzten Kapitel, in einer andern Cerronischen auf Papier vom J. 1443 hinter demselben. Diese sind: a) Der Zug des Königs Johann wider den Grafen Matthias von Trentschin im J. 1315, 31 Verse: Przi tom czaffie w Morawie zle fie diegieffe u. f. w. b) Wilhelms von Hasenberg Heldenthaten, 40 Verse. c) Die Bewegungen der böhmischen Herren gegen K. Johann im J. 1316. d) Plichta von Zerotin 1319. Wilhelms von Waldek Tod aber 1319 blos in der Fürstenbergischen und der Lobkowitzischen Handschrift auf Pergamen in 12. 48 Verse: Zeleymy czeffeho pokolenie, genz fie geft ftalo nedawno nynie, sfel cztny pan Wilem z Waldeka. In der letztern kommt noch eine artige Anekdote vom Könige Johann vor, wie er sein Reitpferd einem Lastwagen vorspannen ließ. Aus einer alten Kaunitzischen Chronik, die Paprocky bei den Nachkommen der Herren S ft o f e fand, führt er in seinem Diadocho II. 285, 286 mehrere ähnliche Verse an, einige auch in seinem Spiegel (Zrcadlo) des Markgrafthums Mähren S. 410. Seiner bekannten Leichtgläubigkeit ist es kaum zu verzeihen, wenn er im Diadocho (IV. 254) auch die Prophezeyungen der Libuffe von den gold- und silberreichen Bergen in Böhmen, in solchen

Versen abgefaßt, uns vorlegt und bereden will, sie in den Schriften eines Tobias Kriwogen Budek von Falkenberg, der im J. 1269 zu Saaz Dechant gewesen seyn soll, gefunden zu haben.

2. Verschiedene Gedichte, meist geistlichen Inhalts, in einer Handschrift auf Papier in 4. in der Bibliothek der Prager Domkirche, worin folgende Stücke enthalten sind: a) Der böhmische Alanus, ein allegorisches Gedicht von der Wiederherstellung der ursprünglichen Vollkommenheit des Menschen, 19 Blatt. b) Die sieben Freuden Mariä, 11 Blatt. Siehe oben S. 124 c) Gedächtniß des Todes, 3 Bl. d) Die Himmelfahrt Mariä, 7 Bl. e) Sechs und zwanzigerley Narren, 2 Bl. f) Fünf Quellen der Sünde: das Herz, der Reichthum, die Armuth, böse Gesellschaft, Gewohnheit, 2 Bl. g) Anselmus von dem Leiden Christi, ein Gespräch zwischen Anselmus und der h. Jungfrau Maria, 14 Blatt.

h) Catonis Disticha, lateinisch und böhmisch 25 Blatt.

i) Gebethe in Versen zur Jungfrau Maria, eines in Prosa; das Responsorium nebst den Versen von der h. Dorothea, 7 Blatt.

k) Ein lateinisch = böhmisches Vocabularium, 5 Blatt. Dieses und eine Homilie des h. Augu-

ſtins wider die Wahrſagerey ſcheinen von jüngerer
Hand zu ſeyn.

Aus dem Alanus mögen hier als Probe der
Orthographie und Sprache einige Verſe ſtehen:

Sedm neby vzrzye potom
Tot chezy powyedyety o tom
W nychz ſedm planet pezyebywa
Kazdy ſwym czaſem otbywa
Tyech dwa czeſſy gmena màta
A pyet czeſſy gmen nemata
Myeſyecz ſluncze tak dwa ſlowu
Wenus Mars tat ponych plowu
Merkurius Saturnus k tomu
Jupyter kazdy w ſwem domu
Pcd ſlunczem ſye zlato rody
Pod Myeſyeczem ſtrzyebro wzchody
Merkurius rtut przywody
Mars z ſwe moczy czyſtecz plody
Wenus myed czyny na nowo
Saturnus zlody olowo
Jupyter wzelezye brody
A tak druh druhu nevſſkody.

Alſo hatte man damahls für die Planeten,
Sonne und Mond ausgenommen, noch keine böh-
miſche Benennungen. Das Zinn heißt auch im

Bohemarius (oben S. 126) čistec. Das de=
monſtrative Pronomen ow, owa, owo kommt
ſonſt nicht leicht vor. Pſáno, gemahlt, behielt
noch ſeine erſte Bedeutung. Pſati (pisati) hat=
te alſo gerade die Bedeutungen, wie γραφω,
1. mahlen, 2. ſchreiben.

3. Eine gereimte Leidensgeſchichte Chriſti (Skla=
danie o vtrpenj) auf Papier in 4. in der Fürſtl.
Lobkowiziſchen Bibliothek zu Raudniz. In der=
ſelben Handſchrift 2) das Leben Chriſti, 3) der
Rath eines Vaters an ſeinen Sohn (Rada otce
k ſynu) in Verſen.

4. Der böhmiſche Cato, vermuthlich nach dem
Deutſchen: Ein Meiſter Cato war genannt. Die
Neubergiſche Hand chrift auf Pergamen in 16.,
welche Voigt in ſeinen Act. lit. Bohem. Seite
132 — 153 beſchrieben hat, iſt lange nicht ſo
alt, als ſie Voigt machte. Proben daraus ſind
bei ihm und im Slavin an mehrern Stellen ab=
gedruckt. Viel älter iſt die N. 2 unter h) ange=
führte Abſchrift, die ich mit einer britten alten
Handſchrift der öffentlichen Bibliothek und mit dem
Texte, der am Rande eines lateiniſchen gedruckten
Exemplars der Strahower Bibliothek beigeſchrieben
iſt, vergleichen ließ. Sie weichen in manchen
Ausdrücken von der erſten Handſchrift ab, ſeltner

von einander. Der Anfang lautet: Kato myſtr
byl welyky; nach der jüngern Abſchrift: Katho
mudiȝrcȝ myſtr velity. Jedes lateiniſche Diſti=
chon wird in ſechs böhmiſchen Zeilen umſchrieben.
Das 30te: Quae culpare soles etc. auf fol=
gende Art:

Czoȝ ſy rrȝywykl hadyty
N rod tehoȝ ſam cȝynyty
welykat mu hauba' bywa
K oȝ ſye pako mudrym wȝywa
Ȝe gyne bude treſktaty
Sam toho nechtye oſta y. ,

Für hadyty ließ die Clementiniſche Abſchrift
hanyety, die Strahöwer winiti. In einer Neu=
bergiſchen Handſchrift in Fol vom J. 1445, die
mit der römiſchen Chronik anfängt, und mit dem
Cato endigt, wird der letzte Vers ſo geleſen:
Chcȝit' tye rab nad ſye chwaliti anebo myeti.

Eine jüngere Cerroniſche Handſchrift auf Pa=
pier in 4. enthält nur das erſte Buch, und ſchließt
mit Dapsilis interdum etc. Vtieſſyli kdy
pan buoh koho u. ſ. w, wofür die ältern Hand=
ſchriften leſen: Kdyȝ buoh vtyeſſy ſbozym koho.
Es folgen aber in derſelben noch 304 lateiniſche
kurze Sprüche, die in böhmiſche Reime überſetzt
ſind. Primum quaeǝite regnum Dei iſt der

erſte, Serena dies laetificat homines der leßte Spruch, deſſen Überſeßung lautet:

Zaſny den libi obweſeluge
Ale den mraczny ſmuczuge.

5. Die jungen Rathgeber in böhmiſchen Rei=
men. Der Verfaſſer davon S m i l von Rieſenberg,
F l a ſſ k a genannt, Hauptmann des Czaſlauer Krei=
ſes, ward von den Kuttenbergern im J. 1403 er=
ſchlagen. Man kennet noch kein Exemplar. Wir
begnügen uns alſo mit der Nachricht, die L u p a=
c i u s beim 13. Aug. davon gab : Composuit
populari lingua atque rhythmis librum ti-
tulo: Juvenile consilium seu juvenes Con-
sultores, dignum sane lectu; est enim
refertus pulcherrimis sententiis ac gno-
mis, quae sunt normae vitae ac morum,
tum praeceptis piis atque salutaribus.
Das Gedicht Nowá rada, (bei der Abſchrift des
Dalimils vom J. 1459), ſcheint vom erſtern, das
etwa mladá rada hieß, verſchieden zu ſeyn.

Man findet wohl noch manche kleinere Ge=
dichte in andern Werken zerſtreuet, deren Alter
ſich nicht beſtimmen läßt. Hier will ich nur noch
drey nennen, die ſich in der ſchönen Gerroniſchen
Handſchrift auf Pergamen Blatt 70, 71 vorfin=

154

ben. 1) Prawda, die Gerechtigkeit. 2) rec
ginocha mladeho. 3) řeč kmetě stareho.

Pulkawa hatte auch schon eine Sammlung
von gereimten Sprüchen der Vorväterweisheit, wo=
von er in seiner Uiberſetzung der lateiniſchen Chro=
nik nicht selten Gebrauch machte. Siehe S. 130,
164, 169, 194, 234 der Prochazkiſchen Aus=
gabe.

6. Die Hiſtorie von Triſtram, ein Ritterro=
man, (Triſtram rek weliký), im J. 1449 abge=
ſchrieben, und der Geſchichte von Troja und Man=
devill's Reise in einer Handſchrift bei den P. P.
Minoriten beigebunden. Enthält mehr als 2000
gereimte Verſe. In der Stockholmer Handſchrift
vom J. 1483 fehlen am Anfange einige Blätter;
denn sie fängt mit dem 112 Verse an: Nebt'
giʒ nechcy čekati. Das deutſche Original iſt in
Müllers Sammlung deutſcher Gedichte aus dem
XII. XIII. und XIVten Jahrhundert (Berlin
1785) im 2ten Theile zu finden. In derſelben
Handſchrift zu Stockholm iſt auch noch ein zwey=
ter Ritterroman zu lesen. Nämlich

7. Der Tandarias und die schöne Floribelle,
40 Blatt. Hebt an:

Byl geden Král, ten ſlul Artuš,

Toho mile každy poſluš,

Ten byl tak dobrý a tak mocný,
Ře wſſj prawdě wſſem pomocný.

Dobrý heißt hier brav, tapfer, und prawda
Recht, Gerechtigkeit. Der Tandarides in Profa
ſcheint eine jüngere Bearbeitung zu ſeyn.

8. Die trojaniſche Geſchichte aus dem Lateini⸗
ſchen des Guido von Columna. Balbin, der ſie
in einer Handſchrift vom J. 1468 im Kloſter Oſ⸗
ſek fand, ſchreibt ſie aus Uibereilung dem Dik⸗
tys zu, da ſich doch Guido ſelbſt auf ihn bezieht.
(Boh. d. III. 203). Bei den P. P. Piariſten zu
Leipnik in Mähren ſah ich vor 26 Jahren eine
Handſchrift auf Papier in 4. vom J. 1467. Aus
den Schlußformeln läßt ſich ſchließen, daß dieſe
Beſchreibung des trojaniſchen Krieges eine Lieb⸗
lingsleſerey unſrer Ritter ſeit dem 14ten Jahr⸗
hunderte geweſen iſt. Die Lobkowitziſche ſchöne
Handſchrift in Fol. vom J. 1442 ward auf Be⸗
fehl des Paul von Genſtein geſchrieben. Die
Verſe von Hektors Tode ſtehen darin nicht zu En⸗
de des Buches, wie in den Ausgaben, ſondern
nach dem 21ten Kapitel. Die Abweichungen des
gedruckten Textes ſind größtentheils unerheblich.
In der Ausgabe vom J. 1488 ſteht z. B. nef⸗
myſlna für wſtekla, naplete für namiete, když geſt
bylo na vſwitie anſtatt když by na vdnienij. Eine

andere Handschrift (ehedem bei den Minoriten zu
Prag) in Fol. vom J. 1437 ließ sich der Ritter
Wenzel von Kleinbascht (z Basitku) abschreiben,
um ritterliche Thaten zur Vertheidigung des gött=
lichen G setzes und des Rechtes daraus zu lernen.
„Naprzieb k slawie bozy a keczty a kuzitku lidu
ritierzskeho zemie czeste, aby ge cztucze nebo sli=
ssiecze navczili sie slawnym a vdatnym skutkom ri=
tierzstym kuobranie zakona bozieho a swe wlasti
czeste, chudich a syrich liby pred gich nasilniky
bezprawnymi.” Nach dem neuen Testamente
vom J. 1475 ist die trojanische Chronik das erste
gedruckte Buch in böhmischer Sprache. Wenn
sich gleich die Worte: da wir nun (schon) von der
Geburt des Sohnes Gottes MCCCCLXVIII.
anfangen, auf die Handschrift zu beziehen schei-
nen, die man dem Setzer vorlegte, folglich das Jahr
1468 nicht von dem Drucke gelten darf, so hat
die erste Auflage ohne Druckort in 4., wovon
nur drey Exemplare bekannt sind, alle Kennzeichen
des ältesten Druckes, etwa vom J. 1476. Die
2te Auflage erschien zu Prag mit ganz andern,
gröbern Lettern, im J. 1488. 4. Die dritte
mit Veränderung der häufigen Archaismen eben
daselbst 1603. 8. Die vierte veranstaltete W. Kra=
merius 1790. Vergleiche Böhm. Lit. I. 45 folg.

9. Tkableček, der kleine Weber, oder Ja-
lobnjk a nesslestj, ein langes Gespräch zwischen
dem Kläger und dem Unglücke, in der Handschrift
A. ehedem bei den P. P. Minoriten, der Geschichte
von Troja beigebunden. Ich besitze auch eine neu
ere Abschrift nach einer andern Handschrift. Jat
sem Tkablecz vczenym rzadem so fängt das 3te
Kapitel dieses böhmischen Originalwerks an, bez
drziewie, bez ramu a bez zeleza tkati vmiegi (fur
vmjm). Sein wahrer Name sey aus 8 Buchsta-
ben zusammen gesetzt; der erste ist der 11te des
Alphabets, der zweyte der 20te, der dritte der
4te und so weiter. Nach der Enträthslung kömmt
nun Luduik heraus, und seiner Geliebten Name
Abliczka, mit dem Beinahmen Pernikařka.
Sie war auf dem fürstlichen Hofe zu Grätz an der
Elbe Einheitzerin (topiczka). Diese Beinahmen
nimmt der Verfasser, der hier als Kläger auftritt,
in figürlicher Bedeutung, und geht zu ihrem Lobe
über. Ewig müsse er das Unglück hassen, weil
es ihn von seiner Geliebten getrennt habe. Ge-
gen seine Anklagen sucht das Unglück sich zu ver-
theidigen. Häufig werden die h. Schrift, Plato,
Aristoteles, Cicero angeführt. Vor vielen andern
albernen Faseleyen hätte diese Schrift, der guten
originellen Ausdrücke wegen, wohl verdient, ge-

druckt zu werden. Dieß geschah in Böhmen
nicht; wohl aber außerhalb. Mein sel. Freund
Durich entdeckte einen alten Druck einer freyen
deutschen Uibersetzung in der k. Hofbibliothek zu
Wien. Das Werk ist in 4. ohne Custos und Sig=
natur, mit einem Holzstiche, der einen Bauer vor=
stellt, gezieret, mit der Uiberschrift: Hie nach
volgend etliche tzumale kluger vnd subtiler
rede wissen. Wie eyner der was genant der
Ackerman von behem, dem ein schöne liebe
Fraw sein Gemahel gestorben was, beschiltet
den tode, vnd wie der tode im wider antwurt,
vnd seczet also ye ein capitel vmb das ander,
der capitel seind XXXII. vnd vahet der acker-
mann an also zu klagen: Grimmer tilger al-
ler leute Schedlicher achter aller Welte Die=
ser Anfang lautet nun im Böhmischen: Ach ach
nastogte, Ach ach bieda, ach nasyle, Ach na tie
vkrutny a wtucy shlabiteli wssech zemi, sskobli-
wy sskuobce wsseho swieta, swiely. morderzi wssech
dobrych lidij. Das Original ist also viel wort=
reicher. Wie und warum man in die beutsche
Bearbeitung für den Weber einen Ackersmann als
Klager aufnahm, kann ich nicht errathen.

10. Die altesten böhmischen Landrechte An=
dreas von Duba, oberuer Landrichter unter Kar

fer Karl IV. und König Wenzel IV., welchem
letztern das Werk zugeeignet ist, hat diese Samm=
lung gemacht. Sie enthält a. das alte böhmische
Landrecht (práwo zemſke czeſke), b. die Rechte,
die man bei den ältern Herrn von Roſenberg vor=
fand, und aus feinen Büchern abſchrieb (Prawa
pana ſtareho z Rozmberka), c. die Gerichtsord=
nung (Rzad prawa zemſteho), die in dem ſchö=
nen Coder der Altſtadt Prag auf Pergamen in
Fol. auch lateiniſch (Proceſſus tabularum ter-
rae de citationibus diversis) vorkommt.
Die Handſchrift der k. Hofbibliothek zu Wien be=
nüßte Balbin in feinem Buche de Magistrati-
bus. S. Materialien zur Statiſtik von B. II.
224. In feiner Boh. d. III. 196 gibt er den
Inhalt derſelben fehr unbeſtimmt an: Jura, Le-
ges et Statuta Bohemiae a Przemyslao
usque ad Wenceslaum Caroli filium, li-
ber auro contra pretiosus. Er fand aber
auch zu Hauſe, was ihm außer Böhmen gold=
werth ſchien. Denn unter den Handſchriften der
Clementiniſchen Bibliothek nennt er: Jus Bo-
hemicum bohemice antiquissimo genere
scripturae, verbis etiam antiquissimis
scriptum. S. 110., und abermal S. 111:
Constitutiones regni Boemiae antiquissi,

mo scripturae genere, bohemica lingua.
Item Nalezowe Panuw Czeskych (es finð
nur einige Landtagsſchlüſſe vom J. 1402 unð
1411) et Constitutiones regni latae (nicht
von ihm gegeben, ſondern bei ihm in Büchern ge-
funden) a Domino de Rosis seniore. Ibi-
dem sunt jura civitatis Pragensis. (Die
Stadtrechte kamen ſpäter hinzu). Hic liber
dignissimus est lectu ad cognoscendam
optimam regni gubernationem illis feli-
cissimis aetatibus. In der Krumauer Bib-
liothek bei ben Jeſuiten fand Balbin noch einmal
die alten Rechte: Statuta regni Bohemiae,
vetustissimus codex manuscriptus. Boh.
d. 1 I. S. 172. Eben dieſe Handſchrift, die
Balbin zu Krumau ſah, iſt mit einer Note am
Rande von ſeiner Hand verſehen, und kam bei
Aufhebung der Jeſuiten in die öffentliche Biblio-
thek Sie enthält noch viel mehr, als Balbin an-
zeigte. Sie kann auch nicht vor 1480 geſchrieben
ſeyn, da die Landtagsartikel von dieſem Jahre
noch am Ende in ihr zu leſen ſind. Auf die oben
genannten drey Stücke a, b, c, folgen hier: d.
rzad czeſte koruny Cziefarzem Karlem potworzený
auf 6 Blatt Damit hören auch in dem prächti-
gen Cerroniſchen Coder die Rechte auf. e. Vſta-

wenie ginak ſtatuta Kralowſtwie Czeſſeho, auf 13
Blatt. Die lateiniſchen Satzungen Karls IV
gab zuerſt Paul Geſchin im J 1597 unter dem
Titel: Majestas Carolina heraus. Er macht
in der Vorrede der böhmiſchen Uiberſetzung Er=
wähnung. Bekannter iſt die 2te Ausgabe, Ha=
nau 1617. So weit reicht die wiener Hand=
ſchrift. f. das Lehnrecht (prawa manſka). Die
älteſte Handſchrift' des Lehnrechts auf Pergamen
aus der Mitte des XIVten Jahrhunderts wird
beim k. Fiſkalamt aufbewahret. Die böhmiſche
Uiberſetzung des Lehnrechts ward ſammt dem all=
gemeinen Landrecht, worauf ſich jenes bezieht, zu
Ollmütz (und Leutomiſchel) 1538 in Fol. gedruckt.
Endlich g. die Rechte der größern Stadt Prag,
nebſt den untergeſchobenen Sobieſlawiſchen Vor=
rechten und einigen kleinern Stücken, die ich un=
berührt laſſe. Der Coder der Altſtadt begreift
nicht nur f. und g. in ſich, ſondern ganz zuletzt
auch die Weinbergrechte (Wyſazenie winnic) von
Karl IV. Es gibt Handſchriften, worin blos
die Prager alten Stadtrechte vorkommen. Eine
vom J. 1447 in 4. enthält auch die vom So=
bieſlaw ertheilten Rechte und Freyheiten, die der
leichtgläubige Hagek in ſeine Geſchichte aufnahm.
In der Klattauer Handſchrift in Fol. vom J. 1465
L

folgen die alten Landrechte auf die Prager Stadt=
rechte, und nach jenen wieder andere Stadtrechte,
und zwar die Nürnberger und die Magdeburger.
Der schöne Codex in der fürstl. Colloredo = Mans=
feldischen Bibliothek zu Prag ist eben so vollstän=
dig, als die Krumauer Handschrift. Er kam
von Stockholm, wohin ihn die Schweden als
Beute brachten, wieder in sein Vaterland zurück.
Seinen Werth wußte derjenige zu schätzen, der am
Ende sein Schicksal in 8 lateinischen Distichen be=
schrieb. Unter andern heißt es:
Codicibus quid te jactas Stokholma Boemis,
    Si non sit moris lingua Boema tibi?
— —
Multa quidem patrias fatum referebat in oras,
    Quorum sors numero me sociasse suo,
Caesaris ad regem degens legatus in urbe,
    Me non immodico comparat aere sibi.

11. Die gemeinen Rechte, sammt dem Lehn=
rechte, aus dem Deutschen (Prawa mieczka, weßa,
sedlska, a prawa panska a potom manska) in einer
Handschrift auf Papier in 4. Oeffentl. Bibl.

12. Der Sachsenspiegel oder das Magdeburger
Recht (Tyto knyhy gsu knyhy v witpildye prawa
saficzkeho rzadu yakoz Maydburk pozywa a ha=
lyssyene). Die Handschrift der öffentl. Bibl. in
Fol. ist die älteste, die ich kenne. Balbin hatte

fie vor ſich, als er Boh. d. III. 113 ſchrieb:
Jus saxonicum bohemice antiquissimo et
scribendi et loquendi genere. Eine zwenyte
ſchätzbare Handſchrift des ſächſiſchen Rechtes be=
findet ſich in der fürſtl. Lobkowitziſchen Bibliothek
zu Prag. Der Codex pervetustus — vete-
ri bohemico sermone scriptus bei Dobner
(Ann. Ha. II. 79) iſt die dritte mir bekannte
Handſchrift, nämlich diejenige, wie ich mit Grun=
de vermuthe, die ehedem Ritter von Riegger be=
ſaß. Sie iſt' im J. 1448 in Fol. geſchrieben.
Voran gehen die¯ drey Stücke a, b, c, der alten
Landrechte, die in ein Ganzes von 250 Kapiteln
verbunden ſind, ſo, daß das 2te Stück mit dem
140ten, das dritte mit dem 222 Kap. anfängt.
Die vierte Handſchrift, worin das Magdeburger
Recht nebſt andern Stadtrechten vorkommen, iſt
die Klattauer vom J. 1465. Eine jüngere ſah
ich zu Libun bei Hrn. Marek.

13. Das Leben Karls IV. ſammt'der Krö=
nungsordnung, in einer alten Handſchrift zu Leut=
meritz. Ambros von Ottersdorf gab es im
J. 1555 zu Olmütz, doch mit Veränderungen
der alten Sprache heraus, und im J. 1791 ver=
anſtaltete Franz J. Tomſa zu Prag eine neue
Ausgabe in 8. Die Krönungsordnung in böh=

mifcher Sprache (Rzaab korunowanye krale czeſ=
keho) iſt auch nach dem lateiniſchen Commen-
tario vitae Caroli IV. in einem pergamenenen
Codex der Hofbibliothek zu Wien vom J. 1396
in 4. zu finden. Nach der Krönungsordnung lieſt
man: Tuto pak poczyna ſye Rzaab oblaczenye
kraloweho k gyeho welebnoſczy vkazanye neb kſſubu
ale drzewe nez ſye oblecze przyeb Ruchem dye ten=
to zalm. procz ſu ſye rybaly narobowe. Nach
der Schlußformel explicit Cronica de gestis
etc. ſtehen die böhmiſchen Worte: Poſkocz buo=
hable attebe hamba nenye. Amen.

14. Die böhmiſche Chronik, welche auf Be=
fehl K. Karls IV. ein Ungenannter in lateiniſcher
Sprache zuſammentrug, von Přibjk von Trabenin,
Pulkawa genannt, ins Böhmiſche überſetzt.
Das lateiniſche Original gab Dobner (Mon.
hist. T. III.) im J. 1774, die böhmiſche Uiber=
ſetzung Fauſtin Prochaska aus einer alten Hand=
ſchrift zu Prag 1786 in 8. heraus. Der Be=
quemlichkeit der Leſer wegen hat dieſer die Spra=
che hie und da verjüngt, doch in den Noten auf
die alten Formen der Handſchrift, nämlich auf die
Duale, auf die einfachen Präterita in ech, ich,
ach, und ſonſt noch auf einige ganz veraltete
Wörter aufmerkſam gemacht. So erklärt er S.

229 die Conjunction ne, allein, die Pulkawa häufig gebraucht. Dieſes ne entſpricht dem Alt-ſlawoniſchen no. In den Dualen byleſta tieto dwie zemi S. 48, oczi ſta byle wylupenie S. ꝛ18, vermengt ſelbſt Pulkawa die Geſchlechter, weil sta eigentlich männlich iſt; der weibliche Ausgang da-von iſt stie. Unter den vielen Handſchriften, die gewöhnlich mit dem Tode der Königin Eliſabeth, dem letzten Sproſſen des Přemyſliſchen Stammes, d. i. mit dem Jahre 1330 aufhören, zeichnet ſich die ſchöne Cerroniſche mit Gemählden gezierte auf Pergamen in Folio aus. Einige enthalten eine Fortſetzung der Chronik bis zum Jahr 1470, wie die Leutmeritzer, oder bis zum Jahre 1471, wie die Breslauer zu St. Maria Magdalena auf Papier in 4. von einer jüngern Hand.

15. Eine Chronik von Römiſchen Kaiſern, aus dem-Lateiniſchen vom Magiſter Laurentius, K. Wenzels Hofbedienten überſetzt. Ein Theil davon in einer Handſchrift der öffentlichen Biblio-thek zu Prag auf Papier in 4.

16. Die Reiſebeſchreibung des Ritters Jo-hann von Mandeville, aus dem Deutſchen von demſelben Magiſter Laurentius (Wawřinec). Man findet ſie in mehrern Handſchriften, in der Neu-bergiſchen auf Papier in Fol. vom J. 1445 nach

dem sogenannten Martimiani, in einer zwey=
ten in 4. auf Papier in der fürstlichen Bibliothek
zu Nikolsburg, in einer dritten bei den Minoriten zu
Prag auf Papier in Fol. Balbin fand sie in
einer alten Handschrift zu Offek, die ich vor meh=
rern Jahren dort vergeblich suchte. Er beschreibt
sie Boh. Doct. III. S 203, und setzt hinzu:
est supra modum curiosa et jucunda his-
toria. Die Böhmen fanden Geschmack an die=
sen fabelhaften Erzählungen, daher die Drucker
nicht säumten, die Neugierde der Leser zu befrie=
digen. Schon die Pilsner Ausgabe vom J. 1510
in 8. weicht an manchen Stellen von dem alten
Texte der Handschriften ab. Für ty hory lycz k
nam steht in der gedruckten Ausgabe t. h. sem k
nam, für lycz na wzchod slunce nur k wychodu.
Die 2te Pilsner Ausgabe vom J. 15·3 in 8. ist
dem Inhalte nach von der ersten nicht unterschie=
den, aber die Prager vom J. 1610 (bei Walda)
unterscheidet sich von beiden durch wenigere, folg=
lich längere Kapitel. Noch im J. 1796 veran=
staltete W Krammerius eine vierte Ausgabe. In
Handschriften führt das Buch den Titel: tyto
kniehy prawie o gednom Ritierzi, genz gest byl
weliky Lantfarerz (Lantforerz) nebo gezdecz (gez=
dilecz).

17. Das Traumbuch (Snář) vom Magister Laurentius von Prag aus dem lateinischen Somniarium Slaidae übersetzt. Ein prächtiger Codex auf Pergamen in Fol. wird in der fürstlichen Bibliothek zu Nikolsburg aufbewahrt. Eine im J. 1539 verfertigte Abschrift, nach einer ältern vom J. 1483, sah der sel. G. Ribay, Prediger zu Czinkota in Ungern. In Stockholm fand ich eine Abschrift auf Papier in 4. vom J. 1471, die ich in meiner Reise nach Schweden S. 54 — 56 beschrieben habe. In der Ausgabe vom J. 1581 in 8. (bei Dačický) ist das ganze Buch in 12, nach der Stockholmer Handschrift aber in 8 Bücher abgetheilt. Eine frühere Ausgabe, etwa ums J. 1550, hat der Geschichtschreiber Hagek besorgt, der die Anfertigung des Buches in das Jahr 1361 versetzt.

18. Die fabelhafte Geschichte Alexanders aus dem Lateinischen, auf Pergamen in 12. vom J. 1433 in der öffentlichen Bibliothek, wo sie schon Balbin fand. Ihr Titel ist: Tuto se počzina knyha welykeho Alexandra macedonskeho. Genž frou mudrosti podmanyl wessken Swyeth pod se a skrotil. In der Neubergischen Handschrift des Martimiani, wo sie zu Ende des ersten Abschnittes ganz eingeschaltet ist, wird sie überschrie-

ben: Tuto ſye poczzina czela Kronyka o welikém Allexandru, und enthält 146 Kapitel. Der Anfang: Sapientissimi Aegyptii, scientes mensuram terrae undasque maris et coelestium ordinem cognoscentes, id est, stellarum cursum, motum etiam firmamenti, lautet in der böhmiſchen Uiberſeßung: Naymudrzeyſſi zagiſte Egipſſli, vmyegicze myeru zemie a woby morſke a znagicze rzab nebeſky. Toczſiſto hwiezdny bieh a hnutye oblakow. Schon hier ergeben ſich Verſchiedenheiten der Handſchriften: hwiezdarzſki byeh in der ältern iſt kaum erträglich und hnutye a oblohu mag ein Schreibfehler ſeyn für hnutie oblohy. Noch mehr Abweichungen ließen ſich finden, wenn man die Handſchriften mit der zu Pilſen 1513 gedruckten Ausgabe in 8. verglíche.

19. Martimiani oder die römiſche Chronik, von Beneß von Hořowic, Ritter des Grabes Chriſti (Zámorſky), um das J. 1400 faſt ganz aus der deutſchen Straßburgiſchen Chronik des Jakob von Königshofen überſeßt. Siehe Lit. Mag. II. 146 folg. Die Neubergiſche Handſchrift in Fol., worin ſich auch Mandevills Reiſe und der Cato befinden, iſt zu Sobieſlau 1445 geendigt worden. Der Abſchreiber gab ihr dadurch einen wei-

tern Umfang, daß er die ganze Chronik von Ale»
rander mit ihr verband. Sieh N. 18. Die Hand=
schrift in 4., die ich vor mir habe, enthält bloß
den dritten Abschnitt von den römischen Päbsten,
deren Reihe Johann XXI. beschließt. Das dar=
auf folgende Kapitel, in dem gedruckten Exem=
plar (Prag 1488) roth überschrieben: dwie
zprawie zbiehle, steht in derselben nebst dem Ver=
zeichnisse der Erzbischöfe und Bischöfe vor dem drit=
ten Abschnitte. Voran ging noch ein Verzeichniß
der christlichen Könige der ganzen Welt, wovon
aber nur ein Bruchstück übrig blieb, das mit den
Worten schließt: A wiecze nenie kraluow krze=
stianskych nynie nez toliko dwamezbczietma.

20. Die böhmische Uiberseßung der historia
scholastica des Peter Commestor oder Mandu=
cator, in einer Handschrift auf Papier in Fol. vom
J. 1404, die Hr. Gubernialsekretär Cerroni zu
Brünn besißt. Siehe Lit. Mag. St. 2. S. 31.
Eine andere Handschrift ohne Jahrzahl aus der
clementinischen Bibliothek führt Balbin Boh. d.
III. 115 an, dessen Urtheil: digna lectione
atque etiam typo pro patriis hominibus,
man kaum unterschreiben wird. Zu Stockholm
fand ich noch eine Handschrift auf Papier in Fol.
vom J. 1481. S. Reise nach Schweden S. 61.

Lector iſt cztytel anſtatt čtenář, historia eccle-
siastica, koſtelny wydopis, elementum, ele-
ment, mit der beigefügten Erklärung: tocziſſ
ziwel, firmamentum, firmament, tocziſſ twr-
doſt oblohi nebeſke, und bei obloha, tocziſſ kolo-
ſwyet, diabolus, bias, traty für trwati, torrens,
byſtrzyna, nrawy für mrawy, aequinoctium
autumnale, zymnye rownonoczſtwy u. ſ. w.
21. Hobiny, d. i. horae, Tagzeiten, a) von
der h. Jungfrau Maria, b) vom h. Geiſte, c) vom
Leiden Chriſti (kurſs ot bozneho vmuczenye), auf
Pergamen in 4. in der öffentlichen Bibliothek.
Darauf folgen noch d) die Paſſion nach dem Jo-
hannes, eine durch Citationen aus Vätern erwei-
terte Erzählung. e) Stabat mater, Staſſe
matka bozne. f) Ein aſcetiſcher Tractat, wie
unſre Handlungen beſchaffen ſeyn ſollen (kterak
magy wſſyeczkerny ſkutky zpoſſobeny byty). Die
Predigt z. B. ſoll man mit geneigtem Haupte und·
zugemachten Augen anhören. (ſpoklonyenu hlawu
a zawrzyenyma oczyma). Da die Handſchrift
aus einem aufgehobenen Nonnenkloſter herrührt,
ſo mag dieß bloß die Nonnen angehen. g) Eine
Auslegung des Vater unſers (Wyklad paterze).
h) Der Streit der Seele mit dem Leibe in Ver=
ſen: Slyſs yakz bylo niekdy wzaczno, Nycz by

my nebylo praczno 2c. Das erste Stück, nebst
den sieben Freuden Mariä in Versen, fand ich
auch in einem alten Psalter der Prager Domkirche
auf Pergamen in 4.

22. Christlicher Unterricht, den der böhmische
Edelmann, Thomas von Sstitny (z Sstjtného)
sonst auch von Zasmuk und Chotiemicz, für seine
Kinder schrieb, auf Pergamen in Folio (155 Bl.)
in der öffentlichen Bibliothek, vom J. 1376. Ei-
ne jüngere Abschrift führt Balbin (Boh. Doct.
III. 115.) an, mit dem Beisatze: compositus
an. 1412 et descriptus an. 1492. Ich un-
tersuchte diese Handschrift, und fand, daß Balbin
das Jahr 1412 deßhalb unrecht angab, weil er
80 Jahre von 1492 abzog, die er von 1454, in
welchem Jahre schon Mathias Czapek eine Abschrift
machte, hätte abziehen sollen. Der letzte Ab-
schreiber Wawra Giwian, Bürger zu Neu-
haus, führt auch die Schlußformel der frühern
Abschrift an, worin es heißt, das Buch habe vor
80 Jahren, von nun an (von 1454) zu zählen,
der Edelmann (Panoš, eigentlich ein Edelmann
in Diensten eines Herrn) Thomas von Zasmuk
und Chotiemitz verfasset. Der Verfasser hatte Um-
gang mit Gelehrten, und übersetzte noch ein an-
deres Buch aus dem Latein. Dieses Werk aber

widmete er dem berühmten Magister Albrecht, dem ersten Doctor der heil. Schrift zu Paris unter den Böhmen, der als Prager Scholasticus unter dem Nahmen Albertus Ranconis de Ericino bekannter ist. Die Zueignung, und der böhmische Kalender (eine Art Cisio Janus) fehlen in der jüngern Abschrift. Dieß Buch schrieb er aus seinem Kopfe. (Tyto prwe. sam klada zsrwe hlawy nakz, my sey zdalo podobne czoz sem kde czetl neb slychal nakazany aneb od vczenych aneb se mohl sam domysslyty). Das ganze Werk besteht aus 6 Büchern: ale tyto prwe rozdyelyl sem wssestery knyzky. Prwe gsu. o wyerze. o nadyegy. a omylosty. Druhe o pannach. o wdowach. a omanzelech. Trzetye o hosodarzowy. o hospodyny. a oczeledy. (Dieses dritte Buch ließ Tomsa in seiner Chrestomathie S. 85 — 104 mit Beibehaltung der alten Orthographie und Sprache ganz abdrucken.) Eztrwte kak dewyet rzadow lydskych nesu podobenstrwe dewyety korow andyelskych. Pate kak nas czrt laka. Sseste czym se oczysslygem toho ze hrzessyme. A paklit przyczynym sedme neb osme taket tu budu. Nach dem vierten ist noch ein Buch, der Gewissensstachel (ostnecz) genannt, eingeschaltet. Sein Vortrag ist einfach, aber klar und sehr verständlich,

fließender als in bloßen Uiberſetzungen jener Zeit.
Auf deutſche Wörter ſtößt man ſchon hier und da:
Tanecz, frey, helmbrechtna, czyl, moſy, er
muß; auch almužna iſt unmittelbar aus dem Deut=
ſchen. Staroſty ſind bei ihm die Eltern; cžiſtecz
das Fegfeuer, jetzt očiſtec; hoſpoda, wie beim
Dalimil, der Herr; ſtuben (lies ſtubeň) die Kälte;
prazden (lies prazdeň) die Muße; neprazdn die Be=
ſchäftigung;, dyegy die Handlungen; matera die
Hausmutter; welym lepe viel beſſer. In Rück=
ſicht der Orthographie iſt das Anhängen des y an=
ſtatt ge (geſt) an den vorhergehenden Vocal zu
merken: ſey zdalo anſtatt ſe ge zdalo,, nelzey für
nelze ge, yakoy für yako ge, zey für že ge. Das
gedehnte tiefe o und uo wechſeln ab: buoh und
boh, ſkuoro und ſkoro, kuor und kor, ſonſt auch
duom, dagegen aber moz für může. Gar ſehr
ſelten werden gedehnte Vocale mit einem langen
Striche bezeichnet, oder verdoppelt: plál, tráty,
paad, buuſſ und búſſ im Genitiv des Plurals,
bubú die 3te Perſon im Plural, chwalú der In=
ſtrumental, rzeczý, lydý Genitive im Plural.
Die Wiederhohlung der Präpoſition in wnywczemz
für wničemz, war auch im Altſlawiſchen ublich.

Noch ein Jaar Worte über den böhmiſchen
Kalender. Man ahmte den lateiniſchen Cisio

Janus nach, und verband einige Worte zu zwey
Hexametern, doch ohne Verkürzung, so zusam=
men, daß jede Sylbe einen Tag bezeichnete. Die
Verse für den März lauten: do prahy Wanka ne=
su wolagycze Rzehorze z lesu Kebrutye ssel Beno=
rat a Marzy ssel daru dawat. Bei der Sylbe
Wan, die deßhalb ausgezeichnet wird, weil sie
einen Festtag andeutet, steht nun: Swateho Wa=
czlawa przenesenye. Do= pra= hy sind von oben
herab so getheilt, daß do den 1ten, pra den 2ten,
hy den 3ten Tag, Wan endlich den 4ten, so wie
im Lateinischen Martius Translatio die Sylbe
Trans dasselbe Fest, die Uibertragung des heil.
Wenzeslaus, anzeigt. Die Feste des Aprils und
die ubrigen Tage des Aprils werden so bezeich=
net: praw= dye nas Am = broz v = czy to nam
swye= dczy swa= ty Ty = bur = czy wssy = chny ly=
de chwa = le Gy = rzye Mar= ka y Wy=ta= le.
Dreyßig Sylben (30 Tage), von welchen die aus=
gezeichnete Am auf den 4ten, Ty auf den 14ten,
Gy auf den 23ten, Mar auf den 25ten, Wy
auf den 28ten fällt. Diese entsprechen wie im
Lat. Am, Ti, Ge, Mar, Vi, den Festtagen
Ambrosius, Tiburtius, Georgius, Markus, Vitalis.

23. Ein ascetischer Tractat von verschiedenen
Tugenden, Andachtsübungen, Gesinnungen, in

einer Handschrift auf Papier in 4. vom J. 1383. Das ganze Werk besteht aus 62 Kapiteln. Das fünfte z. B. handelt von der Geduld: o tyr= pedlenſtwy, jetzt trpěliwoſti. Das 14te von der Mäßigkeit: o ſmyerzye, wofür jetzt mjrnoſt ge= braucht wird. Das 18te von der Beſtändigkeit: o vſtawiczenſtwy, jetzt ſtáloſti, wenn gleich vſta= wičný noch üblich iſt. Das 49te von der Klug= heit: o wyeḫlaſenſtwy, nach dem heutigen Sprach= gebrauch rozſſaffnoſti. Welym wyecze multo ma- gis. Die Sylben ohne Vocal nehmen vor dem r noch haufig ein y an, doch nicht immer: nay= pyrwe, potwyrzen, tyrpyety. Solche Unarten kommen in der ältern Handſchrift Nr. 22 nicht mehr vor, ſondern hrd, ſkrze, czrt werden in ihr nach richtiger Ausſprache ohne Vocal geſchrieben.

24. Des h. Auguſtins Spiegel (zrcadlo) von 100 Kapiteln auf Papier in 4. im J. 1398 ab= geſchrieben. Deſſelben Soliloquia bis zum 33. Kapitel, von derſelben Hand. Oeffentl. Bibl.

25. Ein Gebethbuch, auf Pergamen ſehr ſchön geſchrieben, zum Gebrauche einer Matrone von Roſenberg, wie Balbin vermuthet. Boh. d. III. 172. Er legt ihm ein Alter von 300 Jahren bei. Jüngere Bethbücher ſind in Menge vorhanden.

26. Das Leben Christi, auf Pergamen in 4. in der öffentl. Bibl. Voran steht das Leben des h. Joachim, der h. Anna und Maria.

27. Des jüdischen Meisters Samuel Buch von der Ankunft des Messias, aus dem Lateinischen des Bruders Alfons aus Spanien ins Böhmische übersetzt, in einer Handschrift auf Papier in 8., die Herr Appellationsrath Br. von Pr. besitzt. Bemerkungswerth sind die Ordnungszahlen druhanasta, trzetienabsta, cztwrtanabsta, dewatanabczta, desatanabsta, prwam:czietma, druhamezczietma, cztwrtamezczietma, patamezczietma. Doch kommt auch patnabczta, sfestnabczta schon verkürzt vor. P. Candid erwähnt in einer Note zur Boh. doct. II. 238 einer neuern Uibersetzung dieses Tractats, die Andreas Stroget aus dem Deutschen des Wenzel Link gemacht hat, und setzt die gedruckte Ausgabe, die Kuthens böhmischer Chronik beigebunden war, ins 15te Jahrhundert. Sie ist aber im J. 1528 zu Pilsen in 4. erschienen.

28. Das Testament der 12 Patriarchen (Poruczenstwie dwanaczti Patryarch) in einer Handschrift zu Leipnik in Mähren bei den P.P. Piaristen. Der Ritter Thomas Sstjtný beruft sich auf dieses Buch: yakoz prawye gednmy knyzky gesto gsu

owſſech ſynech Yakubowych. Es iſt alſo zu ver=
muthen, daß es ſchon in einer böhmiſchen Uiber=
ſetzung damals (um das J. 1376) vorhanden
war. Das Buch Joſeph, wovon ich in der Reiſe
nach Schweden S. 5 eine alte Abſchrift angezeigt
habe, geht gwöhnlich voran, wie in der Bres=
lauer Handſchrift vom J. 1491 bei den Domini=
canern zu St. Abalbert. In der Handſchrift der
öffentl. Bibl. zu Prag vom J. 1465 ſteht noch
das Buch von Adam und Eva in XI. Kapiteln
an der Spitze. Im Buche Joſeph wird noch ei=
nes zweyten von Joſephs Heirath gedacht. Auch
dieſes fand ich in einer alten Handſchrift bei den
P.P. Franziſkanern unter dem Titel: Jozeff a
Aſenech, worauf das Leben Joſephs folgt. Auf
Koſten des Matthias Prazák druckte Joh. Gün=
ther das Teſtament der Patriarchen zu Proßnitz
1545. 8. Im Inder ſteht eine Ausgabe vom
J. 1570. 12. unter Kſſafftowé.

29. Des Predigers Johann Milič, der
im J. 1374 ſtarb, Tractat von den großen Trüb=
ſalen der Kirche befindet ſich in einer Handſchrift
vom J. 1453 in 4. in der fürſtl. Bibliothek zu
Nikolsburg. Paul Bydzowſky, Pfarrer bei St.
Galli und Brykcy von Liczko haben ihn unter dem
Titel o zarmaucenjch welikých Cyŕkwe ſwaté zu Prag
M

1542 4. auflegen laſſen. Balbins Urtheil: librum Militii de cruce et tribulationibus ecclesiae Dei aeque haeretici atque catholici commendant, konnte ſeine Geſellen nicht abhalten, dieſe Schrift in den Inder verbothener Bücher zu ſetzen.

30. Die Philoſophen (Mudrczy) aus dem Lateiniſchen de vita et moribus Philosophorum. In der Pelzeliſchen Handſchrift ſteht dieſe alte Uiberſetzung vor Dalemils Chronik, in der Fürſtenbergiſchen hinter derſelben. In der erſten lautet die Uiberſchrift: o ziwotiech a mrawiech mudrczow ſtarych ſepſanie, in einer jüngern Handſchrift der öffentlichen Bibliothek, worin die böhmiſche Uiberſetzung ganz überarbeitet und verjüngt worden iſt: ſkutky a mrawy dawnich Mudrcow. Sie erſchien auch im Drucke zu Prag 1514 in 8. bei Nicolaus in lacu, wo ſonſt Matka Boži ſtand.

31. Von den vier Haupttugenden. In der Pelzeliſchen Handſchrift ſteht dieſer Tractat hinter den Philoſophen. Er iſt überſchrieben: knyhy o cztyrzech cztnoſtech zakladnich tocziz, o Opatrnoſti, o Skrownoſti, o Syle a o Sprawedlnoſti. Davon ſind mir zwey Pilſner Ausgaben bekannt. Die erſte vom J. 1505 (o cztyrech ſtezeynych cztnoſtech) bei Nikolaus Bakalář;

die zweyte 1529 bei Johann Pek unter dem Ti=
tel: Wyborná a vžitečná kniha o čtyřech weřeg=
ných neb stežených ctnostech. Steženych ist wohl
ein Druckfehler für stežegných, von stežege, Thür=
angel, cardo. Hier hat man also drey Versu=
che im Uiberſetzen des lateiniſchen Wortes cardi-
nalis: záklabnj, weřegný, stežegný.

32. Elucidarius (Luczibarz o wſſech wieczech)
in der Fürſtenbergiſchen Handſchrift der Chronik
von Dalemil. Es ward als ein beliebtes Volks=
buch häufig gedruckt, und ſelbſt noch in den neue=
ſten Zeiten 1783. Der Titel einer deutſchen
Augsburger Ausgabe 1544. 4. M. Elucidarir J,
von allerhand Geſchöpfen Gottes, den Engeln,
den Himmeln, Geſtirns, Planeten und wie alle
Creaturen geſchaffen ſeind auf Erden u. ſ. w.,
gibt den Inhalt hinlänglich an. Zur Probe eini=
ge Zeilen aus der böhmiſchen Handſchrift: kazba
zena ma gednu komoru, ſo antwortet der alte
Meiſter auf die Frage, wie das Kind im Mutter=
leibe gebildet werde, ta ſlowe matrix, ta geſt
wnytrz koſmata, to geſt proto, abi mohla lepe
plob drziety a ta komora ma wſobie ſedm peczeti,
ob nychž przigimagi twarzi biety.

33. Sequentionarius seu Prosarum ex-
positio Mag. Conradi licentiati in sep-

M 2

180

tem artibus, auf Papier in 4. in der Bibliothek
der Prager Domkirche. Die sogenannten Prosae
werden hier von Wort zu Wort erkläret, z. B.
Reddamus w z b a w a y m y, grates b y e k y,
semper ve z b y, corpus c z e l o (anstatt t ie=
l o', diecula b n e k, gemitus stonanye, unice
gedynaczku, mater mac z y (anstatt m a t i , ens
b y t, litera c z stena, jubilatio yassowanie,
o pastor pastir z u ,anstatt pastyři), ad papillas
ob sesskow toti z brabawiczka, unctio oleiowanye,
filia d c z y, puerperium omlabky, naturae
prz y robye, veni z awitay toti z przib, sodales
dru z by, psalle pyey, ecce e z, z r z y, hlebany,
amen tako buoh day. Dergleichen Handschriften
mit erklärenden böhmischen Glossen zeigte Balbin
Boh. Doct. III. 98, 158 und auch schon in
Arnesti vita an. Eine ähnliche Erklärung der
Hymnen ist auch in der Hofbibliothek zu Wien in
dem Cod. N. 3130 zu finden.

34. Ein lateinisch = böhmisches Vocabularium,
auf Papier in 4. Es ist nicht so vollständig als
der Bohemarius vom J. 1309, und scheint
nur ein Auszug daraus zu seyn. Oeff. Bibl.

35. Ein lateinisch = böhmisches Vocabularium,
auf Papier in Fol. in dem Benedictinerkloster zu
Reygern in Mähren. Es enthält 3485 Worter,

woran der Verfasser Clenius Rozkochany,
Slavus Slowyenin, vier Jahre lang gesam=
melt hat. Es werden zu Anfange und am Ende
der Rubriken nicht nur die in Schulen bekannten
Autoren, sondern viele gelehrte Böhmen angeführt,
als: Mauritius doctor meus, Gallus Bo-
leslaviensis, Juvenalis Bydzoviensis, Her-
mannus Pragae, Albertus Pragae, Sul-
co Wyssegradensis, Wilhelmus in Stra-
konicz. Haec Olomucensis data prae-
sulis aucta Johannis. Firmet hoc Ar-
nestus archipraesul auctor honestus.
Rozkochany hatte aber seine Noth damit, für die
gesammelten lateinischen-Wörter entsprechende böh=
mische zu finden oder erst zu schmieden. Lächer=
lich war der Versuch, auch allen Edelsteinen böh=
mische Nahmen geben zu wollen. Metallum
ist bei ihm lesken, kow muß also noch nicht
üblich gewesen seyn; Modius strych, corus ko=
rzecz; annularis (digitus) heißt prstenecz, au-
ricularis ossynecz, medius mezyenecz (von me=
zy), bei den Russen ist mizinec, der kleine
Finger, von einer andern Wurzel abgeleitet. Von
manchen Benennungen kann man den Grund kaum
angeben. Warum soll.Samaritanus prapo=
han, Pharisaeus chlomyenyn, Saducae-

us v ſk r heißen? Von den Benennungen der
Planeten haben sich doch wenigstens in unsern Ka-
lendern Kralemocz (jetzt Kralomoc) Jupiter, ſmr-
tonoſſ Mars, dobropan Mercurius, hladolet
Saturnus erhalten. Aber cztytel Venus (von
ctjti, venerari) fand keinen Beifall, weil man
sie lieber kráſopanj nannte. Der erste Uiberſetzer
Mandevill's gab ihr den Nahmen mylowecz, wel-
che Benennung als männlichen Geschlechts wohl nur
auf den Planeten passen kann. Den Julius nennt
Rozkochany wrzyeſen, welches die ältere Be-
nennung für čerwenec seyn mag. In einem Bre-
vier vom J. 1342 zu Raygern heißt der Julius
weliki czirwen, der August aber wrzieſſen
(wrſeſen), bei den Polen ist Wrzesień der Sep-
tember, ohne Zweifel von wřeś die Heide, erica.
Unter der Rubrik artifices, welche das Werk be-
schließt, sind die letzten Wörter Carnifex ma-
ſarz, Lanista rzyeznyk, Salista ſlanarz
Pupparius lutecznyk, Pannicida krayacz.

36. Ein lateinisch-deutsch böhmisches Voca-
bularium, in der städtischen Registratur zu Brün,
am Ende des Catholici magni. Die Abstracta
und Kunstwörter sind meistens buchstäblich, oft
auch unverständlich übersetzt, oder durch Umschrei-
bungen erklärt, z. B. Apprehensio prwny

pochop, Superstitio na ſt o r n a, Theologus ſwatopyſak. Mit dem Worte Zonularius, Gurtilmacher, p a ſ y e r z, ſchließt das Werk.

37. Der Bohemarius minor in der öffentl. Bibl. in 4. enthält über 500 Worter, fängt mit Deus B o h an, und endigt mit Digitagus n a p r ſt e k. Zu bemerken ſind nebula m h l a, corvus w r a n, paſser w r a b l e c z, filomela ſ l a u u i c z, carduelis ſt e h l e c z, gallus k o= k o t, simeus o p e c z, simea h o p y c z e, ursus m e d w i e d, terebintus d e h e t, funis p o w r a z. Ein anderes lateiniſch = böhmiſches Vocabularium daſelbſt enthält mehr als 1100 Wörter nach gewiſſen Rubriken, deren erſte von Gott, Himmel, den Jahrzeiten handelt, dann folgen die Uiberſchriften de aqua, de piscibus, de avilus, Supellectilia domus, de arbori-bus, de herbis, de speciebus radicum, de congerie seminum, de boletis u. ſ. w. Die letzten zwei ſind de reptilibus, de colore ves-tium. Unter den Dämonen heißt cacademon d e h n a, belial z m e k, sathan n e k o ſ ſ n y k, Leuiathan b y e ſ ſ. Paſser iſt v r a b e c z, phi-lomela ſ l a w y k, Agochillus ſt e h l y k, cor-vus h a w r a n, aber nebula auch noch m h l a. Allein m l h a hat ein drittes Vocabularium in

der Bibl. der Domkirche (D. 84.) auf Papier
in 4. von 700 und einigen Wörtern. Das erste
ist Deus buoh, das letzte astous vklegyc.
Nach digitus prst folgt auricularis malyk,
annularis myczeny; bei brachium steht
myfska, womit das altflawifche myšca zu ver=
gleichen ist. Im zweiten steht paze neben bra-
chium, im dritten pazye neben azella, und
rame neben humerus.

Biblifche Bücher.

Von den Handfchriften, welche die böhmi=
fche Uiberfetzung biblifcher Bücher enthalten, ge=
hören unftreitig einige noch ins vierzehnte Jahr=
hundert, wenn fich gleich das Alter von allen
nicht ganz ficher beftimmen läßt. Dergleichen find:
a) Der Pfalter auf Pergament in 4. in der Bi=
    bliothek der Domkirche. S. Lit. Mag. von
    Böhmen St. 3. S. 72.
b) Ein Pfalter auf Pergament in Fol. vom J.
    1396 in der herzogl. Bibliothek zu Oels in
    Schlefien, der wahrfcheinlich ehedem dem Po=
    biebrabifchen Gefchlechte in Böhmen angehörte,
    eine' prächtige fehr fhätzbare Handfchrift.
    Hinter den Pfalmen folgen noch andere Stücke
    als letanya na febm zalmow, pre=

ees wyetffye (die größern Gebethe), Sep=
teny und endlich hobiny za wffe buffe
wierne (das Officium für die Verstorbenen.)
Blatt 165 — 167 von der Kraft der Psalmen
nach des h. Augustins Meinung; Bestimmung
der Zeit, zu welcher man die Psalmen bethen
soll. Die Formel gloria patri et filio ꝛc.
lautet hier: chwala oczy y synu ꝛc.
Aus Briefen des Hrn. Bibliothekars B. zu
Krakau.

c) Die Propheten Isaias, Jeremias und Daniel,
auf Papier in Fol. in der öffentl. Bibl. S. Lit.
Mag. St. 3. S. 73. Die zusammengesetzten
Ordnungszahlen weichen von den jetzigen ab
patanaſtaa, ſſeſtanaſtaa, oſmana=
ſtaa, bewatanaſtaa kapytola. Häu=
fig ist auch die Wiederholung der Vorwörter:
ot lyba ot sweho, przeb twarzi
przeb mu u. s. w.

d) Die Prologen des Hieronymus nebst den Er=
klärungen der hebräischen Wörter von Aer bis
Zuzim, in Fol. Bibl. der Domkirche A. 127.

e) Die Evangelien, wie sie an Sonn= und Fest
tagen gelesen werden, in der k. Hofbibl. zu
Wien in 4. Nro. 3130. Durich führte dar=
aus in seiⁱr Bibl. Slavica mehrere Stellen

an. Siehe S. 73, .142, 208. Den letzten
Vers aus dem Markus habe ich in meiner Ab=
handlung über den ältesten Text der böhmischen
Bibelüberfetzung S. 14 zur Vergleichung vor=
gelegt. In Rückficht der Sprache verdient be=
merkt zu werden n a m z e quo, als Relativum
für k a m ž, m y e z e n y p r ž t, extremum
digiti, Luk. 16, 24, z w o n r y b y partem
piscis, womit das polnische dzwono ryby
zu vergleichen ift, m y t o merces, wie noch
bei den Polen und Laufitzern, n e n y e p o n a=
c z y n, non est opus, wie bei den Slowaken
n e n j n a č i n; n a p a ft terror, n a ff e n=
m y e ch in conciliis, wovon der Nominativ
feňm und fněm feyn kann. Die Erklärung der
Hymnen in derfelben Handfchrift ift von jün=
gerer Hand: illustrat o f w y e c z y g e. Eben fo
in den Evangelien k r a l y g e, p r o r o z y g e,
p o w y ff y g e, p o k u ff y g e, p o n i z y g e,
für kraluge, prorozuge u. f. w.

f) Die Evangelien aus dem Matthäus, mit bei=
gefügten Homilien der Väter, in einem perga=
menenen Codex in Fol. der öffentl. Bibl. S.
227 kommt die Homilie vor, welche K. Karl
IV. im J. 1338 lateinifch verfaßt hatte. Der
Codex ift wohl etwas fpäter, aber doch noch

bei Lebszeiten Karls geschrieben worden. Das u wird oft verdoppelt, auch wo es nicht ge‍dehnt wird: buube, strachuu, puustyty. Auch mit w wird es ganz überflüßig verbunden: swuaty, zydowue, wuoda lies woba. Die Formel w onom czaffu, wuonom czaffie, auch w onyech czaffiech wird den Evangelien vorgesetzt. Der gewöhnliche Schluß der Homilien, wovon die Prediger gu‍ten Gebrauch machen konnten, ist: gehozto mnye y wam bopamahay ottecz syn sswaty buch Amen, oder: genz gest zyw a kralugie sswim otczem a s buchem swatym wieki wiekoma amen, oder aber: giehozto nam bopa‍mahay buoh y sswata Marzy Amen, oder auch: gehozto nrne y was racz ostrziecy syn buozi Amen. Dem g wird ein i oder y angehängt, wenn es wie g oder j ausgesprochen wird: ziegy ist wie zeg zu lesen, und dies für ze ge, myegy po‍slat ist meg poslal, d. i. me ge poslal; so steht auch swuogy für swog, swüg, gyho für gho, Joch; a gyste, a gyssu für agste, agsu, uzbrawugite für vzbrawugte. Sonst sind radii poprsslki, calceamenta tzrie‍

wi, quo modo **ťterym czinem**, disci-
pulus **mlazſſy**, doctor **vcziennyt**,
scriba **vczenyť**, wo es doch včitel heißen
follte, pluit beſſczy und Kap. 7, 27 gibe
beſſczt.

§. 13.

Vierte Periode, die man die herr-
ſchende nennen kann (1410 — 1526.)

Wiklefs Schriften, die schon vor dem Flücht-
linge Peter Payne nach Prag gekommen waren,
wurden immer mehr verbreitet und geleſen. Sei-
ne kühnen Säße gaben Anlaß zu freyern Unterſu-
chungen. Sie wurden zwar verdammt, und der
Erzbiſchof Zbyniek ließ Wiklefs Bücher ſam-
meln und verbrennen. Johann Huß aber miß-
billigte in ſeinen Predigten die Verbrennung der-
ſelben. Er fand bei einigen Beifall. Auch die
Layen nahmen Partei. Man verfaßte und ſang
anzügliche Lieder. Der König wollte Ruhe ſchaf-
fen, und verboth ſie bei Lebensſtrafe. Des be-
kannteſten Liedes Anfang führt der Prager De-
chant Hilarius in ſeiner Diſputation mit dem
Rokyzana ſo an: Arcybiſkup Abeceda,
ſpálil knihy nic newěda. Bei Zalan-

ffy aber lautet es: Zbynĕk zagic Abece-
ba, spálil knihy a newĕba, co ge wnich
napsáno.

Wiklefs Buch, Triologus betitelt, über-
setzte Huß ins Böhmische, und schickte es den
Laien und Frauen als ein wichtiges Geschenk zu.
Dem Markgrafen von Mähren Jobok und andern
angesehenen Herren ließ er lateinische Abschriften
davon zukommen, wie es Abt Stephan bezeuget.
Daß Huß der erste Urheber der böhmischen Bibel=
übersetzung gewesen, wie es Einige behaupten,
kann zwar nicht erwiesen werden, allein für ihre
Verbreitung hat er gewiß gesorgt. Von nun an
werden auch bohmische Bibeln häufig abgeschrie-
ben, wovon sich mehrere bis auf unsere Zeiten
erhalten haben. Einige seiner Werke schrieb Huß
in böhmischer Sprache, als die Postille, die
Auslegung der zehn Gebothe, und andere, die zum
Unterrichte des Volkes bestimmt waren. Den
Tractat von den sechs Irrthümern ließ er in der
Kapelle Betkehem, bei welcher er als Prediger
angestellt war, in der Volkssprache an die Wände
schreiben. Manche Lieder in ältern Gesangbü-
chern sind unstreitig von ihm und von M. Jaco-
bellus, dem Beförderer des Kelchs, dem einer
seiner Gegner Schuld gab, daß er eine neue Art

zu singen in den Kirchen eingeführt habe. Auch dem Magister Hieronymus von Prag legte man auf dem Kostnitzer Kirchenrathe zur Last, daß er aus den Worten der Bibel verschiedene Lieder in böhmischer Sprache verfaßt habe, wodurch denn seine Anhänger unter den Laien zu dem Wahne verleitet worden wären, daß sie die h. Schrift besser verstünden als andere Christen. Beim Cochläus Artic. XII. S. 124.

Huß richtete sein böhmisches (katechetisches) Alphabeth so ein, daß es alle Laute der böhmischen Sprache bezeichnete. Da die gewählten Benennungen der Buchstaben durch ihren Zusammenhang einen Sinn gaben, so war es nicht nur für die Jugend unterrichtend, sondern zugleich hinreichend, die Orthographie fester zu bestimmen. Fortunat Durich fand es in zwei alten Handschriften der k. Hofbibliothek zu Wien, und selbst noch in einem zu Proßnitz im J. 1547 in 8. gedruckten A B C=buche (Slabikář) erscheint es unter der Benennung seines Verfassers. Es lautet: A bude cele čeledi dano dedictwj ey farař genž hospodin ili y král libj lákán mnoho miel nás niekby on pokog ráb rádem slúžil slechetný tak tielesný vkazal velikost wsobie

wie č n ů ř i l ž a n y ž i w o t e m ch t ě gen ž
gest k o n e c n e k o n e č n ý a počáte k nepo=
čat ý ráčil požehnati na wěky wěkuow.
In einigen Stücken weichen die Handschriften
davon ab. So hat der Cod. theolog. N. 480
nur ein m, nämilich mnoho, und läßt das zweite
(flüssige) m, das durch miel bezeichnet wird, aus.
Desgleichen fehlt wiečnu, und für vkazal steht
vkazaw. Das grobe l (sonst auch das geschlos=
sene l) wird oben über lákán mit einem Punkt
bezeichnet, wie es der Schreiber der zweiten Ol=
müßer Bibel durchgängig so beobachtet hat. Für
ſſ steht ſ mit einem Punkte. Der Schluß ist in
der Handschrift kürzer: gen ž gest k o n e c y
počate k požehnany na wieky. Uibri=
gens stehen vor den Benennungen A bube celé
2c. die Figuren der Buchstaben a b c č b ď e f
g h i y und so weiter, und einige Namen der=
selben werden noch durch Glossen erklärt, z. B.
über faráč steht krystus kniez., über řil
(lies kſſil) steht kbyž gest v mr z e l. Für das
i konnte Huß im Böhmischen kein Wort finden,
weil der Böhme es immer mit dem Vorschlag
g (j) ausspricht; er mußte also das Wort ili aus
dem Slawonischen wählen. Dieses konnte ihm
auch nicht ganz unbekannt seyn, da die Mön=

che im Kloster Emaus damals ihre Messe noch
slawonisch lasen. Ob der in der genannten
Handschrift folgende katechetische kurze Unter-
richt von Gott, Christus, der Kirche, von
den Sünden, Sakramenten auch 'Hussen zum
Verfasser habe, kann ich nicht entscheiden. Am
Ende kommen die ersten böhmischen Hexameter
vor, als:

> Chcesli sie vystrzieci smilstva,
>   miesta y času sie varug
> Nebt čas a miesto vede lidi v sf'elike
>   smilstvo.

Hussens und seines Gefährten Hieronymus
schimpfliche und grausame Hinrichtung zu Kost-
nitz sah der größte Theil der Böhmen für eine
Beschimpfung der ganzen Nation an, worüber
sie auch bittere Klagen führten. Sie ließen es
an Spottgedichten nicht fehlen. Vergeblich un-
tersagte sie der Kostnitzer Kirchenrath unter der
schwersten Strafe. Beim Cochläus Art. XVII.
S. 167. Absichtlich ließ man das gemeine
Volk an theologischen Streitigkeiten Theil nehmen.
Johann Cardinals Gutachten, das man von
ihm als Rector und den übrigen Magistern for-
derte, über den Gebrauch des Kelchs, suchte man
auch durch eine böhmische Uibersetzung den Unge-

lehrten verständlich zu machen. Unter den Schutzschriften, die für Huffens Lehre in böhmischer Sprache erschienen, war die von einem Frauenzimmer verfaßte die merkwürdigste.

Der Abt Stephan von Dolan in Mähren macht an mehrern Stellen seiner Briefe Erwähnung davon, und nimmt es sehr übel, daß sich nun auch Weiber mit theologischen Gegenständen abgeben.

Nach dem Tode K. Wenzels (1419) treten nun auch die Taboriten auf, deren Bischof Nikolaus von Pilgram (Pelhřimow) einen theologischen Traktat in lateinischer und böhmischer Sprache schrieb, welchen die Prager Magistri auf einer Synode im J. 1420 als ketzerisch verdammten. Ihren Gottesdienst hatten die Taboriten in böhmischer Sprache schon vor dem J. 1423 zu verrichten angefangen, und sie machten auf der Synode zu Konopisst den Prager Magistern öffentlich den Vorwurf, daß sie ihre Messe in einer dem Volke unverständlichen Sprache lesen. Von ihres Anführers Zizka Hand haben wir noch einige Briefe. Seine Kriegsordnung, oder vielmehr sein und seiner Anhänger Aufruf zum heiligen Kriege für das Gesetz Gottes, hat K. Ungar im 1sten B. der neuern Abhandl.

N

194

der böhm. Gesell. der Wissenschaften mit einer
deutschen Uibersetzung abdrucken lassen. Das
taboritische Kriegslied: Kdož gste bozj bogownjcy
a Zákona geho u. s. w. haben die böhmischen
Brüder, die es zu Ende eines ihrer Gesangbücher
abdrucken ließen, der Vergessenheit entrissen.
Den Schluß des Liedes: bjte, zabjte, zá=
dného neziwte, legt Hagek schon beim J.
735 der Heldin Wlasta in den Mund. Ein Be=
weis, daß ihm das ganze Lied noch wohl bekannt
war, dessen Anfang er beim J. 1420 zweymal
angeführt. Nebst diesem liest man bei ihm Bl.
385 noch den Anfang von einem andern taboriti=
schen Liede: Nuž mniffkowé poskakugte,
und von einigen Prager Liedern, als: Wiernj
ksestiané ꝛc. Ditky mladé y staré.
Blatt 282: Pozadegme wssickni toho,
und Weselyk'nam den nastal.

Philipp von Paderow, Hauptmann
des taboritischen festen Schlosses Ostromeč
seit 1430, ließ sich eine böhmische Bibel, die
schon mit verschiedenen kritischen Randanmerkun=
gen versehen ist, in den Jahren 1433 — 1435
auf Pergament prächtig schreiben. S. Lit. Mag.
von Böhmen, III. 52. Die kleinere Bibel,
die Balbin in der Krumauer Bibliothek der Je=

suiten fand, und worin er noch die Zeugniſſe
der Roſenberge las, ſoll eine Müllerin, ver=
muthlich eine Taboritin, geſchrieben haben. Ae=
neas Sylvius rühmt der taboritiſchen Weiber
Bibelgelehrſamkeit. Man findet bei den Tabori=
ten, ſagt er, kaum ein Weib, die nicht aus dem
alten und neuen Teſtamente zu antworten wüßte.
(Pudeat Italiae sacerdotes, quos ne semel
quidem novam legem constat legiſse; apud
Taboritas vix mulierculam invenias, quao
de novo testamento et veteri respondere nes-
ciat. Comment. in Dicta Alph. R. L. II, 17.)
Nikolaus Biſſupec klagt auch in einem Briefe
vom J. 1444 bitter darüber, daß in der römi=
ſchen Kirche die Leſung der Bibel in der Volks=
ſprache noch immer nicht erlaubt werde.

Der Prieſter und Magiſter Martin Lu=
pač (geſt. 1468), der dem neugewählten Erz=
biſchofe Rokytzana als Suffragan 1435 beigege=
ben ward, und ſeiner Frömmigkeit wegen bei den
Utraquiſten in großem Anſehen ſtand unterzog
ſich mit einigen gelehrten Gehülfen der beſchwerli=
chen Arbeit, das ganze neue Teſtament von neuem
zu überſehen, und an vielen Stellen richtiger und
deutlicher zu überſetzen. Siehe die Schlußformel
in der alten Abſchrift von ſeiner Recenſion, die

ſich in der Hofbibliothek zu Wien befindet. Von
dieſer Recenſion mag das ſchön geſchriebene
Exemplar des neuen Teſtaments geweſen ſeyn,
welches die Präger Magiſter dem König Wladi=
ſlaw, als ſie ihn 1471 im Königshofe bewill=
kommten, verehrt haben. Vom J. 1410 bis
zur erſten Ausgabe im J. 1488 laſſen ſich we=
nigſtens vier verſchiedene Recenſionen der ganzen
Bibel, und noch mehrere des neuen Teſtaments
unterſcheiden.

Auch bei der Meſſe wollten die Utraquiſten
den Gebrauch ihrer Mutterſprache einführen,
weßhalb ſie ſich an den Kirchenrath zu Baſel ge=
wendet haben. Der Biſchof Philibert hatte
zwar, da er als Legat des Baſler Kirchenraths
die Kirchenceremonien im J. 1436 wiederum ein=
zuführen befliſſen war, die böhmiſche Sprache
und die böhmiſchen Geſänge bei der Meſſe nicht
dulden wollen, wie es Aeneas Sylvius bezeugt,
doch ließen ſich Johann von Rokyczan und ſeine
Anhänger hierin nicht irre machen.

Der Domdechant Hilarius machte ihnen
daher in der öffentlichen, vor dem König gehalte=
nen Diſputation den Vorwurf, daß ſie böhmiſch
(in vulgari Bohemico) tauften, daß Rokyczana
täglich das ketzeriſche Lied: wiernj kreſtiané, ſingen

laſſe, daß ſie die Meſſe (wohl nur einige Theile
derſelben, als die Epiſtel, das Evangelium, das
Symbolum) in der Volksſprache leſen. Merk=
würdig iſt die Stelle in einer der Predigten des
Rokytzana, worin er bedauert, daß das Volk
die erbaulichen Kirchengebethe in der Faſtenzeit
nicht verſtehe. Ale, ſpricht er, kdyby to libem
čteno bylo čeſky, aby rozuměli, vz̈elby, kterak=
by ſe proto diabel bauřil. Aniž křič̈j, au kněžj
nechte toho, nepočjneyte nic nowého, nebudemť
wám toho trpěti.

Wenn M. Židek, der auf Georgs Verlangen
ſeine Zprawowna ſchrieb, dem Könige darüber
Vorwürfe macht, daß er noch immer (1470)
geſtatte Biſkupůw, Kardynalůw, tiech faleſſnych
Prorokůw zu ſingen, ſo meinte er wohl kein
anderes, als das oben erwähnte Lied wiernj
Křeſtiané. Er macht ihm daher unter andern
auch den Vorſchlag, daß er keine Lieder wider den
Pabſt, die Biſchöfe und Herren dulde, daß die
Prieſter bei der Meſſe nicht böhmiſch ſingen, die
Schulknaben die Geſänge von Johann Huß un=
terlaſſen ſollen. Neyprwé, ſagt er, ať chodci,
ani žádnj neſpjwagj pjſnj ruhawých o Papežich
a Biſkupjch a pánjch, neb to gedowaté ponuká
k nepokogi, opiet ať kniežj nezpjwagj čeſky w to=

ſteljch na mſſi, neb to nenj žádný proſpiech, než
roztrženj, a křtj latinie, a žáci ať nechagj zpjwánj
o Janowi Huſowi, neb to nenj k láſce rozmnoge=
nj než k rozličným ſwárům. Doch will er die
geiſtlichen Lieder vor der Predigt noch dulden bis
zur Einſetzung eines Erzbiſchofs. Dieſer möge
hernach beſtimmen, was zu thun ſeyn wird.
Obec w koſtele pjſnie ſwaté před kázanjm mohau
pro nábozenſtwj dopuſſtieny býti až do Arcibi=
ſkupa. Potom co včinj Arcibiſkup, to bud.

Befremden müßte uns die Behauptung des
Aeneas Sylvius in ſeiner Germ. Cap. 47,
worin es heißt: illud quoque germanicam
esse Bohemiam palam ostendit, quod
intra ecclesias teutonico tantum sermone
instruere populum sacerdotibus permis-
sum est, in coemeterio autem slavonico,
wenn er ſich nicht ſelbſt in der böhmiſchen Ge=
ſchichte darüber deutlicher erklärt hätte. Mos
vetus, ſagt er Kap. 1. in hunc usque diem
servatur; in templis sermone teutonico
plebes docent, in coemeteriis bohemico,
ubi secularium presbyterorum collegia
sunt aut monachorum praedia possiden-
tium. Solis mendicantibus potestas fuit,
qua vellent lingua populum instruere.

Der Gebrauch an der Prager Domkirche, deutſche Predigten innerhalb, und böhmiſche außerhalb der Kirche zu halten, rührte aus frühern Zeiten her, in welchen man auf den Hof Rückſicht neh= nem mußte. Dieß hätte Sylvius nicht auf alle Collegiatkirchen und begüterte Ordensgeiſtliche ausdehnen ſollen. Er will uns auch überreden, daß es nur wenige von Adel gab, die nicht beide Sprachen (die deutſche und böhmiſche) ver= ſtanden hätten. (Pauci sunt inter Bohemos, saltem nobiles, qui non utramque no-verint linguam). Dem ſey, wie ihm wolle, ſo iſt doch bei öffentlichen Verhandlungen, beſon= ders unter K. Georg und Wladiſlaw, die böhmi= ſche Sprache immer häufiger, bei Landtagen und dem Landrechte faſt ausſchließend gebraucht worden.

Auf dem Landtage zu Beneſchau (1451) hatte Aeneas Sylvius als Abgeordneter Kaiſer Friedrichs ſeinen Vortrag zwar in lateiniſcher Sprache gemacht, allein Prokop von Rabenſtein mußte ſeine Worte, da nicht alle Latein verſtan= den, böhmiſch verdolmetſchen. Verisimilis oratio visa, ſagt er ſelbſt hist. Boh. c. 58., neque sine favore excepta est, acceptio-remque Procopius noster collega reddi-dit, qui patrio sermone latinae linguae

ignaris verba nostra interpretatus est.
Wenn Aeneas etwa dem Prokop nicht schmeicheln
wollte, so hätte seine lateinische Rede durch die
böhmische Verdolmetschung nichts verloren, son=
dern vielmehr gewonnen. Derselbe Prokop machte
auch den Vermittler in dem theologischen Ge=
spräche zwischen dem Gubernator Georg und
dem Gesandten des Kaisers, in welchem dieser
lateinisch, jener aber nur böhmisch sprach.

In dieser Epoche hatte die Kenntniß der
böhmischen Sprache bei den Mitwerbern um die
böhmische Krone nicht geringen Einfluß auf ihre
Wahl. Nach dem Tode K. Sigmunds (1438)
erklärte sich eine mächtige Partei für den Bruder
des polnischen Königs. Als nun die Gesandten
der andern Partei die Ansprüche Albrechts
bei dem Könige von Polen geltend zu machen
suchten, gab ihnen dieser zur Antwort: die Polen
und Böhmen hätten eine gemeinschaftliche Spra=
che, wären Völker einerlei Abstammung; mit
den Deutschen aber hätten die Böhmen nichts
gemein. Polonis ac Bohemis vnam esse
linguam, et vnam vtrique genti origi-
nem, cum Teutonicis nihil Bohemis
esse commune. Aen. Sylv. Als die
Stände (1440) dem Herzog von Baiern Albert

die Krone antrugen, hatten sie wohl auf den Um=
stand, daß er, am Hofe K. Wenzels ehemals er=
zogen, der böhmischen Sprache nicht unkundig
sey, Rücksicht genommen.

Nach dem Tode Ladislaws (1458) ward
die Wahl Georgs auch durch einen geschriebenen
Aufruf an die Böhmen eingeleitet. Er enthielt
eine Sammlung von verschiedenen derben Stellen
aus Dalimil, um die Deutschen in ein gehässi=
ges Licht zu stellen.

Nach Georgs Tode 1471 ward Wladislaw
auf den böhmischen Thron erhoben, weil sich die
böhmischen Stände, wie sie sich selbst in einer
Antwort auf die Ansprüche des K. Mathias äu=
ßerten, von ihm als einem Polen unter andern
auch versprachen, daß des böhmischen Volkes
und der slawonischen Sprache Ruhm
durch ihn erhöhet werden würde.

Um das J. 1437 übersetzte M. Laurentius
von Březowa die lateinisch abgefaßten Privilegien
der Neustadt Prag ins Böhmische. Auch die
Satzungen der prager Mahlerzunft wurden um
diese Zeit (etwa 1430) aus dem Deutschen über=
setzt. Ein Beweis, daß schon viele unter den
Meistern kein Deutsch verstunden. Von nun an

erscheinen auch Uiberseßungen der Iglauer und
Kuttenberger Bergrechte.

M. Paul Židek billigt zwar den übertriebe=
nen Eifer derjenigen nicht, die keinem Ausländer
das Incolat gestatten, keine andere Sprache als
die böhmische allein im Lande dulden wollten,
indem er dafür hält, daß nicht durch eine Spra=
che, sondern durch Verschiedenheit der Sprachen,
Kleidungen und Menschen das Wohl des Landes be=
fördert werde. (Gednjm gazykem se newzbělá krá=
lowstwj, ale rozličnostj gazykůw, raucha a libj.) Er
billigt aber doch Karls IV. Saßungen, nach welchen
bei Gerichten alles böhmisch verhandelt werden soll,
und räth selbst dazu, daß dem Ausländer, der
nicht böhmisch lernen will, nicht erlaubt seyn sol=
le, Häuser zu kaufen. (Kterýž mělliby w ohyze
du českau řeč, že by se gj včiti nechtěl, ani
swým dětem chtělby dopustiti, aby se včily če=
sky, nemá se mu věčně dopausstěti, domu kau=
piti, zwlasstě w Praze.)

Bei der königlichen Landtafel erhielt sich der
ausschließende Gebrauch der lateinischen Sprache
auch im XV. Jahrhundert noch am längsten.
Erst seit dem J. 1495 fing man an, die Bü=
cher bei derselben in böhmischer Sprache zu verle=
gen, worin die Mährer unter ihrem patriotischen

Landeshauptmann **Ctibor** von **Cimburg** im
J. 1480 den Böhmen vorgingen. Aber schon
vom J. 1492 an haben wir gedruckte Landtags-
schlüsse in böhmischer Sprache durch diese ganze
Periode und bis auf die neuesten Zeiten herab.
Der diplomatische Gebrauch der böhmischen Spra=
che erstreckte sich nicht bloß über Böhmen, Mäh=
ren und einen Theil von Schlesien, sondern auch
über die polnischen Herzogthümer Zator und Au=
schwitz (Oswietjn), wo er sich vom J. 1481 bis
1559, wo nicht länger, erhielt. S. Hrn. Sza=
niecki's Aufsatz de linguae Bohemicae sive Cze-
chicae in Polonia usu diplomatico et forensi
(Miscell. Cracov. fasc. II. 94 sq.) Aus ei=
nem Copiarium der Myszkowskischen Familie
sind darin böhmische Urkunden zum Theile ganz,
zum Theile verkürzt abgedruckt.

Auf Sigillen, wenn gleich die lateinischen
Aufschriften bis 1450 noch häufig im Gebrauche
bleiben, liest man doch schon Namen mit böh=
mischen Flexionen und Präpositionen, z. B. S.
Proczek z Kunstata bei einer Urkunde vom J.
1452 (Dobners Mon. IV. 436). Bei einer Ur=
kunde vom J. 1482 sind unter sieben Sigillen
sechs böhmische, und nur ein lateinisches, wenn
gleich die Siegelstecher für P. d. i. Pečet noch

204

immer S. b. i. Sigillum .beibehielten; wiewohl
S. auch für Sefret stehen könnte.

Seltner sind noch die böhmischen Inschriften
auf Steinen und Glocken. Der Stein vom J.
1437, der ehedem über dem Fenster der Frohn=
leichnamskirche auf dem Viehmarkte gegen Auf=
gang eingemauert war, ist beim Einreißen der
Kirche herabgenommen, und nebst dem zweyten
mit der lateinischen Inschrift der k. böhmischen
Gesellschaft übergeben worden. Beide sind jetzt
im Sale der Gesellschaft zu sehen. Die böhmi=
sche Inschrift lautet: Leta MCCCCXXXVII
zrozkazanie Czicsarze Zigmunda a legatuow Basi=
leyskych w tomto kostele ohlasseno Czesky, Latin=
sky, Whersky a Niemecky. Ze Czechowe a Mo=
rawane Tielo Bozie a krew pod dwogi zpusobu
przigimagic gsu wierni krzestiane a prawi synowe
cierkwe.

Von böhmischen Grabschriften kenne ich kei=
ne, die über die Hälfte des XV. Jahrhunderts
hinaufreichte. Selbst die Grabschrift der Kunka
von Sternberg, der ersten Frau des Statthalters
Georg von Podiebrad ist lateinisch abgefaßt.
Doch stehen zu Ende derselben die böhmischen
Worte: Byla gest chudych Mati, milowala wsse
dobre Panny Evka Kunka Ssternberg, wie sie

auf einer hölzernen Tafel an der Wand in der
Pfarrkirche zu Podiebrad noch zu lesen sind mit
der falschen Jahrzahl MCCCCLVIII. XIII. die
Octobris Es muß nach Lupacius und Wele=
flawin auf dem Grabstein, den man später un=
richtig copirte, das J. 1449 und der XIX.
November gestanden haben, weil sich beide auf
die Inschrift berufen.

Von den böhmischen Worten wiederholet
Weleslawin, doch mit einer kleinen Veränderung,
nur folgende: Byla chudych máti a milowala
wssecko dobre. Die lateinische Inschrift beim Lu=
pacius weicht nur in Kleinigkeiten von der jetzi=
gen Tafel ab.

Inschriften in böhmischer Sprache auf Glo=
cken sind vor der Mitte des fünfzehnten Jahr=
hunderts nicht zu finden.

Die älteste mir bekannte Glocke mit latei=
nischer und bömischer Inschrift hängt auf dem
Glockenthurme zu Wepřek im Rakoniter Kreise.
Sie lautet: Anno domyny MCCCCLVI pane
boze racz zd. zd ist wohl nichts anders als
zbařiti. Auf der kleinern Glocke zu Piečin, ei=
nem Dorfe der Senftenberger Herrschaft, ist doch
schon mehr zu lesen: W Wegmeno pana gezu
krista slit ab anno D. MCCCCLX.

Die dritte unter den älteſten Glocken mit
böhmiſchen Inſchriften mag die Trïblitzer vom
J. 1467 im leutmeritzer Kreiſe, und die vierte
die Glocke zu Wyſoka im kaurimer Kreiſe ſeyn, die
Andreas (Wonbřeg) Ptaček, ein berühmter Glo-
ckengießer zu Kuttenberg, 1472 gegoſſen, der
doch ſonſt noch ſpäter auf ſeine Glocken lateiniſche
Inſchriften ſetzte. Von dem Prager Kannen-
gießer Hanuſch führt Hr. Dlabač in ſeinem
Künſtler = Lexikon 3 Glocken an, eine vom Jahre
1483, zwey vom J. 1489. Ich kann noch
zwey andere nennen, die Teplitzer vom J. 1482,
und die Malotitzer auf der Herrſchaft Zaſmuk vom
J. 1491. Alle fünf hat Meiſter Hanuſch mit
böhmiſchen Aufſchriften verſehen, wenn gleich an-
dere Meiſter zu gleicher Zeit und ſpäter die la-
teiniſchen vorziehen. Im Vorbeigehen muß ich
ein Verſehen in Bienenbergs Alterthümern St.
3. S. 164 rügen. Auf der Glocke an der
Schloßkirche zu Schwarzkoſteletz iſt das Datum
nicht 1449, ſondern 1499. Er ſah XC für
XL an, wie ich mich an Ort und Stelle über-
zeugt habe. Noch verdächtiger iſt mir bei ihm
S. 112 das Datum 1435 auf einer Glocke zu
Miletin, da die Inſchrift ſelbſt ein ſpäteres Al-
ter verräth. Wahrſcheinlich iſt hier 1535 an-

ſtatt 1435 zu leſen. Viel weniger darf ich be=
ſorgen, daß man gegen mich aus Schaller die
Glocke zu Ondřegow im Kauřimer Kreiſe, auf
welcher nach der lateiniſch angegebenen Jahrzahl
1416 noch die böhmiſchen Worte Petr Kon=
warz Prazan ſtehen, anführen wird, in=
dem zu vermuthen iſt, daß der Kannengießer
Peter, der im J. 1511 den Taufbrunnen zu
Wrbno goß, derſelbe Meiſter, folglich das Da=
tum 1416 unrichtig ſey.

Mit dem Bücherdrucke, als dem ſchicklich=
ſten Mittel, die Copien zu Hunderten auf einmal
zu vervielfältigen, machten ſich die Böhmen ſehr
frühe bekannt. Doch gibt es erſt ſeit dem J.
1487 eine bleibende Druckerey in Prag. Was
früher herauskam, mögen wandernde Künſtler
gedruckt haben. Ein ſolcher war wahrſcheinlich
der Buchdrucker, der zu Pilſen die Statuta
Ernesti 1476 druckte. Uiber den Erſtling der
böhmiſchen gedruckten Bücher iſt ehedem geſtrit=
ten worden. Der zweideutigen Formel wegen
läßt ſich nicht behaupten, daß die trojaniſche
Geſchichte ſchon 1468 gedruckt worden. S. mei=
ne Abhandlung über die Einführung und Ver=
breitung der Buchdruckerkunſt in Böhmen, in den
Abhandl. einer Privatgeſell, B. V. S. 228. ff.

Das erſte ſichere Datum iſt das J. 1475, in welchem das böhmiſche neue Teſtament ans Licht trat. Ungar's neue Beiträge zur al= ten Geſchichte der Buchdruckerkunſt (in den neuen Abhandl. der k. böhm. Geſell. der Wiſſ. B. II. S. 195. ff.) gewähren zwar eine ſchöne Uiberſicht aller älteren damals bekannten Daten bis 1500. Doch werden wir unten einige neu entdeckte Da= ten nachtragen.

Der Einfluß des Lateins, aus welchem man häuſiger überſetzte, auf die Bildung und den Perio= denbau der böhmiſchen Sprache wird zu Ende des 15ten Jahrhunderts immer ſichtbarer. Dieß erhellet vor andern aus den Uiberſetzungen des Gregor Hruby von Gelenj, und des Wiktorin Cornelius von Wſſehrd, die ihren Geiſt durch die alten klaſſiſchen Schrift= ſteller gebildet hatten. Die erſten Verſuche wa= ren nach dem damals herrſchenden Geſchmacke freilich nur Erbauungsbücher. Man ging aber in der Folge auch weiter. Wſſehrd widmete eine ſeiner Uiberſetzungen, nämlich die Rede des h. Chryſoſtomus von der Beſſerung eines Gefal= lenen, dem Prieſter Gira im J. 1495. Mit Eifer und Würde ſpricht er in der Zueignung von den Vorzügen ſeiner Mutterſprache, von den

Mitteln ihrer weitern Ausbildung, von feinem Vor=
fatze, künftig alles lieber in der böhmifchen als la=
teinifchen Sprache zu fchreiben. Auch als Pro=
be feines nach dem Latein gebildeten Styls mö=
gen hier feine Worte unverändert (doch nicht ganz
nach der noch fehr unbeftimmten Orthographie)
ftehen: Kteréhoz (den Chryfoftomus) fem y
z té take pŕjčiny ráb wyložil: aby fe gazyk náš
čefky y tudy fffŕil, fflechtil a rozmáhal. Neb
nenie tak vzky, ani tak nehladky, gakoz fe nĕk=
terym zbá. Hognoft a bohatftwie geho z toho
múž poznáno byti, že cozkoli ŕečky, cozkoli la=
tinie, o niemčinie nic nynie neprawim, múž po=
wiedieno byti to též y čefky. A nenie tiech knih
žádnych ŕečkych ani latinfkych leč bych fe gá milo=
fti gazyka fwého pogat fa mylil, aby w čefky
obraceny byti nemohly. Co fe pak hladkofti
geho dotyce: newiem by tak wymluwnie, tak
ozdobnie, tak lahobnie wffecko gazykem čefkym
powiedieno byti nemohlo, gako ŕeckym nebo
latinfkym, bychom fe toliko fnažili a gedni mimo
druhé chwátáli, abychom geg wyzdwihali, tu=
diežby gazyk čefky hogny, mnohy, wytŕeny a
febe fwietlegffi widien byti mohl y pulerowaniegffi.
Niemcy, gichž gazyk tak drftnaty, tak dreptawy,
a tak nerozumny geft, že geben z druhym mlu=
Ð

wie niemec z niemcem, ſobie čaſtokrát nerozu⸗
miewagj, a wſſak geg naſſemu na potupu ſſj⸗
řie a tru: tak že y latinſkä ſlowa wen wtruſſu⸗
gj, aby wzdy gazyk gich byl doſtatečniegſſj a
hogniegſſj, a čehož toma nemagj, v ſuſedůw
ač dobře dalekých wypogčugj: A giž témieř wſſe⸗
cky knihy pohanſké y křeſtianſké z latinſkých, ge⸗
den gazyk druhým wykladagjc, niemecké ſu vči⸗
nili, kdež my ſnad geſſtie žádných nemámy. Er
ſtellt nun das Beiſpiel der Deutſchen, ihren Ei⸗
fer, durch Uiberſetzungen alter heidniſcher und
chriſtlicher Schriften die Laien aufzuklären, den
Böhmen zur Nachahmung dar. Da die Chal⸗
däer, Egyptier, Griechen, Römer, Moyſes
und Chriſtus' in ihrer Mutterſprache geſchrieben
und gelehrt hätten, ſo ſollten dieß auch die Böh⸗
men thun. My ſami, fährt er nun fort, latin⸗
ſkým gazykem ſilozofugič latinie, aby nám žád⸗
ný nerozumiel, wiečnie mluwiti budem? A cy⸗
ziemu gazyku ſe včiec, nic latinjkům tjm nepři⸗
baduc., ſwůg gazyk geho zanetbagic tlačiti bu⸗
dem? A budu nás w tom Laicy domácý mu⸗
dřegſſj, kteřjž budto kronyky, budto ſwu mu⸗
droſt: gako ptačj rabu y giné knihy mnohé
piſſjce ſwým gazykem ceſkým ne cyzým ſu pſáti
chtieli, aby ne ſami ſobie, ale wſſem wůbec

pracowali, ktož čeſky rozumiegj. A ſami my
ze wſſech národůw budem, kteřjž ſwůg gazyk při-
rozeny, dobrý, vſſlechtilý, rozumny, ozdobný,
bohatý a hogný, nám ob boha daný potupic,
latinſky nebo niemecky, obogjm newbiek, ſobie
k poſmiechu zbieláwati budem? Gá pak giných
nechage: o ſobie nynie mluwiti budu z giných ſe
ne wſſetečnie wytrhna. Ačkoli také bých mohl
latinie ſnab, tak gako ginj mnie rownj pſáti, ale
wieda že ſem Čech, chcy ſe latinie včiti, ale če-
ſky pſáti y mluwiti: aniž mi ſe zdá tak ſwu řeč
přirozenau w nenáwiſti micti, ačkoli někteřj ſe
za ni ſtybje, a tak gie nemilowati, abych wſſe-
ho točbych koli pſáti chtiel, čeſkým gazykem ra-
biegie nežli latinſkým nepſal.

Dieſer patriotiſche Entſchluß, alles in böh-
miſcher Sprache zu ſchreiben, und dieſe nachdrück-
liche Empfehlung der Mutterſprache blieben auch
bei andern nicht ohne Wirkung.

§. 14.
Denkmahle aus dem 15. Jahrhundert.
a) Ganze Bibeln.

Zu den Handſchriften von ganzen Bibeln
rechne ich auch diejenigen Exemplare, die meh-
D 2

rere biblifche Bücher enthalten, wo alfo zu ver=
muthen ift, daß die abgängigen Theile durch Zufall
verloren gingen. Bisher find mir folgende bekannt:

1. Die Leßkowetzifche zu Dresden in Fol. auf
Pergamen. S. meinen Auffaß über den erften
Text der böhmifchen Bibelüberfetzung in den neu=
ern Abhandl. der k. böhm. Gefellfchaft B. III.
S. 240.

2. Die Bibel in der bifchöflichen Bibliothek
zu Leutmeriß in zwei großen Foliobänden auf
Pergamen vom J. 1411, und der dritte dazu
gehörige Band vom J. 1414 im gräfl. Wrati=
flawifchen-Archiv zu Prag find von der Hand ei=
nes Schreibers, des Mathias von Prag. Diefe
prächtige Bibel, deren fich der König nicht fchä=
men dürfte, ift mit ganz befonderm Fleiße revi=
dirt worden, fo zwar, daß alle Gloffen, die im
alten Texte häufig vorkommen, roth unterftri=
chen find.

3. Die Olmüßer auf der Bibliothek des Ly=
ceums in zwei Foliobänden auf Pergamen vom
J. 1417.

4. Die mit glagolitifchen Lettern von den fla=
wifchen Benediktinern im Klofter Emaus im J.
1416 gefchriebene Bibel, auf Pergamen in Fol.
Sie, beftand aus mehrern Bänden, wovon der

zweite, der im J. 1541.auf das neustädter Rath=
haus niederlegt ward, sich nun in der öffentli=
chen Bibliothek befindet. S. Lit. Mag. St. II.
32. Nur diese vier Handschriften enthalten die
älteste Recension der böhmischen Uibersetzung,
worauf bald eine zweite, dann eine dritte und
vierte folgte.

5. Die Olmützer in einem Foliobande auf Per=
gamen ohne Jahrzahl. Nach der Genesis ist
Hussens kurze Auslegung der Zehngebote ange=
hängt. Die Orthographie dieser Bibel ist nach
Hussens Alphabete eingerichtet.

6. Eine Handschrift auf Papier in Folio, die
ich besitze. Von dem 1sten Buche Esdrä an ent=
hält sie alle übrigen Bücher des alten Testaments,
das Buch Job und die Psalmen ausgenommen.

7. Die Leutmeritzer kleinere Bibel in einem
Bande auf Pergamen vom J. 1429.

8. Eine Handschrift auf Pergamen in Folio,
die der sel. Doktor Czarda aus Mähren erhielt.
Sie enthält alle Bücher des alten Testaments,
die in der Vulgata vor den Psalmen stehen.

9. Die Bibel in 8. auf Pergamen, die ein=
taboritische Müllerin geschrieben haben soll. S.
Lit. Mag. II. 43.

10. Die ganze Bibel auf Pergamen in Folio in der fürstlichen Bibliothek zu Nikolsburg in Mähren.

11. Eine zweite daselbst.

12. Die Boctische Bibel zu Stockholm auf Pergamen in zwei Foliobänden. S. meine Reise nach Schweden. S. 70. ff.

13. Die Hrochische auf Pergamen in gr. 8., ehedem in dem Dominikaner = Kloster bei St. Aegidi.

14. Die Paderowische taboritische Bibel vom J. 1435 auf Pergamen in Folio in der k. Hofbibl. zu Wien. S. Lit. Mag. II. 34. und III. 51.

15. Die Bibel vom Jahre 1456 auf Pergamen in Folio in dem Cistercienser Stifte zu Wienerisch = Neustadt. Sie enthält die dritte Recension des böhmischen Textes. Lit. Mag. II. 36.

16. Die Pernsteinische vom J. 1471 mit sehr großen Buchstaben auf Pergamen in Folio geschrieben, davon der 2te Band, der mit dem 45sten Kap. des Jesu Sirach anfängt, sich in der öffentlichen Bibliothek befindet. Lit. Mag. II. 38. N. 6.

17. Die Olauhowestische vom J. 1475 auf Pergamen in Fol. in der öffentlichen Bibliothek. S. Lit. Mag. II. 39. N. 7.

18. Die Hodiegowskische, ehedem im Kloster Sazawa, jetzt in der öffentlichen Bibliothek auf Pergamen in Fol. S. Lit. Mag. III. 58. N. 19.

19. Die Bibel auf Pergamen in Folio in schwarzen Samt gebunden, bei Durich Dissert. de Slavo bohem. S. Cod. vers. p. 33. N. I. S. auch Lit. Mag. II. 41. N. 8. Sie kam nach Aufhebung der Jesuiten aus der krumauer Bibliothek in die öffentliche nach Prag.

20. Die ehemalige Kladrauer, jetzt in der öffentlichen Bibliothek zu Prag, auf Pergamen in Fol. S. meine Abhandlung über das Alter der böhmischen Bibelübersetzung. S. 308, worin zu berichtigen ist, daß diese und die obige N. 19 nicht in das XIVte Jahrhundert hinaufreichen, sondern in die zweite Hälfte des XVten gehören, da sie beide die dritte Recension enthalten.

21. Die Talembergische auf Pergamen in Folio in rothen Samt gebunden. Die Apostelgeschichte vom 4ten Kap. an und die Offenbarung fehlen darin. S. Lit. Mag. II. 44. N. 11.

22. Ein Band von der vierten Recension, der mit den Psalmen schließt, auf Pergamen in Folio bei dem Hrn. Bibliothekar Dlabač am Strahow. Tob. II, 11. liest sie byl gest slep (fieretque caecus) für den einfachern Ausdruck

oßnul der ältern Recenſion N. 2. In Tomſa's Chreſtomathie ſind aus dieſer und der Leutmeri= ßer N. 2 das erſte Kap. der Geneſis, und das 2te Kap. Tobia als Sprachprobe ganz abgedruckt worden.

23. Die Lobkowißiſche auf Pergament in Fol. vom J. 1480, in rothen Samt gebunden, mit acht meſſingenen Beſchlägen, worauf der lobko= wißiſche Adler vorkommt, zu Stockholm. S. meine Reiſe nach Schweden S. 74 f.

24. Die Handſchrift in der öffentl. Bibl. zu Prag, auf Pergament in Fol. bei Durich Cod. mutilati N. III. Der Text reicht nur bis zum 24. Kap. des Buches Job. S. Lit. Mag. II. 44. N. 12.

25. Ebendaſelbſt auf Papier in Fol. mit un= geheuer großen Buchſtaben, bei Durich Cod. mut. N. IV. Dieſer Band (der 2te von einer ganzen Bibel) fängt mit dem Buche Job an, und endigt mit den Büchern der Machabäer. S. Lit. Mag. II. 44. N. 13.

26. Der erſte Theil einer Bibel, der bis zu den Sprichwörtern reicht, in der fürſtlichen Bibliothek zu Nikolsburg.

27. Ein Theil auf Papier zu Nikolsburg, der bis ans Ende der Pſalmen reicht.

28. Die böhmische Bibel zu Schafhausen in Großfolio auf Papier. Nach den erhaltenen Excerpten von der Hand des Fürsten A. v. L., der sie an Ort und Stelle untersuchte, zu urthei= len, enthält sie eine jüngere Recension, wenn sie gleich bei Le Long als Codex antiquus et pulcre scriptus, und aus ihm im Lit. Mag. II, 48. N. 16 angeführt wird.

29. Die Bibel zu Rom, die durch die Köni= gin Christina von Schweden dahin kam. Da ich sie nur aus Le Long und Montfaucon kann= te, suchte ich durch Reisende nähere Auskunft darüber zu erhalten. Nun fand sichs leider nach genauer Nachfrage, daß diese Bibel nicht mehr in der Bibliothek des Vaticans anzutreffen ist. Soll man sie jetzt in Paris suchen? Auch da ist sie nicht zu erfragen.

30. Ein Theil auf Papier in 4. zu Leitmeritz, der mit den Psalmen schließt, von einer spätern Recension.

31. Eine Handschrift auf Papier in 4. in der öffentl. Bibliothek, worin der Psalter, die vier Bücher der Könige, Paralipomena, Esdras, Nehemias, Tobias, Judith, Esther, Job ent= halten sind. S. Lit. Mag. III, 71.

32. Eine Handschrift daselbst in Fol. vom
J. 1465. Sie enthält das neue Testament, und
vom alten Test. die Bücher Tobias, Judith,
Esther, Job, Salomons Bücher, den Jesus Si‐
rach, und 3 Bücher Esdrä.

33. Einige Bücher des alten T., als Salomons
Sprichwörter, der Prediger, das Buch der
Weisheit, Jesus Sirach, und das hohe Lied auf
Papier in Fol. auf dem Schlosse Kost im rothen
Thurm 1436 geschrieben. Oeffentl. Bibl. Die‐
ser Band enthält auch Interpretationes no-
minum hebraicorum, in Cost per An-
dream figuli de Rokiczano plebanum ec-
clesiae pro tunc in zerczicz, und einige
Bücher des alten T. lateinisch. Merkwürdig
darin ist das glagolitische Alphabeth, das der
Pfarrer Andreas im J. 1434 zu Kost abschrieb,
und Sclavonicum nennt. Die Figuren der
Buchstaben sind ganz erträglich nachgebildet, und
die Benennungen derselben lauten: Az, buky,
vidi, glagola, hlahol, dobro, gest, ziuite,
zelo, zemla, rze, y, g, kako, lyudy, miflite,
(und miflite noch einmal mit einer andern Figur)
nas, on, pokog, Rey, flowo, trbo, vk, frt,
dhrt, oth, ffcza, cy, czrw, ffa, ger, ger (weil
er auch zweyerlei Züge hat), yat, yus. End‐

lich zur Probe stehen noch die drei Wörter tot maff czoff glagolitisch geschrieben, wo aber letzteres cozs heißen soll. Das oben S. 59. angeführte Alphabet ist ältr, aber im Ganzen eben nicht richtiger.

b. Neue Testamente.

Im 3ten Stücke des Lit. Mag. habe ich unter den Nummern 2. 23. 24. 25. 26. 27. 28. 29. 30. 31. 32. die mir im J. 1787 bekannten neuen Testamente angezeigt, wohin ich also verweisen darf. Desen 11 Handschriften ist noch das tetauische neue Test. beizufügen, S. oben S. 121. Seit der Zeit kamen mir noch mehrere unter die Hände, die ich hier nachtragen will. Da aber 12 vorangehen, so muß ich die folgenden Nummern mit 13 anheben.

13. Das neue Test. auf Papier in 4. vom J. 1426, in der öffentl. Bibliothek. Es ist mit Varianten der neuern Recension häufig am Rande versehen.

14. Das neue Test. auf Pergamen in 12. 273 Blatt. Fängt mit dem Briefe an die Ephesier Kap. V, 8. an. Besitzer davon war ehemals der sel. Georg Ribay, Prediger in Ungern.

15. Neues Test. auf Papier in Fol. bei den PP. Franciskanern in Prag. Der Text dieser Handschrift ist mit andern fleißig verglichen worden, wie es der Rand auweist.

16. Neues Test. auf Papier in 4. vom J. 1470 zu Nikolsburg in Mähren in der fürstl. Bibliothek.

17. Das neue Test. (nbst den Psalmen) auf Papier in 4. im Benediktiner = Kloster zu Raygern.

18. Neues Test. auf Papier in 4. vom J. 1459, das Hr. Gubernialsekretär Johann Cerroni in Brün besitzt.

19. Neues Test. in ∠. auf Papier, hie und da mangelhaft, auf der libuner Pfarrey. Läßt 1 Kor. 10, 17 den Zusatz z gednoho kalicha aus.

20. Neues Test. auf Papier in Fol. in der k. Hofbibliothek zu Wien, Cod. Theol. 2128. Enthält den von Martin Lupač verbesserten Text. In Alters Phil. krit. Misc. werden mehrere Texte daraus angeführt, und mit der Paděrowischen Bibel verglichen.

21. Nowý Zákon, d. i. neues Testament auf Papier in 4. in der fürstl. Lobkowitzischen Bibliothek zu Raudnitz. Ist von hinten und vorn mangelhaft.

22. Ein n. Teſt.auf Papier in 8. ebendaſelbſt.
Von einzelnen bibliſchen Büchern kommen
die Pſalmen am hufigſten vor. S. Lit. Mag.
III. 70 ff. Nr. 35.36. 37., der ältern Stücke
nicht zu erwähnen, die in die vorige Periode ge=
hören. Nr. 34 ethält nebſt dem Pſalter auch
die größern und leinern Propheten. Nr. 39
nebſt den Propheta den Tobias, den ich auch
in einer Handſchrif vom J. 1471. zu Stockholm
fand. S. meine Riſe S. 57. Für Hrn. Tho=
mas, einen Müller bei Kuttenberg ſchrieb im
J. 1440 Franik von Wſſerob die Bücher
Salomons ab, un das Jahr darauf die Dalimi=
liſche Chronik. Beides iſt in einer Handſchrift
der fürſtl. lobkowiſchen Bibliothek zu Prag zu
finden. Der Zaltř chudých bei den Franciſka=
nern iſt ein verküzter Pſalter, worin manche
Pſalmen auch ausglaſſen ſind.

c. Apokryphiſche Schriften.

1. Knihy Nykoema miſtra židowſkeho, d. i.
das Buch des jüdichen Meiſters Nikodem, aus
dem Lateiniſchen, in einer Handſchrift vom J. 1442
in kl. 8. auf Pergiment bei Hrn. Bibliothekar
Gottl. Dlabač, ais welcher Tomſa das 12te
Kapitel in ſeiner Threſtomathie abdrucken ließ.

Die Nikolsburger Handschrift auf Papier in 4.
ist vom J. 1453. Die Prager in Fol. auf der
öffentl. Bibl. vom J. 1465. Die ganze Nach-
richt besteht aus zwei Abtheilungen, wov n die
eine Nikodem überschrieben wird, und aus
22 Kapiteln besteht; die andere aber heißt Volu-
sian (auch des Tiberius Bothschaft) und ent-
hält nur 8 Kapitel. Johann Had gab dieß
Buch zwischen 1540 und 1560 un er dem Titel
čtenj Nykodemowo (Evangelium des Nikodems)
heraus, und macht in der Vorrede schon von einer
frühern Ausgabe Erwähnung. K. Jos. Jaur-
nich druckte es 1761 in 8. zu Prag, und an-
dere Buchdrucker außerhalb der Hauptstadt noch
später nach

2. Das dritte und vierte Buch Esdrä. Das
erstere, das in der böhmischen Bibel das zweyte
Buch Esdrä genannt wird, ist in allen Hand-
schriften zu finden. Das letztere, in der lateini-
schen Bibel das vierte Buch, trifft man nur in
einigen jüngern Handschriften an, worin es in
drey Bücher, das 3te, 4te und 5te Buch Esdrä,
eingetheilt wird.

3. Der Brief an die Laodiceer kommt in den
ältern Handschriften noch nicht vor; ist aber in
der Padekowischen Bibel (oben Nr. 14) schon zu

lesen. In **Alters** griech. N. T. B. II. S.
1067 ff. sind viele abweichende Stellen (Lesearten)
daraus mitgetheilt worden. In der ältesten Aus-
gabe des neuen Test. vom J. 1475 ist dieser
apokryphische Brief nicht zu finden, wohl aber
in der 2ten noch vor der ersten Prager Bibel ge-
druckten, und vielen spätern Ausgaben.

4. Der 151ste Psalm wider den Goliath fehlt
in den meisten Handschriften; ist aber schon in
der Bibel Nr. 4, wie auch in dem böhm. Psal-
ter in 4. vom J. 1475 mit der Erinnerung, daß
er nicht in die Zahl der übrigen Psalmen gehöre,
zu finden.

d. Auslegungen.

1. Auslegung des hohen Liedes (Wyklad na
Piesniczky genz slowu ssalomunowy) auf Papier und
zum Theile auf Pergamen, mit Gemälden, vom
J. 1448 in 8. Bei Hrn. Prof. Jos Jungmann.

2. Des **Nikolaus Lyra** Commentar über
den Matthäus, ehemals in der Krumauer Biblio-
thek, wo ihn Balbin fand, und Boh. doct.
III, 173 anführte, auf Papier in Fol.

3. Eine Auslegung über das Evangelium Jo-
hannis vom 1sten bis zum 17ten Kap. in Fol.
Bibliothek der Domkirche A. 109.

4. Cyprians Auslegung des Vater unsers, von Viktorin von Wssehrd übersetzt, und 1501. 8. zu Pilsen gedruckt.

e. Postillen und Predigten.

1. Huffens Postille, auf Papier in 4. auf der Stadtbibliothek zu Nürnberg. Solger schrieb diese Worte bei: o stupenda raritas libri hujus manu propria beati Johannis Hussii scripti. Allein schon Hr. von Murr zweifelte daran. Nach meiner Untersuchung dieser Handschrift ist sie etwa 30 oder 40 Jahre nach Huffens Tode geschrieben. Die Handschrift in Fol. in der öffentl. Bibl. hier zu Prag kann auch nicht älter seyn. Aber die Handschrift in 4. vom J. 1413 ist von Huffens Hand. Sie ward auf dem Schlosse Kozy geendigt, wie es in der Schlußformel deutlich gesagt wird. — Leta tisicieho cztyrzsteho a trzinabczteho w den postny Swatych Apostolow Simona a Judy na hradie genz slowe Kozi toto wylozenie swatych czteni gest skonano Jan Hus Mistr. Sehr merkwürdig ist seine Vorinnerung in Rücksicht der Sprache und Orthographie, die hier wohl eine Stelle verdient: „Aby ktoz budes czisti rozumiel mé teczi czeske, viez zet sem psal tak, iakoz obecznie

(darüber steht obyczegnie) mluvim, Neb wgeb-
nom kragi cžechowe ginak mluwie, a wginem
ginak Vpřikladie ya piſſi nyzadny nevie, a gini
tiekagi žadny nevie. Opiet ia diem muſſiem
vcziniti, a gini řku muſſim, Opiet ia biem tie-
leſtny, a gini tieleſny, Ja protiw a gini proti,
Ja wzgewiti, a gini zgewiti, Ja popad ho,
a gini popad gey, Ja diem bychme byli dobři,
a gini-abychom byli dobři, a geſt ginych drahnie
promien Protoz proſim kazdeho ktoz bude pſati,
aby ginak nepſal, než iakoz ſem ia pſal, než
chybilli ſem kde czteny neb řeku, neb ſlowcze
opuſtil,. zato proſim aby oprawil, geſtli giſt
plnie, aby mi praweho vmyſla nepřewratil, neb
viem že mnozi mniegice, by lepe rozumieli, což
dobře geſt pſano ſhlazugi, a zle napiſugi, a naty
ſie velmie hniewal ſwaty Jeronim, neb ſu gemu
to czinili."

Dieſe ſchätzbare Handſchrift kam aus dem
alten Karolin in die Jeſuitenbibliothek. Es wird
ihrer in der Schrift eines Utraquiſten vom J.
1496, worin er eines Franciſkaners Tractat
wider den Kelch widerlegt, gedacht, indem er
Huſſens Predigt vom Leibe Chriſti anführet und
hinzuſetzt: wie wir auch andere Predigten von
ihm, mit ſeiner Hand geſchrieben, beſitzen.

P

226

(Jakožto y gine geho kazanie máme geho ruku
pfane).

Huſſens böhmiſche Schriften findet man
nur einzeln in Handschriften zerſtreut. Seine
Appellation vom Papſte an den oberſten Richter
fand ich zu Altbunzlau. Böhm. Lit. B. I. 135.
Seine Auslegung der zehn Gebothe in der Bi=
bel Nr. 5 mit der Uiberſchrift: Kratičky wyklad
na přikazanie bozie deſatero pro ſproſtne a ne=
prazbne w pracy wylozene ſkrzie miſtra . . . .
Der Name ſelbſt iſt rabirt, und am Rande beige=
ſchrieben: nechay ſtati pro boh. Die neun gold=
nen Stücke fand ich zu Nikolsburg. Die Pre=
digt vom Leiden Chriſti zu Stockholm im Ho=
dinář. S. meine Reiſe nach Schweven S. 69.
Bei Gelegenheit des gedruckten Paſſionals vom
J. 1495 erſchienen in einer beſondern Beilage
für die Utraquiſten von 16 Blatt, welche Huſ=
ſens Leben und Tod enthält, vier Briefe von ihm,
die er von Koſtnitz an den Prieſter Hawlik und
andere ſchrieb. Im Inder verbothener Bücher
werden ſie mit der Jahrzahl 1459 (anſtatt 1495)
angeführt. Bei Paul Severin kamen ſie aber=
mal 1533 in 8. ſammt Huſſens Leben heraus.
Zu Leitomyſchel ließen die böhmiſchen Brüder
zwei kleine Schriften von ihm drucken. Die

erſte, gegen den Prieſter Küchenmeiſter gerich=
tet, 1509. 8., die zweite von den ſechs Irrthü=
mern (oſſeſti blubjch) 1510. 8. S. Lit. Mag.
III. 75. Die Auslegung der 12 Artikel des
Glaubens erſchien 1520 in Fol. Seit dem
J. 1540 ſammelte man fleißiger Huſſens Schrif.
ten. Ein ſolcher Liebhaber und Sammler war
Duchek Chmelit von Semechow, Burger
der Altſtadt Prag, welchem Paul Bydzowſky,
Pfarrer bei St. Galli, Huſſens Predigt vom
Leibe Chriſti zueignete, die er böhmiſch und
deutſch 1545. 4. drucken ließ. In demſelben
Jahre erſchien auch zu Prag ſein dreyfaches
Stricklein (prowázek třjpramenny) in 8. Zwei
Predigten vom Antichriſt, die Viktorin Anri=
gin ins Böhmiſche überſetzte, zu Magdeburg
1554, 8. Die Herausgeber der lateiniſchen
Werke Huſſens (1558) verſichern in der Vorrede,
daß auch die lateiniſche Uiberſetzung der Poſtille,
die man erſt veranſtalten wollte, ſpäter nachfol=
gen würde. Den Herausgebern der böhmiſchen
Poſtille mit einigen andern Stücken (Nürnberg
1563, und 1564 ohne Druckort in Fol.) blieben
manche der ſchon einzeln gedruckten Stucke unbe=
kannt. An der Sprache haben ſie nichts als ei=
nige veraltete Wörter und Formen geändert. Für

ſtáchu, bjchu, mluwjchu haben ſie ſtáli byli, mluwili geſetzt. Die erſten lateiniſchen Briefe, die D. Luther mit einer Vorrede begleitete, und unter dem Titel: Tres epistolae s nctissimi Martyris Johannis Hussii e carcere Constantiensi ad Bohemos scriptae, zu Wittenberg 1536 in 8. drucken ließ, ſind aus dem Böhmiſchen überſetzt worden. Auch in der vollſtändigern Ausgabe ſeiner Briefe (Vitembergae 1537. 8.) kommen noch Stücke vor, wie die Intimationes und einige Briefe, die urſprünglich in böhmiſcher Sprache geſchrieben waren. Huß ſelbſt ſpricht im 1ſten Briefe von einigen ſeiner böhmiſch geſchriebenen Bücher, welche das Concilium als ketzeriſch verdammt habe. Dem Heinrich Snopek ließ Huß ein böhmiſches Lied auf Pergament zuſtellen, das er für ihn aufgeſetzt und bei ſich im Kerker verwahrt hatte.

2. Des Jakobell's von Mies Poſtille oder Auslegungen der Sonntags-Epiſteln. Iſt als ein beſonderer Theil, CCIIII Blatt ſtark, der zweit n Ausgabe von Huſſens Poſtille 564 beigefugt worden. Jakobells Predigt von der Verehrung, die ein Gläubiger dem Leibe und Blute Chriſti ſchuldig iſt, gab Paul Bydzowſky

böhmiſch und deutſch 1545 in 4. zu Prag her-
aus. Im böhmiſchen Index ſtehen von ihm das
Lied vom Abendmahle: Gěžjſſi twář geſt památ-
ka ꝛc. und eine Predigt.

3. Des Bruders Peter Chelčicky Po-
ſtille oder Auslegungen der - ſonntägigen Evange-
lien kniha wyklabůw ſpaſyteblných na čtenj ne-
dělnj) Prag 1522. Fol. und abermal 1532.
Er ſtarb 1484 zu Přerau- in Mähren. Man
nannte ihn den böhmiſchen Doktor, weil er kein
Latein gelernt hat. Die böhmiſchen Brüder nen-
nen ſeine Schriften in ihren Glaubensbekennt-
niſſen mit Achtung, deren Leſung ihnen M. Joh.
von Rokyczan empfohlen habe. Das Netz des
Glaubens (ſyt wjry) gab Chwal Dubanek
1521 zu Wylimow in 4. heraus. Die Rede über das
13te Kap. der Offenbarung von dem Bildniſſe
der Beſtie (o ſſelmě a obrazu gegjm) in 4. ſteht
im Ind x ohne Jahrzahl.

Eine Schrift von der Liebe Gottes in 4.
kommt im Katalog des ſel. Predigers Ribay als
Handſchrift vor. Das berüchtigſte Buch von ihm
war in 40 Kapitel eingetheilt, die er als Mei-
ſter Schuſter Kopyta d. i. Schuh eiſten nannte,
daher heißt er bei ſeinen Gegnern ſpottweiſe doc-
tor kopytarum. Der Inquiſitor Heinrich

Inſtitoris, der zu Olmütz 1501 eine Apologie
der römiſchen Kirche gegen die Waldenſer drucken
ließ, beruft ſich oft auf dies Buch, das von ihm
liber copitorum genannt wird. Unter andern
ſagt er, daß es zu Leitomyſchl und Prerow (in
Mähren) von Schuſtern geleſen wird.

4. Die Poſtille oder Predigten des M. Jo=
hann von Rokyczan, Pfarrers an der Teinkirche
zu Prag. Er gab ſie im J. 1470 heraus. Sie·
ſind zwar nie gedruckt, aber auch noch ſpäter
häufig abgeſchrieben worden. Nebſt der Hand=
ſchrift, welche Dobner (Mon. hist. I. 185·)
aus der Bibliothek des ſel. Franz Anton von
Neſſ anführt, und nebſt derjenigen, die Georg
Ribay beſaß, kenne ich noch vier Exemplare.
Drei davon ſind in der öffentl. Bibliothek zu
finden, das vierte beſitze ich ſelbſt. Meine Ab=
ſchrift beſorgte 1612 Wenzel Sixt, ein alt=
ſtädter Bürger. Früher, nämlich 1581, hat
Hawel Bernaticky ſich darum verdient ge=
macht, wie es aus der Ribayiſchen Handſchrift
erhellet. Aus einem ſolchen verbeſſerten Exem=
plar floß auch die jüngſte Abſchrift der öffentl.
Bibliothek vom J. 1671. Die ältere iſt vom
J. 1659, und die älteſte hat 1586 David

Prätorius, ein Präceptor zu Tabor, ab=
geschrieben.

5. Wyklab, d. i. Auslegung über den Lukas.
Es sind eigentlich Predigten (Kázanj) auf Papier
in Fol. in der öffentl. Bibl.

f. Dogmatische und Polemische
Schriften.

1. Ein Tractat des M. Johann von Rokyczan
gegen die Communion unter einer Gestalt, mit
Beziehung auf die sechs Punkte, über welche er
mit dem Dechant Hilarius vor dem König Georg
disputirte. Den Inhalt dieses Tractats kenne
ich nur aus der folgenden Gegenschrift.

2. Des Domdechants Hilarius Tractat
von der Communion unter einer Gestalt wider
den Rokyczana, in einer Handschrift der Dom=
bibliothek auf Papier in 4. Eine jüngere Ab=
schrift davon vom J. 1537 in 4. zu Raudnitz.
Von diesem Tractat ist derjenige, der wider den
König Georg gerichtet ist, verschieden. Balbin
fand letztern zu Krumau, und beschreibt ihn in
seiner Boh. doct. III, 173.

3. Ein Brief des Mag. Simon von Tiss=
ñow gegen die Communion unter beiden Gestal=
ten. In der öffentl. Bibl.

4. Des Bischofs von Breslau, Jofft von
Rosenberg, neun Punkte wider den Kelch,
an den König Georg 1467, nebst der Beantwor-
tung derselben durch die Utraquisten. Einige
Punkte oder Stücke desselben Bischofs an die Kö-
nigin Johanna vom J. 1469 sind mehr politi-
schen Inhalts. In einer Handschrift der öffentl.
Bibliothek auf Papier in 4.

5. Des Johann Zagic von Hasenberg
Ermahnungsschreiben an die Prager Magister,
zur Einigkeit und zum Gehorsam gegen die römi-
sche Kirche zurück zu kehren, nebst der 1489
verfaßten, aber erst im J. 1493 von den utraqui-
stischen Magistern abgeschickten Antwort. Beide
Stücke, so wie die Nummern 6, 7, 8, in dersel-
ben Handschrift.

6. Zwei Briefe an den Herrn Johann von
Kostka vom J. 1478 und 1479 wider die
Pikarden. Ferner des Mag. Johann von
Rokyczan Hirtenbrief wider die Irrthümer
derselben.

7. Eine weitläufige Widerlegung, welche die
Prager utraquistischen Magistri im J. 1496 ge-
gen die Schrift eines Barfüßers unter dem Ti-
tel: odpowěd na Matrikath Bosaküw, heraus-
gaben.

8. Odpor proti Pikhardſkým matlokám; fer=
ner: proti ginému Pikuſowi, nebſt den Artikeln
wider die Pikarden an den König, einem Briefe
vom J. 1485 an den König, einem ſatyriſchen
Briefe im Namen Lucifers, einer Schrift, wel=
che anfängt: ǯe Pikharti obpieragj byti Konſſele,
und einigen Belehrungen über die Communion in
Briefen an die Herrn Dubicky und Hrabecky.
Vor andern zeichnet ſich des Prieſters Martin
Lupač Sendſchreiben wider den Sprengwedel
aus.

9. Eine böhmiſche Antwort auf die lateiniſche
Auflöſung der Fragen, die ein witziger Kopf
aufwarf: Meiſter, ſage mir, welche Vögel ſind
beſſer, diejenigen, welche eſſen und trinken, oder
die, welche bloß eſſen und nicht trinken? und
warum ſind diejenigen, die nur eſſen und nicht
trinken, denen feind, welche eſſen und trinken?
Die lateiniſche Schrift fängt an: Argute au-
ceps quaeris — und entſcheidet für diejenigen
Vögel, die nicht trinken. Die Widerlegung hebt
an: Nenie Ptacznikow, acz ty mne ptacznikem
naʒywaſß ꝛc.

10. Eine Schrift gegen die böhmiſchen Brü=
der: Proti bludným a potupným Artikulom pi=

kartſkým s kruntownjmi důwody zpráwa. In der öffentl. Bibl.

11. Des Bruders **Niklas Wlaſenicky** Diſputation über die Communion unter beiden Geſtalten, die er im J. 1471 mit der römiſchen Prieſterſchaft auf dem Schloſſe **Chauſtnik** hielt. Im Index kommt ſie unter dem Titel Mikuláſſe hádanj o krew bozj · S. 160 vor. S. 93 aber ſteht ſie unter Hádanj mit der Jahrzahl 1600. Sie muß aber ſchon vor dem J. 1582, und zwar auf Koſten der Pecynower Brüder gedruckt worden ſeyn, wie der Prieſter **Sſtelcar** verſichert. Die Brüder von der Sekte, deren Stifter Niklas war, hießen von ſeinem Namen **Mikulaſſency** (Nikolaiten), auch **Wlaſeničtj**; von dem Orte ihrer Verſammlung aber **Pecynowſſj** und vom Weinen **Plačtiwj**, die Weinenden.

12. Ein Tractat des Inquiſitors **Heinrich Inſtitoris** wider die Behauptung der Pikarden, daß die römiſche Kirche die apokalyptiſche Hure ſey. In ſeinem Clypeus vom J. 1501 macht Inſtitoris ſelbſt Erwähnung davon. Tractatus, heißt es Blatt V, dudum a me collectus et in Bohemica lingua pariter et latina impressus.. Er muß alſo noch im

15ten Jahrhundert gedruckt worden seyn, allein man kennt kein Exemplar.

13. Ein Ermahnungsschreiben zur Buße, welches anfängt: Hrabeckým, Orebſkým a Parbidubſkým bojjm wolen`m ꝛc. Der Pabſt wird hier als Gegner Chriſti aufgeſtellt, und ſollte anſtatt papeʒ, meynt unſer Bußprediger lapeʒ heißen.

14. Einige Stücke des merkwürdigen Manuſcriptes mit Gemählden in Fol. zu Jena, das J. C. Mylius (Mem. Bibl. Jen. p. 324.) beſchrieben hat. Dieſe Beſchreibung ſteht auch in Riegers Archiv der Geſch. von Böhmen, Th. 1. S. 96. Auf dem Titelblatte ſtehen die Worte: Bohuslaus de ... (radirt) sue causa memorie propria manu me fecit. Nach den Fragmenten des taboritiſchen Kriegsliedes entdeckte vor Kurzem Hr. Schaffarik die Unterſchrift: hec Deo solemnisa de Czechtic, und vermuthet, daß Deo solemnisa nichts anders ſey, als eine witzig ſpielende Uiberſetzung von Bohuſlaw. So wäre denn Bohuſlaw von Czechtic der eigentliche Verfaſſer oder Sammler dieſer Stücke. Mylius nannte das Buch Antithesis Christi et Antichristi. Dieß kann aber nur von dem Stücke gelten, das böhmiſch zrczablo

Krzestianskeho ziwota überschrieben ist. Und selbst
auf dem Pergamenblatte, worauf ein Mann mit
einem Spiegel vorgestellt wird, stehen unten die
Worte: Tyto knihy slowau zrcadlo wsseho Kře-
stianstwa, d. i. dieses Buch heißt Spiegel der
ganzen Christenheit. Es werden nun durch meh-
rere Figuren die entgegengesetzten Handlungen der
Apostel und der römischen Bischöf vorgestellt, die
mit böhmischen Citaten versehen sind. Drei
andere Figuren stellen Huß vor, wie er pre-
digt und verbrennt wird. Hierauf nahm der
Sammler 16 gedruckte Blätter auf, worauf
Hussens Leben und Briefe u. s. w. zu lesen sind.
In der Reise nach Schweden habe ich S. 7
den Inhalt davon genauer angegeben und ge-
zeigt, daß diese 16 Blätter als eine Beilage zu
dem Passional vom J. 1495 gehören. Nach
zwei Gemählden auf Pergamenblättern, deren
eines den hussitischen Gottesdienst, das andere
die taboritischen Züge vorstellen, steht der satyri-
sche Brief des Lucifer an den obersten Hofmei-
ster von Böhmen Lew von Rozmital, der um
das J. 1478 geschrieben ward. Eine spätere
Hand gibt den Verfasser durch diese Worte an:
Oldřich z Kalenice z Kalenic a na Sskworeticých
tento list složil. Beide Ortschaften liegen im

prachiner Kreife. Unter den Figuren, die nun
weiter folgen, zeichnet fich (Nro. 83) diejenige
aus, die den blinden Helden Zizka an der Spitze
feines Heeres zu Pferde vorftellt. Neben ihm
fteht die Auffchrift: Zizka náš bratr werny.
Unten aber: Pifeñ, und dann Fragmente aus
dem taboritifchen Kriegsliede. Neprátel fe nele=
kente — na koriftech fe nezaftawugme. Nro. 85
begräbt ein Priefter (knĕz hrabfkÿ, d. i. vom
Prager Schloffe) ein Kind, wobei eine im J.
1463 begangene Greulthat erzählt wird. Die
kleinern Figuren, die nun folgen, find mit Bi=
belftellen, auch mit böhmifchen Verfen begleitet.
Hierauf ein Dialog, worin ein Vater feinen
Söhnen erzählt, wie der Kelch und das Gefetz
Gottes in Böhmen aufgekommen ift. Endlich
dogmatifche Lehrfätze über das Elend des Men=
fchen, über den Tod, die Hölle, die himmlifche
Glorie. Die Sammlung fcheint im Anfange des
16ten Jahrhunderts gemacht zu fenn, wenn fie
gleich Stücke enthält, die älter find. Der Coder
befteht aus 118 Blättern, von denen aber 23
unbefchrieben blieben. Darunter find 88 Ge=
mählde, 80 auf Papier, 8 auf Pergamen. Im
Texte aber kommen noch 41 kleinere Figuren vor.
Der Band ift von außen mit einem Kelche geziert.

15. Kleinere Schriften der böhmischen Brü=
der, die meist dogmatischen und polemischen In=
halts sind. Dergleichen sind: a) drei Send=
schreiben an die vorzüglichern Städte vom J.
1472. b) Ein viertes an den Präsidenten des
königl. Collegiums Stanislaw. c) Zwei
Briefe an K. Wladislaw. d) Ermahnungsschrei=
ben an die Brüder und Schwestern vom J. 1473.
e) Einige Briefe des Patriarchen der Brüder
Gregor, der 1473 zu Brandeis an der Adler
starb. f) Eine umständliche Antwort auf eine
Schrift der Prager Magister, vom J. 1475.
g) Antworten auf drei Briefe des Herrn Zagic
vom J. 1489. h) Vier Briefe des Bruders Pro=
kop vom J. 1490. i) Antwort des Bruders
Lukas auf eine Schrift des Mag. Koranda, vom
J. 1493. k) Des Arztes M. Johann Schrift,
daß die Wiedertaufe nicht nothwendig ist, vom
J. 1492. l) Drei Schreiben vom J. 1496,
warum sie sich von der römischen Kirche getrennt
haben. m) Des B. Lukas Schrift von der
Jungfrau Maria vom J. 1498. n) Von der
allgemeinen Seeligkeit. o) Die witzigen Senten=
zen, Sprüchwörter und Briefe des Bruders Jo=
hann Klenowsky, der 1498 zu Leitomyschel
starb. p) Des Bruders Michael Antwort auf

gewiſſe Artikel eines Ungenannten, die dem Wil-
helm von Pernſtein zugeſtelit worden, vom J.
1499. q) Des B. Lukas Schreiben von dem
Eide, 1500. r) Auslegung des Predigers von
Mag. Johann Czerny für die Frau Johan-
na von Liblic 1500. Alle dieſe Schriften wer-
den in der geſchriebenen Geſchichte der böhmiſchen
Brüder angeführt. Einer ihrer erſten Confeſſio-
nen, die Johann von Tabor, der 1495 ſtarb,
verfaßt hat, gedenkt Wengerſky S. 324.

**g. Aſcetiſche Schriften, Romane geiſt-
lichen Inhalts.**

1. Des h. Iſidor Unterricht, einem jeden
Sünder nützlich, von 18 Kapiteln, in einer
Handſchrift, die mit dem Mladenec anfängt und
dem Alexander endigt. Oeffentl. Bibl.

2. Auguſtins Manuale (Rukowět) in einer
Handſchrift der öffentl. Bibliothek. Auch hinter
dem Pſalter vom J. 1475. Deſſelben Tractat
de fide catholica ad Petrum Damianum,
lateiniſch und böhmiſch vom J. 1485. Seine
Ordensregeln vom J. 1500. Sein Spiegel
ſteht hinter dem Mladenec in einer Handſchrift
vom J. 1469. Allein dieß Stück, ſo wie die

Soliloquia kommen schon in der vorhergehenden
Periode vor.

3. Des H i e r o n y m u s Gebethe, sein Brief
an die Paula, nebst einer Erzählung von seinem
Hinscheiden, in einer Abschrift vom J. 1532
bei den Minoriten, die aber aus einer ältern ge=
flossen ist, wie es Gessitnost vanitas anstatt mar=
nost und andere Ausdrücke verrathen.

3. C y p r i a n s Brief an Donat von der Ver=
achtung der Welt, und dessen Auslegung des
Vater unsers, desgleichen des h. C h r y s o s t o=
m u s Rede von der Besserung eines Gefallenen
übersetzte V i c t o r i n W s s e h r d, eine andere
Rede desselben übersetzte G r e g o r H r u b y, die
er 1497 dem Niklas von C e r n c̆ i c zugeeig=
net hat. Alle vier Stücke wurden unter dem
Titel knihy c̆twery (zu Pilsen) 1501 in 8. ge=
druckt.

4. Des h. B e r n h a r d s Betrachtungen
(Rozmysslenie a obieranie) über das Leiden Chri=
sti, stehen nach dem Psalter vom J. 1475. In
einer andern Handschrift kommt das W e i n e n
M a r i ä von ihm vor. In zwei Handschriften
fand ich eine Schrift von der Haushaltung an den
Ritter Reimund, die dem h. Bernard fälschlich
zugeschrieben wird. In der klattauer Handschrift

vom J. 1465 ist sie überschrieben: Řeč S.
Bernarda o rzabnem sprawowánj˙ hospodářstwj.
Der eigentliche Verfasser aber dieser Rede ist ein
gewisser Bernhardus doctor de Senis.

5. Betrachtungen des h. Anselmus, nebst
einigen andern kleinern Stücken desselben, in einer
Handschrift in 8. bei den Kreuzherrn. Voran
stehen Artykulowe o omuczenj bozjm a na každý
modlitba, nebst einigen Klageliedern (Lamentach).

6. Kleinere ascetische Werke des h. Bonaven-
tura, in einer Handschrift vom J. 1453 auf
Papier in 4. Oeffentl. Bibliothek.

7. Ein Theil des Traktats de conflictu vi-
tiorum et virtutum, den man sonst dem Au-
gustin zuschrieb, kommt in der Hofbibliothek zu
Wien (Cod. Theol. N. 931. Fol.) vor.

8. Beispiele aus der Kaisergeschichte mit alle-
gorischen Deutungen, in einer Handschrift der öf-
fentlichen Bibl. in 4.

9. Albertans, eines Rechtsgelehrten von
Brixen, drey Bücher, a) de modo loquen-
di et tacendi, b) de consolatione et con-
silio, c) de dilectione Dei et proximi,
ins Böhmische übersetzt, sind in drei Handschrif-
ten der öffentl. Bibl. zu finden. Eine ist vom
J. 1475, die andere vom J. 1493; die dritte

Q

ohne Jahrzahl enthält nur das dritte Buch. In der Klattauer Handschrift vom J. 1465 steht nach den Nürnberger Stadtrechten das erste Buch unter dem Titel: o rźadnem mluwenj a mlčenj. Dieß allein ward im J. 1502, 8. vermuthlich zu Pilsen gedruckt. Aus der Vergleichung der Aus= züge, welche Hr. Palkowič aus einer Preßburger Handschrift in seinem Wochenblatte (Týdennjk) 1817 N. 29 mittheilte, mit unsern Hand= schriften ergibt sich, daß jene eben nicht von der Hand eines bedachtsamen Abschreibers herrührt. Nach neduh S. 382 ließ er die wichtige Sentenz aus: Nebť nenie dobre žiwu byti, ale dobře ži= wu byti. Auch scheint der erste Traktat, von der rechten Art zu reden und zu schweigen, darin zu fehlen, und der Verfasser heißt nicht A w e r = t a n, sondern Albertan. Balbin, indem er das Exemplar der clementischen Bibliothek Boh. docta III. 114 anführt, setzt hinzu: liber dignus est typo ob raritatem. Es war zu seiner Zeit an Erbauungsbüchern großer Mangel.

10. Vom ledigen, Witwen = und Ehestande, vom J. 1463 in Fol. Oeffentliche Bibl.

11. Vier Bücher von der Nachfolge Christi, die in einer Handschrift auf Papier in 4. dem

Johann Gerson zugeschrieben werden. Den In=
halt der Krumauer Handschrift gab Balbin Boh.
docta III. 172 an: Thomas a Kempis ve-
teri bohemica lingua ex Latino versus;
additi etiam quidam libri Gersonis de
Meditatione cordis ꝛc. Das erste Buch ward
schon im J. 1498. 8. gedruckt. Einer alten
Ausgabe des ganzen Werkes um das J. 1527
wird in einigen Vorreden gedacht, wovon sich
aber kein Exemplar nachweisen läßt. Von spä=
tern Auflagen sind mir aus dem XVIten Jahr=
hunderte nur noch vier bekannt, vom J. 1551
Proßnitz bey Günther, vom J. 1567 und 1571 Prag
bei Melantrych, 1583 bei Milichthaler zu Olmütz.
Die kleine in 12, welche der Jesuit Ho s t o=
v i n besorgte, kam ohne Jahrzahl (etwa
1590) heraus. Nebst der Ausgabe bei Ste=
phan Bilina, Prag 1622. 8. gibt es noch eine
in 8. vom J. 1644. Die übrigen des 17ten
Jahrhunderts vom J. 1657, 1674 und 1681
sind in 12. Rosenmüller druckte dieß Werk für
die Erbschaft des h. Wenzels 1710. 12. Kame=
nitzky etwa 1711. Im Gianninischen Katalog
steht eine Ausgabe vom J. 1725. 12. Es gibt
auch eine Tirnauer vom J. 1744. Endlich eine Pra=

ger vom J. 1747 und 1759. Zwey vom Jah=
re 1762, eine bei Pruscha, die andere bei Hra=
ba. Die letzte ist die Brünner vom J. 1793.

12. Mladenec, der Jüngling, sonst auch Or=
logß. oder Orlog maudrosti wěčné, ein Gespräch
zwischen der ewigen Weisheit und einem Jüng=
linge, davon ich Abschriften von verschiedenen
Jahren kenne, als vom J. 1455, 1469 in 4.
vom J. 1497 in 8. in der öffentl. Bibliothek.
Eine vorzüglich schöne Handschrift in Fol. aus
der Neuhauser Bibliothek der Jesuiten, enthält
nebst dem Mladenec, der an der Spitze steht,
und mehreren ascetischen Stücken auch die troja=
nische Chronik vom J. 1469, den Barlaam
vom J. 1470, und den Alexander ohne Jahr=
zahl. Die jüngste Handschrift, bei den Minori=
ten, ist vom J. 1532.

13. Der Barlaum, in der eben erwähnten
Handschrift, im J. 1470 durch Laurentium
de Tynhorssow ⸗zu Neuhaus abgeschrieben.
Hat d e Uiberschrift: Ržeč o gednom kralowiczi
gmenem Jozafat. Bei Niklas Bakalař zu Pil=
sen kam diese Schrift, die man fälschlich dem
Johann Damascenus zuschrieb, zweymal heraus,
1504 in 8. und 1512 in 4. oder gr. 8. in zwey
Kolumnen. In der Prager Auflage vom Jahre

1593 bei Georg Dačicky ist die alte Schreibart
verandert worden, weil sie nicht allgemein ver=
ständlich war.

14. Solfernus, sonst auch Adams Leben,
ziwot Adamow, in einer Handschrift der öffent=
lichen Bibliothek, woraus Hr. Tomsa die Vor=
rede des böhmischen Uibersetzers, die an den Kö=
nig (Georg?) gerichtet ist, in seiner Chrestomathie
abdrucken ließ. Sixt von Ottersdorf gab dieses
Buch, nach-Hageks Verbesserung des veralteten
Styls, zu Prag 1553 in 4. heraus. Johann
Günther druckte es 1564 zu Olmütz nach. Bei
Otmar in Prag erschien 1600 die dritte Ausgabe.
Endlich kam es 1721 zu Troppau heraus. Es
war ein sehr beliebtes Buch, wie Balbin in sei=
ner Boh. docta versichert: passim Bohemo-
rum manibus teritur ob argumenti sua-
vitatem et dictionis leporem. Vo gt ver=
glich es mit Miltons verlornem Paradiese. S.
Act. lit. II. 54.

14. Belial, ähnlichen Inhalts mit dem
Solfernus, 110 Blatt stark, in einer Handschrift
des Domkapitels in 4. Eine Uibersetzung aus
dem Lateinischen des Erzpriesters Jakob von Te=
ramo, der diesen geistlichen Roman im J. 1378
der Correction des Pabstes Urban unterwarf.

h. Offenbarungen, Prophezeyungen.

1. **Hermas,** sonst **Pastor** genannt, in einer Abschrift vom J. 1464 in 4. zu Stockholm. Nikolaus Klaudian gab diese Schrift mit einigen andern Stücken 1518. 4. zu Jungbunzlau heraus.

2. Der h. Brigita Offenbarungen (Widienye swatee Brigitti) in einer schönen Handschrift vom J. 1419 auf Pergamen in Fol. Sie ward vom sel. Krameryus an einen Russen verkauft. Sonst sind diese Offenbarungen noch in einer Handschrift der öffentl. Bibl. vom J. 1453. in 4. und einer andern in Fol. Die Handschrift bei den Mino= riten (K. I.) ist vom J. 1526. In der letztern steht eine andere Schrift von dem Leiden Christi (o vmučenj božjm, o ssedefate a pieti strastech) in 65 Artikeln voran. Und nach den Offenbarungen ein Tractat von der Keuschheit (o čistotie pannen= ste) von 30 Kapiteln.

3. Oracula mulierum fatidicarum, auf Pergamen in 4. Bei Janozki Catal. Cod. Manusc. Bibl Zalusc. N. 381. Scheinen die Sibillinischen Prophezeyungen zu seyn, wovon eine Ausgabe vom J. 1579? 8. im Index steht

4. Des Bruders Johann Barfüßerordens Prophezeyungen von den kommenden Uibeln im

S. 1490, 1500, in einer Handschrift der Dom=
bibliothek (D. 35). Die Prophezeyungen der
h. Hildegard fand Balbin zu Krumau, und hielt
sie für ein sehr seltenes Stück. Boh. docta III.
101. Eine Prophezeyung von Böhmens Schick=
sale fand ich zu Rokyzan in einer alten Hand=
schrift lateinisch und böhmisch. Sie fängt an:
Přigde Worel gehoz letem wybogowan bube lew.
Lateinisch ist sie in Joh. Wolfs Lect. memo-
rab. zu lesen. Volabit aquila las H a t t e n
in der Leipziger Handschrift, in unsrer aber liest
man: Veniet Aquila 2c. Die Prophezeyung
des blinden Jünglings, und Georgs Gesichte,
Giřjkowo wibienj, mögen auch in diese Periode
gehören.

5. Die Offenbarung und die Prophezeyung
des Bruder Niklas Wlasenicky, zwey geschriebe=
ne Bücher vom J. 1495, sah Sstelcar. Sie ste=
hen S. 296 im Inder mit Angabe des Formats
in 8. verzeichnet.

i. Legenden.

1. Das Passional oder Leben der Heiligen, im
Archiv des Klosters St. Margaret, vom J. 1468
in Fol. auf Papier. In der öffentl. Bibliothek
ist eine Handschrift vom J. 1476., eine andere

ohne Jahrzahl vorhanden. Es wurde sehr frühe gedruckt, das erste Mal etwa um das J. 1480, das zweite Mal 1495. Fol. mit schlechten Holzstichen. Die Beilage mit der Signatur A und B und mit dem Columnentitel N cztrnaczte, 16 Blatt stark, worin Hussens vier Briefe, dessen und des Hieronymus Leben und Martertod, des Poggii Brief über die Hinrichtung dieser zwey Männer zu lesen sind ist noch bei keinem mir bekannten Exemplar der zweiten Ausgabe, wozu sie ohne Zweifel gehören, gefunden worden. Doch hatten die Verfasser des böhmischen Inder ein Exemplar vor sich, worin Huß und Hieronymus im Register standen mit der Beziehung auf N 14 und O 3 welche Buchstaben und Zahlen genau zu diesem Anhang passen. Der Verfasser von Hussens Leben ist Peter von Mladieniowic, ein Prager Magister, das sammt den Nebenstücken in einer Handschrift bei den Kreuzherrn zu finden ist. Man hat diesen Aufsatz Hussens Werken beigefügt, und auch einzeln gedruckt. Bei Severin kam er schon 1533. 8., bei Sirt Palma ohne Jahrzahl (um 1600) heraus.

2. Legenden einzelner Heiligen sind oft in Handschriften verwandten Inhalts zu finden. Die Legende von den 10000 Rittern in Reimen

ist in der öffentl. Bibl. in 4., worin Gebethe vor=
angehen. Das Leben der h. Elisabeth ist in
einer Handschrift dm Leben d r Altväter ange=
hängt. Das Leben der h. Katharina, von einem
Franciskaner zu Neuhaus geschrieben, besaß Bal=
bin. S. Boh. doct. III. 61. Das Leben der
sel. Agnes hat Georg Ferus nach einer al=
ten Handschrift zu Prag bei Urban Goliaß 1666
in 4. mit Beibehaltung der alten Sprache, und
mit Erklärungen der unverständlichen Ausdrücke
durch gangbare Worte am Rande, abdrucken lassen.
Am Ende sind vier Briefe von der h. Clara an
die selige Agnes beygefügt. Dem Jesuiten Cru=
ger blieb das lateinische Original unbekannt.
Denn er übersetzte diese Legende aus zwey böhmi=
schen Handschriften für die Bollandisten ins La=
teinische. S. Acta SS. Tom. I. Martii.
Das Leben der h. Regina in der Handschrift bei
den Minoriten scheint, der Karthäuser Bruno
für seine Schwester, das Fräulein von Klinstein,
erst um das J. 1526 aufgesetzt zu haben.

3. Das Leben der heiligen Väter, das dem
h. Hieronymus zugeschrieben wird, nebst den
Ermahnungen der heil. Väter, der Lebensweise
der egyptischen Mönche von Sulpitius Severus,
den Wirkungen der Tugend, in fünf Handschrif=

ten der öffentlichen Bibliothek, worunter zwey
ohne Jahrzahl, die dritte im J. 1480, die
vierte und fünfte im J. 1516 geschrieben sind.
Ich kenne noch eine fünfte und sechste. Letztere
ist vom J. 1510 im Stifte Strahow, vermuth=
lich dieselbe, die Balbin Boh. doct. III. 172 in
der Krumauer Bibliothek fand. Gregor Hru=
by von Gelenie, der sich in seiner Vorrede
als Uibersetzer nennt, scheint also die ältere Ui=
bersetzung überarbeitet zu haben. Er widmete
eine Abschrift dieses Werkes dem damaligen
Kanzler des Königreichs Ladislaw von Sternberg.
Dieß muß vor 1514, in welchem Jahre am 7.
März Hruby starb, geschehen seyn. Den
prächtigen Codex auf Pergamen vom J. 1516
mit Gemählden geziert, kann er also seinem Mä=
cen nicht selbst übergeben haben.

k. Liturgische Werke.

1. Ein Brevier, sehr sauber auf Pergamen ge=
schrieben, in 8., vermuthlich zum Gebrauche ei=
ner Klosterfrau. Ich verehrte es der letzten Aeb=
tissin von St. Georg, es fand sich aber nach
ihrem Tode nicht mehr. Es fehlte auch nicht an
Gebethbüchern, die ich aber hier übergehen will.

2. Die Hymnen der prager Kirche, ins Böhmi=
sche übersetzt, fand Balbin unter den Handschrif=
ten der Krummauer Kirche. S Boh. doct. III.
158. In Ernests Leben beschreibt er dieß oder ein
ähnliches Buch genauer, nennt es aber librum
Prosarum et Cantuum, worinn die Prosae
zuerst lateinisch, und dann nach derselben Melo=
die die böhmische Uibersetzung zu finden war.
Dieser räumt Balbin sogar den Vorzug ein: eo-
dem contextu, iisdemque sententiis, nisi
quod Bohemica clariora et significantio-
ra sunt, et pluribus versibus constant. —
Inter illos gratissimi illi vulgi auribus
cantus leguntur. Nastal nám den weselý.
Angelowé gsau spjwali. Gméno božj weliké. Na=
robil se Krystus pán. Na božj narozenj. Co
tu stogjte. In dulci jubilo. Wstalt' gest té=
to chwjle. Pluresque alii, ex Prosis fere
et sequentiis, ut tum vocabant, eccle-
siae Pragensis confecti. Eine andere Hand=
schrift in 4. der öffentl. Bibliothek, worin die
ältesten Gebethe und Gesänge enthalten sind,
gehört ins 14. Jahrhundert. Der Hymna-
rius aber, von der Hand des Johann von Do=
massin im J. 1429 geschrieben, ist keine förmli=
che Uibersetzung, sondern die Worte der lateini=

ſchen Hymnen werden durch böhmiſche Gloſſen
erläutert.

Das theologiſche Fach ſey hiermit geſchloſſen.
Andere Fächer ſind zwar weniger bearbeitet wor-
den, aber doch nicht ganz leer geblieben.

l. Politiſche Schriften.

1. Des **Stibor** von **Cimburg** und **To-
wačow**, der als Landeshauptmann in Mähren
1494 ſtarb, ſehr ſinnreiches Werk über die Guter
der Geiſtlichen, das er dem König Georg 1467
gewidmet hat. Man beſorgte im J. 1539 eine
mit Holzſtichen verſehene Ausgabe in Fol. von
dieſem Buche. Lupač gibt ihm den verkürzten
Titel prawda a lež, anſtatt Hádanj prawdy a
lži o kněžſké zbožj. Sein Urtheil iſt gar nicht
übertrieben, wenn er beim 26. Juni ſchreibt:
Estque lectu et cognitu non indignus
propter et rerum, quae ibi tractantur,
varietatem, et linguae nostrae cultum,
nitorem, orationisque elegantiam atque
copiam in sublimi, ut vocant Rhetores,
genere dicendi ꝛc. Balbin konnte als Jeſuit
mit dem Inhalte des Buches nicht ſo zufrieden
ſeyn, doch iſt der Verfaſſer auch nach ſeinem
Urtheile ein großer Redner: in lingua nostra

disertissimus. Der Fiction und Einkleidung nach gehöret das Werk unter Romane.

2. Des Unterkämmerers W e n z e l W a l e č o w= ſký Schrift über die Laſter und Heuchelei der Geiſtlichen. Schon im J. 1452 nahm ihn Ge= org als Gubernator in ſeinen Rath auf. Als er dieß Buch ſchrieb, war Georg ſchon König, den er zu Ende anredet, und ihm den Rath gibt, daß er die Compactata ſchützen, aber keine Prie= ſter in ſeinem Rathe herrſchen laſſen wolle. B a l= b i n deutet dieß auf den Rokyczana. Allein Wa= lečowſký ſchonte die Prieſter von der andern Par= tey eben ſo wenig. Daher Balbins ungünſtiges Urtheil: duos tractatus edidit Lycambeo felle plenissimos, quam eleganter, tam virulente scribit. Dem Lupacius, der das Buch 100 Jahre früher las, gefiel es beſſer: Exstat ejus scriptum quoddám in non- nullos sacerdotes polypragmonicos etc. quod et legimus, unde apparet, ipsum et ingenii acumine et prudentia perspi- caci, et judicii acrimonia valuisse. Beim 23. Febr. hat er ſein Sterbejahr 1472 verzeich= net. Weleſlawin nennt ihn Walečowſký z Knĕ= moſta.

3. Des Doktor **Paul Žibek**, eines Dom=
herrn, zu Prag, Anweisung zu regieren, Giřj
zprawowna genannt. Der König selbst trug ihm
auf, eine Anweisung für Könige (Sprawa kra=
lowska) und eine Chronik zu schreiben. Dieß that
er, und endigte sein Werk am Neujahrstag 1471.
Es besteht eigentlich aus drey Theilen oder Bü=
chern. Das erste handelt von den Pflichten ei=
nes Königs, in Rücksicht des allgemeinen Wohls,
das zweite, wie er sich in Rücksicht seiner Person
verhalten soll, das dritte ist eine allgemeine Ge=
schichte vom Anfange der Welt bis auf seine Zei=
ten herab, worin häufig Winke gegeben werden,
was ein König meiden, oder befolgen soll. Die
gleichzeitige schöne Handschrift der Domkirche ist
mit Randanmerkungen von Balbins Hand ver=
sehen, und ist dieselbe, woraus er seine Auszüge
machte. S. Boh. docta II. 153. Doch wenn
Balbin S. 155 Caroli IV. vitam, instruc-
tionem Regis Georgii libris tribus, item
librum Chronicorum, hinter einander nennt,
so muß ich den Leser warnen, das Leben Karls IV.
und die Chronik nicht als ein von den drei Bü=
chern der Unterweisung getrenntes oder verschie=
denes Werk anzusehen, indem Karls Leben in der
Reihe der Kaiser im dritten Buche, nämlich in

der Chronik gelesen wird, wie sich selbst aus der gegebenen Probe Miscell. L. VII. p. 161 schließen läßt. Balbin theilte die Handschrift dem Domdechant Peſſina mit, nach deſſen Tode ſie in die Bibliothek des Domkapitels kam. Quem librum, ſchrieb Balbin noch im J. 1687, manuscriptum ex Bibliotheca Novodomensi, Praelato magno concessum, doleo hactenus recuperari non potuisse. Die Abſchrift der öffentl. Bibl. iſt vom J. 1656, und die Rayhraber, die Bonaventura Pitter, als er noch im Kloſter Břewniow war, 1750 verfertigte, 100 Jahre jünger.

4. Eine Sammlung aus böhmiſchen Chroniken, zur Warnung für die Böhmen bei der Wahl eines Königs (Sebránj z kronyk čeſkých k wýſtraže wierných Czechow) in einer Cerronischen Handſchrift auf Papier in 4.

Dieſe Warnung iſt eigentlich ein Aufruf an die Böhmen, wahrſcheinlich vor der Wahl des K. Georgs in der Abſicht geſchrieben, um die Böhmen durch Beiſpiele aus der Geſchichte (die meiſten ſind aus Dalimil) zu warnen, keinen Deutſchen zum Könige zu wählen.

m. **Sammlungen von Rechten, Gese=
tzen, Verträgen.**

1. Kniha Towačowſká. So heißt eine Samm=
lung der Freyheiten, Rechte, Ordnungen und
Gewohnheiten des Markgrafthums Mähren, die
der mähriſche Landeshauptmann Cribor (auch
Stibor) von Cymburg auf Tobitſchau um das
J. 1480 auf Verlangen vieler mähriſchen Herren
und Ritter veranſtaltete. Voigt hatte bei ſeiner
Anzeige Act. Lit. I. 153. 310., eine mangel=
hafte Abſchrift vom J. 1615. Auszüge aus
vollſtändigern Exemplaren ſtehen im Mähr. Ma=
gazin 1789, B. I. 37. 148. ff.

2. Regiſtrum zápiſůw, d. i. Regiſter oder
Verzeichniß der Verſchreibungen, vom J 1453.
Die Abſchrift der öffentl. Bibliothek iſt zwar jün=
ger, (etwa vom J. 1527) doch ſind die Urkunden
der Verſchreibungen, die hier ſummariſch ange=
führt werden, aus frühern Zeiten, und das Ver=
zeichniß derſelben iſt im J. 1453 verfaßt worden.

3. Die Satzungen der Prager Mahlerzunft, um
das J. 1430 ins Böhmiſche überſetzt, ſind in
Riegers Materialien zur Statiſtik von Böhmen,
Heft VI. 120 — 131 abgedruckt worden.

4. Die Baſler Compactata (vnluwa) auf
zwei Folioblättern zu Raygern, und noch einmal

in einer Handschrift in 4. von 9 Seiten. Es
gibt eine sehr alte Ausgabe davon ohne Druckjahr
in 4. Eine andere vom J. 1513 begleitete der
Administrator P a u l mit einer vorläufigen Nach»
richt. S. Bilejowsky's Kronyka Cyrk. S. 15.

5. Die Kuttenberger und Iglauer Bergrechte
(Práwo kralowské hornjkuow — Práwa gihlaw-
ská) von P e t e r P r z e s p o l e von Prag, Bür=
ger zu Kuttenberg aus dem Lateinischen übersetzt
und 1460 abgeschrieben, in einer Handschrift am
Strahow auf Papier in 4. Voigt verweiset in
der Beschreibung der böhm. Münzen. B. II.
S. 291. Note 58 auf eine Kuttenberger Hand=
schrift. Eine dritte vom J. 1529 bei Hrn.
Prof. Jungmann unter dem Titel: Práwa miest=
ská panow hornijkow, ist 330 Blatt stark. In
einer Abschrift der öffentl. Bibliothek in Quer=
Quart stehen die Iglauer Rechte voran, und
sind auf dem Koliner Schosse 1520, die Kutten=
berger aber von einer andern Hand 1524 ge=
schrieben worden. Der Anhang vom Bergbau
(o pawowánj hor) ist erst 1565 hinzugekommen.

6. Sententiae casuum forensium oder
Pandectae Brunenses ins Böhmische über=
setzt, in einer Handschrift zu Brünn auf der al=
ten Registratur N. 32. S. Jos. Wrat. von

R

Monfe über die ältesten Municipalrechte der
Stadt Brünn S. 3. Auch zu Raygern. S. Ju-
ra primaeva Moraviae S. 84, 103, wo
aus der böhmischen Uiberſetzung dieſer alten Ur-
theile einige dunkle Stellen erläutert werden. In
Betreff des lateiniſchen Originals ſind Voigts
Acta Lit. I. 29. zu vergleichen. Die böhmi-
ſche Uiberſetzung fängt an: Leta Panie 1343
Sedlaczy z Sſibnicz u. ſ. w. Davon ſind die
Práwa brnienſká in einer Handſchrift in Fol. vom
J. 1543 in der gräfl. thuniſchen Bibliothek zu
Tetſchen zu unterſcheiden. Ihr Anfang lautet:
Purgmiſtr a Prſjſeznj Mieſſtiane mieſta Brna.
Wortel prwnj z hradiſſtie mieſta. Takto ſe ſta-
lo ꝛc. Dieſes Brünner Recht enthält ſpatere
rechtliche Entſcheidungen. Einen ähnlichen Ko-
der fand der ſel. Profeſſor von Monſe in der al-
ten Regiſtratur zu Brünn Nr. 39, deſſen In-
halt er a. a. Orte angegeben hat.

7. Rechtsſprüche aus den Zeiten der Könige
Wenzel und Sigmund, von Albert Ogirz
von Oczedelicz geſammelt, unter der Auf-
ſchrift: o nálezůch panſkých, in einer Handſchrift
in 4. bei den Kreuzherren, worin auch Victorins
von Wſſehrd neun Bucher von den Rechten Böh-
mens zu finden ſind.

8. Des Victorin Cornelius von Wssehrd neun
Bücher von den Rechten, Gerichtsstellen und der
Landtafel des Königreichs Böhmen (Knihy bewa=
tere o Prawjch, a Saudech y o dsťách země če=
ské). Er widmete sie anfangs (1495) den drei
Brüdern Kostka von Postupitz, später (508)
auch dem König Wladislaw. Bis 1520, in
welchem Jahre Wssehrd starb, konnte er selbst
mehrere Abschriften besorgen. Rechtsfreunden
war dieser Commentar, der aus lauter Auszügen
der alten Landtafel besteht, ganz unentbehrlich,
daher er so häufig in Handschriften zu finden ist.
Die Handschrift der kais. Bibliothek zu Wien
führt Balbin am Rande seiner Epitome S. 567
an. Nach seinem in der Boh. doct. III. 196
geäußerten Urtheile ist es das vortrefflichste und
seltenste Buch (liber est praestantissimus et
inventu rarissimus). Er selbst scheint doch
noch ein Exemplar, das dem K. Wladislaw zu=
geeignet war, gekannt zu haben. Prochazka
hatte zwey Handschriften aus der Putzlacherischen,
die dritte vom J. 1515 aus der Kinskyschen,
die vierte vom J. 1593 aus der kön. öffentl. Bi=
bliothek vor sich. Miscell. 189. Die zwei Putz=
lacherischen kamen in die fürstl. Lobkowitzische
Bibliothek zu Prag, worin also jetzt drey Exem=

R 2

plare von diefem Werke zu finden find. In den
zwei jüngern fteht zu Ende des 8ten Buches das
J. 1497 und das 9te Buch ift an den Herrn
Albrecht von Lukftein und auf Mielnik gerichtet.
In der dritten ältern wird das ganze Werk dem
Zdienek von Poftupik auf Neufchloß, dem
Bohufch und Johann auf Leutomyfchel zugefchrie-
ben. Auch Balbin nennt diefe drei Brüder.
Sonft ift die lefenswerthe Vorrede, die mit den
Worten anfängt: Země čefka ob založenj fweho,
Páni z Poftupic, až do tohoto čafu, in den
meiften Handfchriften allgemein an die Herren
von Poftupic gerichtet, ohne fie einzeln zu nen-
nen Nebft der Kinfkyfchen vom J. 1515 kenne
ich nur noch zwei Handfchriften mit der Zufchrift an
den König, nämlich die Raudnitzer vom J. 1511,
und eine jüngere in den Händen des Hrn. Br.
von Pr. Die auf der Pfarre zu Přepich, opoč-
ner Herrfchaft, befindliche Handfchrift ohne
Jahrzahl hat zu Ende des 9ten Buches den
merkwürdigen Zufatz von einer andern Hand:
Leta B. 1501 we weliký pátek před hodem weli-
konočnjm, na Hradcy, der auf ein älteres Exem-
plar hindeutet. Ganz zu Ende nach den Worten
na famé wůli dofti geft fteht noch powědjno, und
dann weiter: Nemohlli fem doftatečně, nevmělli

sem bokonale bowěsti, ale w prawbě můz powě=
djno byti, že bobře powěděl sem, 1499 Sab-
bati Wamberk die S. Augustini. Auch
dieser Zusatz deutet auf eine frühere Abschrift hin.
Aber so alte Abschriften werden nicht mehr ge=
funden. Von jüngern kann ich noch drei nen=
nen, eine vom J. 1517 in der öffentl. Biblio=
thek, die zweite vom J. 1524 bei den Kreuzherren,
die dritte vom J. 1533 zu Raudnitz. Vor al=
lem verdient hier dasjenige eine Stelle, was
Wssehrd von dem Gebrauche der böhmischen
Sprache bei den Gerichtsbehörden sagt: aniž ta=
ké k českým saubům giného gazyku potřebj než
přirozeného českeho, poněwadž na žádném saudu
českem nemá ginak mluweno býti, ani ob cyzo=
zemcůw, kbyžby co před saudem činiti měli, než
česky, gakož práwo česke země káže. Neb y dstý
wssecky y Nalezowé wssickni neginak než česky se
pjssj. A z práwa se tak bubaucně psáti magj.

9. Nálezowé staři saudu zemskeho za krále
Wlabislawa, Rechtssprüche wie N. 7., aber
jüngere, in einer Handschrift zu Raudnitz nach
den 9 Büchern von Victorin Wssehrd vom J. 1511.
Sie fangen gerade so an, wie die bey Paul Se=
verin zu Prag 530 in 4. gedruckten: Za prá=
wo gest.

10. Nálezowé oder Landtagsſchlüſſe ſind in verſchiedenen Handſchriften einzeln zerſtreut zu finden, wie in dem Talembergiſchen ſchönen Coder zu Oſſek. Im gräfl. Czerniniſchen Archive zu Neuhaus iſt ein mit vielen Siegeln verſehenes Original eines böhmiſchen Landtagsſchluſſes aus der Mitte des XV. Jahrhunderts zu finden.

K. Georgs Münzordnung vom J. 1470, die Voigt in ſeiner Beſchreibung böhmiſcher Münzen B. II. 282 ff. aus einer alten Sammlung der Kuttenberger Bergrechte abdrucken ließ, iſt eigentlich auch ein Landtagsſchluß. S te l c a r will ſchon gedruckte, einen vom. J. 1478 in böhmiſcher und lateiniſcher Sprache, und einen andern blos böhmiſchen vom J. 1483 geſehen haben. Vom J. 1492 und 1497 kann man gedruckte Exemplare nachweiſen, bis endlich die Wladiſlawiſche Landesordnung im J. 1500 in gr. 4. unter dem Titel Nálezowé zu Prag erſchin. S. Böhm. Lit. I. 142. und II. 164. Ein drittes Exemplar befindet ſich in der fürſtl. Lobkowitziſchen Bibliothek, das vierte in der Bibliothek der prager Domkirche. Dieſe Landesordnung beſtehet aus lauter Auszügen aus der alten Landtafel, die 1541 in Rauch aufging. In einer Handſchrift zu Raygern in Mähren

fangen die Excerpte vom J. 1321 an, und ge=
hen bis zum J. 1485, wobei zu bemerken ist,
daß die Auszüge in böhmischer Sprache schon
mit dem J. 1396 anfangen, ungeachtet die Land=
tafelbücher selbst noch immer in lateinischer Spra=
che bis 1495 geschrieben waren. In diesem
Jahre ward beschlossen alle Bücher der Landta=
fel von nun an böhmisch zu verfassen. Diese Ver=
änderung bei der Landtafel geschah eben, als
Victorin von Wssehrd Vicelandschreiber war.
Er bezeuget es in seinem oben N. 8. angezeig=
ten Commentar an mehrern Stellen. Im 8ten
Kap. des 9ten Buches heißt es: včiněna gest
gesstě a to za mého vřadu we wssech dckách ta=
to proměna, že se giž čestý wssecky dcky pjssi,
kteréž sau se od počátku wzdycky latině psáwali
y registrowali. Von ihm hatten auch vier Bü=
cher den Namen knihy oder dsky Wiktorynowy,
Wiktorins Bücher. Im 25ten Kap. des 6ten
Buches erwähnt er des Beschlusses mit diesen
Worten: a ty oboge (zápisné) y giné wssecky dcky,
gakož giž powědjno gest, magj se čestým gazy=
kem psati. To stogj w menssjch zápisných léta
1495 w pondělj před S. Kedrutau. Noch be=
stimmter spricht er davon im 1sten Kap. des 4ten
Buches: Přitom toto za práwo gest nalezeno,

že wſſecky dſky zemſké králowſtwj čeſkého weliké
y malé, trhowé y puhonné y památné nemagj
giným než gazykem čeſkým přirozeným pſány by=
ti. Nález toho w památných dſkách leta božjho
1495 w pondělj před S. Kedrutau: Páni a
Wládyky. Der ganze Beſchluß wovon hier
der Anfang angeführt wird, iſt für uns unwie=
derbringlich mit der ganzen alten Landtafel ver=
loren. Dieſen Unfall hielt Victorin von Wſſe=
hrd fur ganz unmöglich, indem. er die Sicher=
heit der böhmiſchen Landtafel im 6ten Kap. des
6ten Buches ſo ſehr erhob. Ale wſſak liſtowé,
ſagt er, ſe potracugj, a mol, oheň y zloděg
gim vſſkoditi můž. Ale dkám ſtaroſt neſſkodj,
mole a ohně neznagj, na wodu a železo žadné
péče nemagj, zloděgům ſe ſmégj; wěrná ſtráž
wſſech .wěcy w nich zapſaných a wložených, bez=
pečně ſobě ſwěreného chowá, ne nám toliko a
dětem naſſim, ale gich dětem y těm, kteřjž ſe
narodj z nich. Allen andern Gefahren trotz=
te zwar unſre Landtafel bis 1541, nur dem
Feuer nicht, das ſie in dieſem Jahre ver=
zehrte.

n. Geſchichte und Geographie, Reiſe=
beſchreibungen.

Mit Uiberſetzungen hiſtoriſcher Werke haben
ſich die Böhmen im 15ten Jahrhundert weniger
abgegeben, als in der vorigen Periode. Von der
böhmiſchen Uiberſetzung der Geſchichte des Kreuz=
zuges nach Paläſtina im J. 1099, von Fuche-
rius Carnotensis, welche Heinrich (Hynek),
K. Georgs Sohn, veranſtaltet hat, kennen wir
kein Exemplar. Lupacius verſichert beim 15. Juli,
ſelbe ggl ſen zu haben. Bartoſſek von Drahenitz
ſchrieb zwar ſeine Chronik, die vom J. 1419 bis
1443 fortläuft, in barbariſchem Latein, hat
aber doch manche Nachrichten im Anhange auch
in böhmiſcher Sprache abgefaßt. Fragmente aus
der alten Geſchichte, beſonders aus der Kaiſerge=
ſchichte kommen in einer Handſchrift in 4. in
der öffentlichen Bibliothek vor, aber der allego=
riſchen Deutung wegen, die ihnen gegeben wird,
gehört die Schrift zu den Erbauungsbüchern.
Paul Žibek erwähnt auch in ſeiner allgemeinen
Chronik, die er dem K. Georg widmete, einer
Geſchichte des Huſſitenkrieges, die er erſt ſchrei=
ben wollte, wenn es der König verlangen würde.
Sein großes Werk, wovon er dem Könige ein=

zelne Ternionen vorlegte und wieder zurückver=
langte, nennt Balbin grande historiarum
volumen. Es ist aber eigentlich kein histori=
sches Werk, sondern eine allgemeine Encyclopädie,
worin von allen Wissenschaften gehandelt wird,
und ist lateinisch abgefaßt. Die einzige Abschrift
davon, die wir kennen, wird zu Krakau in der
Universitätsbibliothek aufbewahrt. Indessen gab
es schon Mehrere, die es versuchten, die Bege=
benheiten ihrer Zeit chronologisch in ihrer Mut=
tersprache zu verzeichnen, wie die Verfasser der
kuttenberger und königgrätzer Chronik, die Bal=
bin gut benutzte, und andere, deren Schriften
wir hier anzeigen, als:

1. Hussens Leben nebst einigen Briefen in 7
Kapiteln vom J. 1472, bei den Kreuzherren,
vermuthlich von Peter von Mladienowitz ver=
faßt, der als Notar des Johann von Chlum
zu Kosinitz Augenzeuge von Hussens Hinrichtung
war. Man pflegte es in den böhmischen Kir=
chen, wie es Lupacius beim 7. Februar bezeuget,
vorzulesen. Daher wurde es auch dem 1495
gedruckten Passional als Beilage beigefügt, auch
einzeln Prag 1533 in 8 gedruckt. In dem Ka=
talog der Raudnitzer Bibliothek ist derselbe, oder
ein ähnlicher Bericht, nämlich Zpráwa swědka

očitého, co ſe ſtalo L. 1415 w Konſtancy, ver=
zeichnet. Voran geht ein Geſpräch von dem
Abendmahl: Rozmlauwánj mezy ſwědomjm a
rozumem o wečeři Páně.

2. Die Chronik vom J. 1338 bis 1432, wel=
che nach einer Handſchrift der Domkirche in
Script. rerum Boh. T. II. mit einer lateini=
ſchen Uiberſetzung abgedruckt ward.

3. Eine böhmiſche kurze Chronik vom J. 1388
bis 1440 in einer Handſchrift in Folio, die je=
mals Pelzel beſaß.

4. Nowá Kronyka, d. i. Neue Chronik, als
eine Fortſetzung der alten von Beneſch von Ho=
řowitz überſetzten Chronik, die mit K. Wenzel
ſich endigte. Daran knüpfte ein Ungenannter,
den Balbin aus Uibereilung Mathias Lauda
nannte, den Faden an und beſchreibt die Bege=
benheiten ſeiner Zeit vom J. 1393 bis 1453,
und ſchließt mit der Hinrichtung des Smiřicky.
Beide Handſchriften, die Pelzel beſaß, und noch
eine dritte, die Stockholmiſche (die aber durch
beigeſchriebene Zuſätze aus einer andern Chronik
vermehrt iſt), ſind mit einer beſondern Vorrede
verſehen, worin geſagt wird, daß dieſe neue Chro=
nik für eine Fortſetzung der alten Beneſſiſchen
anzuſehen ſey. Von der leutmeritzer Abſchrift,

268

die bis zum J. 1470 reicht, ließ Dobner eine
lateinische Uiberſetzung verfertigen, die aber dem
ſel. Jar. Sch. äußerſt ſchlecht gerathen iſt, und
in ſeinen Monum. hist. T. IV. als eine
Fortſetzung des Pulkawa, weil ſie im leutme=
ritzer Exemplar nach dem Pulkawa ſteht, abdru=
cken. S. meine Reiſe nach Schweden S. 47. ff.
Allerdings ſind die ſogenannten gewöhnlichen
Fortſetzungen des Pulkawa aus dieſer neuen
Chronik gefloſſen. In der Jansdorfiſchen Co=
pie des Pulkawa folgen noch auf die Fortſetzung,
die bis 1470 fortläuft, noch andere chronolo=
giſche Auszüge vom J. 1435 bis 1503. In
der breslauer Abſchrift des Pulkawa reicht die
Fortſetzung bis 1471 und ſchließt mit der Auf=
ſchrift: Korunowanie Krale Wladiſlawa druheho
krale čeſtého, worauf in 16 Zeilen erzählt wird,
was die Aufſchrift beſagt.

5. Eine vollſtändigere Compilation aus meh=
rern Chroniken, die ſchon vom J. 1312 anhebt,
und bis 1509 fortläuft, in einer Handſchrift
auf Papier in 4. bei den Kreuzherren. Es kom=
men ſehr wichtige Nachrichten von Rokyczana's
Verhandlungen darin vor, die noch kein Ge=
ſchichtſchreiber benutzt hat. Des Compilators
Fleiß iſt unverkennbar. Er borgte zwar dem Ver=

faffer der neuen Chronik vieles ab, hatte aber
noch ganz befondere Quellen, aus denen er
fchöpfte.

6. Ein genauer Bericht von den fruchtlofen
Verhandlungen der böhmifchen Gefandten zu
Rom 1462, die K. Georg dahin fchickte, um
dem Pabfte Gehorfam zu leiften, und von ihm
die Beftätigung der Compactate zu erhalten.
Dieß fchätzbare Aktenftück fand ich zu Stockholm.
S. meine Reife nach Schweden S. 52. Das-
felbe ift auch in der kaif. Hofbibliothek zu Wien
im Cod. Theol. 480 zu finden.

7. Paul Zibeks Chronik, eine allgemeine
Weltgefchichte nach der damals üblichen Eintheil-
lung in 6 Zeitalter, für den K. Georg eigens
gefchrieben. Sie macht eigentlich von dem Un-
terrichte für Könige (Zpráwa kralowfká, Zprá-
wowna) den dritten Theil aus. Die ältefte Ge-
fchichte ift ganz unbrauchbar für uns, die neuere
enthält in der Reihe der Kaifer einige Nachrich-
ten, die uns näher angehen. Karl IV. wird
fehr gelobt, fo wie Wenzel getadelt. Kaifer
Friedrich befchließt das Werk. Die Päbfte und
Heiligen, die Zibek bis auf Paul III. auf die
Reihe der Kaifer wollte folgen laffen, blieben aus.
Balbin hatte die Handfchrift in Neuhaus ge-

funden, die durch Peſſina in die Dombibliothek
kam. Hunc librum alio loco non facile
repereris, ſagt er Boh. d. III. 136. Es
gibt aber jüngere Abſchriften davon. Zibek's
Styl iſt zwar natürlich und ungeſucht, aber doch
der großen Eile wegen zuweilen nachläſſig, und
Balbins Lob in ſeiner Boh. d. II. 156 iſt
wohl etwas übertrieben, wenn es heißt: In li-
bro Chronicorum compendium Theolo-
giae recitat tanta proprietate Bohemi-
corum verborum, ut post S. Cyrilli li-
bros slavice scriptos (woran mag wohl
Balbin bei dieſen Worten gedacht haben?) nul-
lum de hoc argumento lingua patria
tam genuine loquentem inveniam. Der
ganze Auszug der Theologie beſteht in der Auf-
zählung und Erläuterung der Eigenſchaften Got-
tes, von denen er vor der Schöpfungsgeſchichte
handelt. Was unſern Balbin ſo ſehr für den
Verfaſſer einnahm, war ſein Eifer gegen die
Ketzer und ſeine Freimüthigkeit, dem Könige der-
be Wahrheiten zu ſagen. Wo ſeine Keckheit zur
Unart und Grobheit wird, ſchrieb Balbin am
Rande bei: audax dictum in regem Ge-
orgium. Dieß bezieht ſich auf den derben Aus-
druck: Paſtuchg lépe u. ſ. w. Als Probe des

Styls mag hier noch einiges, das unmittelbar
vorangeht, stehen. Wo er im 4ten Zeitalter
vom David handelt, klagt er darüber, daß ihm
niemand eine Bibel, die er nöthig hatte, habe
leihen wollen, und nun bricht er in die Worte
aus: O králi zleť geſt, zleť geſt wieru, králi
milý, opatř ař geſt ginak, a bog ſe, ař raua
bozj na tie nepřigde., neb nenie dobře chubince
ani dobrým libem pod tebu než otiſť weliký,
opatř to a nemlč leže w kutie; gizť ſem ſe ob-
wážil, abych prawbu pſal, ť twé žadoſti pro
twé dobré neb ginak ňebyl bych wierný ſlužeb-
njť twůg. O králi, o Pane můg miloſtiwý,
paſtucha lépe opatřj ſwé ſtabo, nežli twá We=
lebnoſt ſwé kralowſtwie. Bei jeder Gelegenheit
ſucht er den König zurecht zu weiſen. Lächerlich
iſt es, wenn er dem König auch den Vorwurf
macht, daß er nicht ein Kameel habe, da Job
ihrer 500 hatte.

8. Die Nachricht von des Bruders J o h a n n
P a l e č e k witzigen Einfällen, in einer Handſchrift
der Dombibliothek unter dem Titel: Pamiet
bratra Jana Palečka. Nach der Ribayiſchen
Handſchrift heißen dieſe Erzählungen Artykulo=
wé Palečka. Der Buchdrucker Johann Gitčin=
ſký führt in der Vorrede zu ſeinem Tytulář vom

J. 1567 einen Artikel an, und nennt den Bru=
der Palecžek den böhmischen Philosophen, der un=
ter König Georg gelebt habe. Sirt Palma ver=
besserte die Sprache dieser Artikel, und gab sie
(um das J. 1610) unter dem Titel: Hystorya
o bratru Paleckowi stawu rytjřsľého, zu Prag
in 12. heraus. Er eignete sie dem Gregor
Smrček, Primator zu Soběslaw und dessen Frau
Dorothea žu, und begleitete sie mit folgenden
Versen:

Kratochwilná hystorye tato
Můž býti y k naučenj tak mám zato,
   Kterážto mezy lidmi rozepsaná
   Gest ob dáwných času mnohým známá.
Teď nynj w česstině pooprawená
K žadosti některých wytisstěná.

Dem Berliner Nachdruck (um das J. 1756)
gab man den Titel: dwanáct kusů a nebo Ar=
tykulů ꝛc.

9. Prokops neue gereimte Chronik (Proko=
powa nowá kronyka). Ihr Verfasser ist wohl
kein anderer als Prokop, Stadtschreiber der Alt=
stadt Prag. Wie weit sie reichen mag, laßt sich
aus den Fragmenten (zusammen 72 Verse), die
ich nach dem lateinischen Commentar Karls IV.
in einer Handschrift zu Nikolsburg fand, nicht

ganz gewiß bestimmen. Doch scheint sie mir entweder vor Podiebrads Wahl, oder doch nach deſſen Tode abgefaßt zu ſeyn. Prokop reimt in dem Tone, den Dalemil in der vorigen Periode angegeben

Jakoʒ král Ottokar také
Drʒie ʒemie negednaké,
Cʒoʒ gich ob kdanſkeho moře,
Bliʒ aʒ ku Benatſké hoře,
Ʒe‚geſt čeſke pány tupil,
A ge na gich ſtatcʒiech hubil,
I lucʒil tiecʒcʒe ob ſebe,
Cʒiʒoʒemcuom ſwierʒiw ſebe,
Eʒ gich nemiel ku pomocʒi
W bogi, dal ſie tak prʒiemoci,
Horliwu gſa hnut ſmieloſtj
Ʒahynul w bogi s pakoſtj.
O témʒ ſyn geho ſmyſleſſe,
Ʒe ſie s rakuſſany pogieſſé,
Cʒehoʒ ʒemane branichu
Toho ſie drʒal pohrʒiechu,
Ʒe proto ʒaloſtj ʒhynu,
Neb Cʒechuow w radu newinu.
Déʒ Waniek mladý ſyn geho,
Kdyʒ dogide knieʒſtwa ſweho,
Jakʒ Durink k nyemu w ſluʒbu přiſtupi,
Tak geho ʒatruti.

S

Rabú wſſe to Rakuſkého

W ty czaſy krale rziſkého.

Zrzij iakt niemci czechuom prziegj,

Gich zlému ſie 6 placzem ſmiegj.

Seſtřenec byl kralı tomu,

Wſſak mu neprzal w geho domu.

In einem andern Fragmente ſchildert Pro=
kop die ſchlimmen Folgen der Anarchie; und mun=
tert zur ſchleunigen Wahl eines Königs auf:

Rucze wolte ſobie krale,

Kral to wſſe zlé pak vwale,

Staw lepſſj w zemi vwede,

A wſſecko dobré přiwede.

K tomu Biſkup y preláti

Budu moci zaſe wſláti,

Y w gednotu vwedeno

Bude Kniezſtwo génz dwogeno.

10 Des Marko Polo Beſchreibung des Mor=
genlandes, aus dem Lateiniſchen überſetzt, ſammt
Mandevills Reiſe, in einer Handſchrift auf Pa=
pier in 4., die Hr. Hanka beſitzt. Zu Ende des
Marco ſteht die Schlußformel: Dokonal gſem é bo=
zie pomoczi knyhi tyto genz ſlowu Milion Mar=
kuſſowy z Benatek Genz ſprwu tyto wieczi
popſal o obyczegich a polozeni kragin na wzchod
ſluncze A ſu dokonany a pſani na Lethowiczich

w sobotu po swate Markaretie. Die Abschrift
gehört zwar in die Mitte des XV. Jahrhunderts,
allein die böhmische Uibersetzung selbst mag wohl
älter seyn. Sie ist in 3 Bücher, und jedes
Buch in mehrere Kapitel eingetheilt. Auch
Mandevills Reise ist hier in mehrere Kapitel ge=
theilt, deren Inhalt roth verzeichnet ist. Diese
Handschrift ist also noch zu N. 16 der vorigen Pe=
riode (oben 165) nachzutragen. Nach der Hand
ward mir noch eine andere vom J. 1472 in 4.
von 121 Kapiteln bei den Kreuzherren vorge=
zeigt. In der literärischen Nachricht zu Ende
der zweiten Krameriusischen Ausgabe vom J. 1811
werden noch zwei jüngere Abschriften namhaft
gemacht, die aber beide nach gedruckten Exem=
plaren verfertigt sind. Eine bei en Kreuzherrn
nach der Ausgabe 1576 bei Burian Walda, die
andere für den Druck 1687 abgeschrieben, nach
der Ausgabe vom J. 1600 bei Ulrich Walda.
So wäre denn der fabelhafte Mandeville sieben=
mal, zweimal zu Pilsen 1510, 1513, und
fünfmal zu Prag 1576, 1600, 1610, 1796
und 1811 gedruckt worden, wo doch dem treuern
Erzähler Marko diese Ehre nicht einmal widerfuhr.

11. Ein Tagebuch der Reise, die 3 dienet
Lew von Rozmital (Rosenthal) um das

J. 1465 durch Europa und einen Theil von Asien unternommen. Einer von seinem Gefol ge, der den Hofnarren (Sfassek) machte, setzte das Tagebuch in böhmischer Sprache auf: Das böhmische Original hatte Stanislaw Pawlowsky vor sich, der es ins Latein übersetzte, und 1577 in 8. zu Olmütz drucken ließ.

12. Martin Kabatniks Reise nach Je= rusalem und Aegypten auf Papier in 4. in der Bibliothek der Domkirche. Er trat die Reise im März 1491 an, und kam 1492 im November zurück, wie am Schlusse bemerkt wird. Das Druckjahr 1491 der ersten Ausgabe beim Regen= volscius, und aus ihm beim Maittaire ist also ein offenbarer Mißgriff, und selbst das Jahr 1518, das Kandid in Boh. docta angab, ist mir verdächtig. Vermuthlich soll das J. 1578 ste= hen. Ohne Zweifel ist die von Adam Bacca= laureus im J. 1542 besorgte Ausgabe von Kabat= niks Reise die allererste. Ulrich Präfat, der vor dem Antritte seiner im J 1546 unternommenen Reise den Kabatnik lesen konnte, nennt ihn aus= drücklich in der Vorrede seiner Reisebeschreibung. Die Ausgabe vom J. 1577 bei Dačický be= trägt 5½ Bogen, und steht im Inder S. 226 unter dem Titel: Putowánj. Zu Olmütz ward

fie im J. 1639 in 8 bei Hrabecky, und 1691 zu Prag, gar oft auch ohne Jahrzahl, nach= gedruckt.

12. Die Beschreibung der heiligen Orte im gelobten Lande, die Niklas Bakalař zu Neupilsen im J. 1498 in 8. druckte, beträgt nur etwa 2 Bogen, und ist als Uiberſetzung von viel ge= ringerm Werthe, als Kabatniks Reiſe. Dem Leben Mahomets, das 1498 bei demſelben Niklas erſchien, iſt noch ein Tractat von verſchiedenen Völkern, die zu Jeruſalem und im Morgenlan= de wohnen, angehängt. Eine ähnliche verkürzte Nachricht von neun Verſchiedenheiten der Chri= ſten aus Peters von Braitenbach Traktat ſteht auch hinter Kabatniks Reiſe vom J. 1577.

13. Die Reiſe zum h. Grabe, welche Johann von Lobkowitz und Haſſenſtein von Ka= den aus 1493 mit ſeinem Gefährten Dietrich von Gutenſtein unternommen, und ſelbſt mit altritterlicher Treue kunſtlos um das J. 1505 beſchrieben hat. Eine Abſchrift vom J: 1515 in 4. kam aus dem Auguſtinerkloſter bei St. Wen= zel in die öffentliche Bibliothek, woraus die ganz neue Copie in der fürſtl. Lobkowitziſchen Bi= bliothek abgeſchrieben ward. Dieſe Reiſe hätte vor vielen andern den Druck länhſt verdient.

o. Arzneykunde, Astrologie, Land, wirthschaft.

Wenn gleich unsre vaterländischen Aerzte, M. Gallus; Albik, Christann, Schindel, Zidek, in ihren Schriften der lateinischen. Sprache den Vorzug einräumten, so fehlt es doch in dieser Periode nicht an böhmischen Auszügen aus beliebten medizinischen Werken. Selbst in ältern Werken kommen schon Pflanzenverzeichnisse mit böhmischen Benennungen vor, wie es Hr. Graf von Sternberg in seiner gründlichen Abhandlung über die Pflanzenkunde in Böhmen an mehreren Stellen richtig bemerkt hat. Vom Magister Gallus haben wir ein regimen sanitatis ad Carolum Imperatorem, einen Traktat de urinis und excerpta de libris Medicorum. Letzterem Werkchen in 8. auf Pergamen (ehedem in der strahöwer Bibliothek) ist ein herbarium angehängt, worin häufig auch die böhmischen Namen der Pflanzen beigesetzt sind. Bei absinthium montanum z. B. steht nechrast, bei diptamnus trzembala, bei herba S. Philippi lepek, bei nemifar stulkep, alias stulnik. Was Blatt 93 bis 110 von Salben (o mastech) vorkommt, ist von etwas jüngerer Hand. Ein ganz ähnliches alphabetisches lateinisch = böhmisches

Pflanzenverzeichniß ist in einer Handschrift der
Raudnitzer Bibliothek zu finden, deren Inhalt
Hr. Graf Sternberg S. 42 genau angegeben hat.
Auch hier fehlt es selbst bei andern Aufsätzen nicht
an böhmischen Gloſſen z. B. contra inflaturam,
quae in vulgari Bohemico dicitur prſy=
mnet. Item herba cruciana vulgariter
prſymnetne korzenye dicta. — Contra rup-
turam post partum protyw natrzenynye. So
steht neben den böhmischen Worten: Prawy po=
ruſnyk mezy ſwatyma marzyma ryty leczy wſſe=
lykaky vd wywynuty bez natrzzenye, kdyzz gey ra=
no y weczer kdyzz chczeſſ ſpat gyty hryzeſſ, am Ran=
de: contra exitum membri de juncturis. Die=
ſes böhmische Rezept reicht gewiß, nach der Or=
thographie zu urtheilen, noch ins vierzehnte Jahr=
hundert. Später erscheinen solche Gloſſen immer
häufiger. Selbst Christann von Prachatitz, der
1439 als Pfarrer bei St. Michael zu Prag starb,
schrieb sein Kräuterbuch zuerst lateinisch; doch
stehen in der Cerronischen Handschrift vom
J. 1416 die böhmischen Namen der Kräuter ne=
ben dem lateinischen im Texte, die deutschen aber
am Rande. Das ganze Kräuterbuch enthält 93
Pflanzen. Mit absinthium peliniek fängt es
an, und mit zinziber zazwor schließt es. Als

Mathematiker oder Astrolog schrieb er in böhmi=
scher Sprache eine widerlegende Replik auf ein
Prognostikon eines andern, die in der Hand=
schrift des Pulkawa bei den Kreuzherren zu fin=
den ist. Es ist schwer zu bestimmen, wie viel
und welche Stücke in den böhmischen Samm=
lungen medizinischer Schriften ihm als eigent=
lichem Verfasser zugehören mögen. In Mag.
Schindels lateinischem Commentar über den
Macer, in einer Handschrift der öffentlichen Biblio=
thek vom J. 1424, werden nicht selten Pflanzen
und Krankheiten böhmisch benannt. In der gro=
ßen Encyclopädie des Doctors Paul Žibek, wel=
che auf der Universitätsbibliothek zu Krakau auf=
bewahrt wird, sind mehrere böhmische Benen=
nungen der Bäume und Pflanzen neben dem la=
teinischen Terte, worin er von Kräutern han=
delt, am Rande beigeschrieben. Ganz in böh=
mischer Sprache verfaßte hieher gehörige Aufsätze
sind mir folgende bekannt.

1. Poklad chudých, d. i. Schatz der Armen,
eine Uibersetzung im Auszuge aus einer der vielen
medizinischen Schriften, die den Titel thesau-
rus pauperum führen. In der schönen ver=
gamenenen Cerronischen Handschrift nach den böh=
mischen Rechten S. 60 bis 70. Fängt an:

Agwyn tak rzeczeny myſtr prawy to zagiſto, ze
kazdy czlowiek ſſeſteru wyecz czynye zachowá
ſiwe zbráwye. Nach den diätetiſchen Regeln wer=
den etwa 50 Kräuter beſchrieben. Am längſten
wird bei der Bukwice (Betonica) verweilet.
Zuletzt Zeichen des Todes und der Geſundheit
nach Galienus.

2. Miſtra Krſſtanowa lekaſſke kniehy (des
Meiſters Chriſtann Arzneybücher) in einer Hand=
ſchrift der Prager Domkirche in Fol. Der Zu=
ſatz in der Aufſchrift y gine lekarzſke wieczy macht
es zweifelhaft, ob alle Aufſätze darin ohne Aus-
nahme dem Chriſtann zugeſchrieben werden ſollen.
Nach der allgemeinen Diätetik aus dem Akwin,
den Geſundheitsregeln des Peters aus Spa-
nien, dem Unterrichte vom Urin nach Iſak,
einem Sohne des Königs (?) Salomon, der Leh=
re vom Pulſe, von den Kennzeichen der Krank=
heiten aus dem Galienus, Hippokrates, folgen
die Arzneymittel (Lekowe) für alle Krankheiten,
vom Kopfe anzufangen bis zu den Füßen, B
20 — 99. Die letzte Rubrik iſt: komuz ſe
nohy pabagij. Hierauf unmittelbar von den
Wirkungen des Eichenmiſtels (o dubowem qmelij).
Die Wundarzney (knihy ranne) macht einen be-
ſondern Theil aus, worauf endlich als der dritte

Hauptttheil das Kräuterbuch (Herbarz) folgt, wor=
rin die Kräfte der Kräuter nach dem Alphabete
beschrieben werden. Angelika macht den An=
fang und Zanikl das Ende. Die Bücher von den
Planeten und den zwölf Himmelszeichen, Bl. 140
— 190, worin auch vieles lateinisch vorkömmt,
beschließen diese Sammlung. In der Stockholmer
Handschrift, deren Besitzer im J. 1550 Hein=
rich von Schwamberg, Hauptmann des Prachi=
ner Kreises, war, steht diese Sammlung nach
dem sogenannten Kern (gabro) mit der Uiber=
schrift: Miſtra Křiſſtana lekařſſé knihy y giné le=
tařſſé wěcy. Der Tractat von den Heilmitteln
aller Krankheiten ist von jüngerer Hand, und
steht erst nach dem Buche von den Planeten.

Die Raudnitzer Handschrift vom J. 1516
in 4. hat die Uiberschrift: Lekařſtwie giſtá a
zkuſſená Miſtra Kryſtiana dobre pamieti.
Ein Besitzer vom J 1542, der den Inhalt am
Rande anzeigte, machte die Bemerkung: držjm
zie má byti Kryſtanna, kterayz gſa z Pra=
chatic žiw byl leta 1430 a wypſal pieknic o pau=
ſſtienij krwe. Noch gewöhnlicher ist im Böhmi=
schen der Name Křiſſtan. Die Vorrede lau=
tet: Wſſelíká mudroſt ob pana Boha geſt ꝛc.
Die Rubriken der Handschrift sind folgende:

o čtyřech rozdjljch leta, o zdrawie člowieczim
(nač dem Akwinas), o zachowanie zdrawj mi⸗
ſtra Petra Hyſpanſkeho, Bl. 1 — 9. O mo⸗
czi nach Iſak, Bl. 10 — 25. Der Compilator
nennt ſich hier ausdrücklich‘ einen Bruder des
Franziſkanerordens: ya bratr zakona ſwat. Fran⸗
tiſka wybieral ſem to w hromadu, und nennt die
Meiſter, aus deren Büchern er geſchöpft, den
Hippokrates, Galien, Konſtantin, Bartholo⸗
mäus, Peter aus Spanien, den Meiſter vom
Berge Caſſino, den Gilbert, Ortolf, Akwin.
O žilach, Bl. 26 — 29. Znamenj nemocy
ſmrtedlná (aus Hippokrates, Galienus) Bl. 29
— 37. O wſſech nemocech ob ſameho wrchu. až
do paty, Bl. 38 — 168. Ktere wiecy vdům
pomahagij, Bl. 168 — 177. O dubowem me⸗
lij, 2 Blatt. Knihy ranné s weliku prach· z gi⸗
nych wybranné Bl. 179 — 190. O praſſich
a maſtech, 4 Blatt. O mocech kořenj, Bl.
194 — 250. Von Angelika bis Zanykl.
Zuletzt noch von den ſechs nothwendigen Dingen
zur Erhaltung der Geſundheit (aer, esca, quies,
repletio, somnus et ira, haec modera-
ta prosunt, immoderata nocent).

3. Eine ähnliche Sammlung, die aber einige
Stücke mehr enthält, ohne Chriſtanns Namen,

in einer schönen Handschrift der öffentl. Biblio-
thek in Fol. aus der Mitte des 15ten Jahrhun-
derts, 175 Blatt stark, Nr. 27. Der Kalender
steht an der Spitze, dann folgt von den Einwir-
kungen der Planeten auf den Körper, Vorsichts-
regeln in der Pest (proti sselmowemu času), der
chiromantische Traktat des Philo (o rukowie-
dienj), Bl. 6 bis 14. Da unter den Heil-
mitteln gegen die Pest auch ein Pulver des Mei-
ster Krystann angeführt wird, so kann dieses
Stück nicht von ihm selbst seyn. Jetzt erst steht
die Vorrede: Wsselika maudrost und die übrigen
kleinern Traktate folgen, so wie die Arzneymit-
tel, von dem Franziskanerbruder gesammelt, der
von sich erzählt, daß er ein Mittel gegen die
Narrheit in Brün versucht habe, und der den Mei-
ster Krüsstan aus Achtung Meister Plato nennt.
Die Wundarzney (knihy ranné) wird hier ver-
misset, aber das Kräuterbuch fängt, wie sonst,
mit den Worten an: Angelika aneb swateho du-
cha korzenie gest pomoczno proti czarom ktoz
ge przi sobie nosy a wzdy rano hryze ꝛc. Der
Traktat von den Planeten heißt in der Schluß-
formel Practiken: Skonawagj se Praktyky,
die aus den Werken vieler Weisen und Astrono-
men verschiedener Länder und Städte, worunter

auch Krakau, Prag, Wien genannt werden,
gezogen sind. Ganz zuletzt ein Unterricht vom
Aderlassen, die Zubereitung eines Sirops, und die
Wirkungen einiger Wässer. Eine stockholmer
Handschrift, die sich noch 1604 in der Rosen=
bergischen Bibliothek befand, enthält weniger
und auch mehr. Philo's Chiromantie vom
J. 1528 steht gegen das Ende nach dem Trak=
tate von den Planeten und nimmt 8 Blatt ein.
S.. meine Reise nach Schweden S. 67. Noch
genauer kommt die Handschrift der öffentl. Bibl.
in Fol. N. 133, um das J. 1498 geschrieben,
mit Nr. 27 überein, wenn gleich die Aufsätze
nach dem Kalender nicht in derselben Ordnung
auf einander folgen. In dem Kalender nahm er
die bekannten böhmischen Verse über jeden Mo=
nat auf wovon ich in der Reise nach Schwe=
den S. 54 aus einer ältern Handschrift eine
Probe gegeben habe, die ich hier aus unsrer
Handschrift fortsetzen kann:

Brzezen nedá krwe leti,
Welj z gara semena sieti.
Duben časy mienj,
A obbrži sjolu zemi.
May rosu dáwá
Tráwu a stromy listem obiewá.

Ezerwen báwá jahody,
A ſeeze koſami luky.
Ezerwenec žne žyta
A tež wiſſnie k ſobe přiwitá.

Alſo hier heißt ſchon der Junius čerwen, der Julius čerwenec, wo dort umgekehrt der Junius črwnec, der Julius črwen hieß.

Der Sammler ſchaltete mehrere lateiniſche Traktate ein, verſah ſie mit eignen Gloſſen, und gab ihnen böhmiſche Uiberſchriften, z. B. o wo- dách rozličnych, wo der Aufſatz von verſchiede- nen Wäſſern lateiniſch abgefaßt iſt, und nur die Nahmen der Pflanzen auch böhmiſch vorkommen. O olegich lateiniſch, und vom Roſenöle der Wundärzte böhmiſch. O krwj puſſtienj, latei- niſch und böhmiſch. Von Verminderung des Blutes mit Blutegeln, iſt lateiniſch geſchrieben, endigt aber mit böhmiſchen Verſen, wie man ſich nach der Aderlaß verhalten ſoll:

Po puſſtienj prwnj den
Bud na wečeri ſkrowen.
Weſelij ſe den druhy,
A odpočjwat třetj cely u. ſ. w.

Nach den Arzneymitteln, die der Franziſka- nerbruder geſammelt, ſteht Doktor Arnolfs Traktat von dem geſegneten Eichenbaume an Bi-

schof Begharb. Philos Chiromantie wird durch
vier Zeichnungen der Handlinien erläutert, worauf
die Vorrede Wsselikd maudrost, und die ge=
wöhnlichen Stücke von den vier Jahrszeiten, von
Erhaltung der Gesundheit nach Peter aus Spa=
nien, und das Kräuterbuch von 130 Pflanzen fol=
gen. Wider die Blattern, Krätze, dann ko=
muž nohy hnigj. Hier nennt sich der Interpo=
lator einen Apotheker: taf gatž sem ia Appote=
tář widiel a taf mi gest tate kniez Miifulasö pra=
wil, daß man alte Fußschäden nicht gänzlich
heilen soll, wie es ein Armenier in Krumau ge=
than habe. Die Wundarzney (ranné kniḥy) be=
tragen 22 Seiten, und das Buch von den Pla=
neten 30 Blatt. Das alphabetische Traumbuch
(snář) nimmt 4 Seiten ein, dessen Einrichtung
aus zwey Beispielen einleuchten wird. Berana
aneb stopce wibieti, poticssenie znamend. Zenu
staru pogjmati, nic dobreho znamend. Snowe
Jozepha (Träume Josephs) enthalten Deutun=
gen der bloßen Buchstaben: A wnznamendwd
prospiessnost a sstiastné wiecy w žiwotie swem mj=
ti. X wnznamendwd rozmnoženj ḥṙikḥůw.

4. Ein Traktat von den Gebährenden und von
Weiberkrankheiten, ferner von den Planeten und Him=
melszeichen, 36 Seiten in 4. in einer Gerronischen

Handschrift gegen das Ende des 15ten Jahrhun=
derts. Am Schluße heißt es: Sepnatom a na
planetach dosti bude. Zur Bereicherung unsrer
Wörterbücher dienen die vielen Kunstwörter, die
hier vorkommen. Man stößt noch auf den Dual
sta für gsau. Znamenay že watein ma trži roz=
djly, prwnj sluwe watein, druhe futein, třetj
dieioha. Ziwena animal, obogenec herma-
phroditus. Wateň se rožtrhne až do bžda=
že bude oboge gedna bjra. Der Thierkreis heißt
znamokrot, die Zeichen des Thierkreises zwicro=
czešlj, die Planeten biehohwiczby. Einige Na=
men der 12 Zeichen klingen ganz sonderbar:
Sskopnec, Bykowec, Blizency, Rakonow, Le=
woň, Diewkona, Wahna, Ssticropeň, Strelo=
koň, Kozorojec, Wodnář, Rybnář. Benen=
nungen der Temperamente sind prawokrew, wo=
dokrew, kalostud, pienohorkost, und das Tem=
perament selbst ist letora. Die übrigen Auffäße
in dieser Handschrift, als des Euricius Cordus
Buch von der Beschauung des Urins, die Er=
leuchtung der Aerzte aus drei Theilen bestehend,
allerlei Mittel wider die Pest, wider die rothe
Blatter u. s. w., endlich die Wirkungen einiger
Kräuter und gebrannten Wässer, S. 151 — 557
sind von jüngerer Hand.

5. Der auserlesene Kern (gábro) aus vielen Arzneybüchern gesammelt, enthält Mittel gegen alle Krankheiten vom Kopfe bis zu den Füßen, und ist noch sehr häufig im 16. Jahrhundert abge=schrieben worden. Siehe den Inhalt der Stock=holmer Handschrift in meiner Reise nach Schwe=den S. 65. In der öffentl. Bibl. sind vier Handschriften, in der Raudnitzer eine vorhanden. Vor mehrern Jahren besaß ich eine Handschrift vom J. 1534; die ich jetzt besitze, ist vom J. 1518. In dieser sind die letzten Rubriken des Kerns: von der Schlangenhaut, von den Kräf=ten der Betonika, vom gebrannten Weine (o wj=ně ženém), vom Theriak, und ganz zuletzt ein Mittel gegen Schwäche des Magens und Kopfes. Von derselben Hand folgt nun 1) das Christan=nische Kräuterbuch auf 53 Seiten, das mit Anez anfängt. Die Angelika konnte hier am Anfange ausgelassen werden, w il sie unter Swa=teho ducha kořenie wieder vorkommt. 2) Ein Anhang vom Pflanzen der Obstbäume auf 8 Seiten. Die Abschrift bei Hrn. Appellations=rath Br. enthält noch die Pferdarzney, die hier einem Ritter Ordanus bei Käiser Fried=rich zugeschrieben wird, nebst einem Auszug aus den secretis mulierum des Aristoteles. Nach

T

einer Handschrift vom J. 1554 wird vom Pferd=
arzneybuche (lekařstwj koñstá) der Meister Al=
brecht als Verfasser angegeben. Nach den ge=
druckten Exemplaren war dieser Albrecht Kaiser
Friedrichs Stallmeister und Pferdarzt.

6. Meisters Johann Arzneybücher (knižky le=
kařste Mistra Jana) abgeschrieben im J. 1525
in 4. in der strahöwer Bibliothek. 273 Blatt.
Der erste Theil enthält Mittel gegen alle Krank=
heiten, der zweite handelt von Wässern, der
dritte von Salben und Kräutern. Wer ist die=
ser Meister Johann? Entweder Johann von
Blowicz, der 1502 am 3ten Jul. starb, oder
Johann Czerný, der schon 1480 zu Prag
im Collegium Reczek einen Commentar über den
neunten Traktat des Rasis in lateinischer Sprache
schrieb, und ihn 1496 zu Leutomischl mit einigen
Blättern vermehrte, davon sich eine böhmische
Uibersetzung, die der Bakalar Niklas Wra=
na, sonst Adelfi genannt, auf Johann Zbor=
sky, Burgers und Arztes zu Leutomischl, Ver=
langen verfertigte, in einer Handschrift vom
J. 1566 in Fol. in der öffentl. Bibl. befindet.

7. Die Wundarzney, von großen Meistern ver=
faßt, unter denen nur Meister Anton von Neapel
genannt wird, in einer Handschrift der öffentl.

Bibl. aus der zweiten Hälfte des 15ten Jahrh.
330 Blatt in klein 8. Enthält nur vorn hinein
einiges Chirurgische, und geht dann zu verschie=
benen Mitteln gegen Krankheiten über. Häufig
kommen Vorschriften von vaterländischen Aerzten
vor. Nebst Meister Gallus (Hawel), Christan,
Sſindel, David von Tabor werden auch Meister
Přibram, ein gewiſſer Bartoſſ, ferner Heinrich
von Olmüß und Arneſt von Olmüß angeführt.
Die Salbe der Frau Leſſowec, wenn Pfeile oder
Kugeln aus der Wunde herausgezogen werden,
wird, ſo wie das Segenſprechen der Herrn Le=
ſſowec, Wlchowec, Labut, Habart, empfohlen.

8. Die Chirurgie des Rafis, nach den Vor=
leſungen des berühmten Meiſters Wilhelm Burgenſis
von Congenis, der zu Montpellier über die chirurgi=
ſchen Bücher des Rafis las. Ein Schüler Wilhelms
brachte ſie in Ordnung, und theilte ſie in fünf
Theile, deren jeder mehrere Kapitel enthält, und
zwar der erſte 62, der zweite 23, der dritte 29,
der vierte 24, der fünfte 18. In einem ſtar=
ken Quartbande bei Hrn. Landrath Schönherr,
worin ſich auch folgend s Stück befindet.

9. Die Chirurgie (Ranná lekarzſtwie), ver=
faßt von Meiſter Wilhelm Placentinus von Sali=
cet. Beſteht aus 5 Büchern, deren letztes (o pro=

T 2

palowánj) nach dem Regiſter 10 Kapitel ent-
halten ſollte, wovon aber das zehnte fehlt.

10. Alberts des großen Buch von den Heim-
lichkeiten der Weiber (o tagnoſtech zenſkých) ſcheint
ſchon in dieſem Jahrhundert ins Böhmiſche über-
ſetzt worden zu ſeyn, wenn wir gleich nur eine
viel jüngere Handſchrift der Strahöwer Biblio-
thek, worin dieſes und auch ein anderes von den
Kräften der Kräuter, der Steine und einiger
Thiere enthalten iſt, anführen können. Doch be-
zieht ſich Pelzel in ſeinem geſchriebenen Verzeich-
niſſe aller in böhmiſcher Sprache gedruckten Bü-
cher ausdrücklich auf ein Exemplar vom erſtern
Buche um das J. 1500 in der öffentl. Bibl.

11. Kurzer Unterricht vom Pfropfen der Bäu-
me (o ſtiepowánj ſtromow) in einer Handſchrift
vom Jahre 1447, die ich ſelbſt beſitze, 30 Blatt
ſtark. Nach dem vorgeſetzten Regiſter über den
Inhalt beſteht das Ganze aus 93 Kapiteln, wo-
von aber der Abſchreiber Johann Pitrkaff von
Hradiſſt und Zuchowitz mehrere überſprungen
hat, als das 68te kterak Slamenetz alias ſtro-
wein maß bielati, das 87te kterak Schalwinik
maß vdielati, das 88te kterak maß vino vdielati
zebzoweho kwietu, das 89te kterak maß kaſſi
zebzoweho kwietu vdielati, das 89te kterak maß

ſtiepie przeb mrawenczy oprawiti, bgs gote
kterak maſs varzene vino vbielati dobre proti
kaſſli, das 91te kterak maſs wino dobre vbie=
lati z plane rozie, beim 92ten wird die Aufſchrift
des 91ten wiederholt, wo doch im Texte vom
Klarmachen des Weines geſprochen wird. Vom
52ten K. an ſind alle übrigen der Behandlung
des Weines im Garten und Keller, die erſten
51 aber der Veredlung der Obſtbäume gewidmet.
Im 25ten K. kommen ſechſerlei Arten zu pfropfen
vor, wovon die dritte Art ſogar in deutſcher
Sprache der böhmiſchen Uiberſetzung vorangeht.
Man findet auch an andern Stellen deutſche Aus=
drücke, als czwieel, knebl, eimerow, wobei
aber doch die Erklärung nebo wieder ſteht.
Kap. 83. Trhay pelynek wor Sunkenden, to
geſſt o ſſwietiem Janie. — Eine kleinere Schrift
vom Pflanzen und Pfropfen der Bäume, ſiehe
oben N. 5. Der Unterricht vom Uiberſetzen der
Obſtbäume, vom Pflanzen der Wildlinge und
vom Pfropfen (Zpráwa o ſſtiepjch), vom Prieſter
Bohunek zuſammengetragen, in einer Abſchrift
der Raudnitzer Bibliothek, von der Hand des
Herrn Zbiſlaw Krinecky von Ronow, kommt
gegen das Ende mit meinem eben angezeigten
Exemplar ganz überein

Es gibt eine böhmische Uiberſetzung des la=
teiniſchen Buches *de omnibus agriculturae
partibus* des Peter von Creſcenz, wovon eine
ſaubere Abſchrift in 4. beim ſel. Krammerius zu
haben war. Sie führte den Titel: Petra
z Kreſcencyis kniha o pûʒitcŷch polnjch, k roʒ=
koſſi krale Sycyliſkého a ginŷch k vʒitku. Da
Krammerius die Sprache derſelben ſchön fand,
ſo iſt zu vermuthen, daß dieſe Uiberſetzung nicht
in dieſer, ſondern in der folgenden Periode ver=
fertigt worden ſey.

p. Gedichte, Fabeln und Romane.

Die einzelnen geiſtlichen Lieder dieſer Zeit,
wovon ſich viele in den frühern Geſangbüchern
erhalten haben, übergehen wir hier, und berüh=
ren nur kurz die gereimte Legende von den
10,000 Rittern (S. 243), die böhmiſche Uiberſe=
tzung der Verſe Quatuor ad partes mundi ꝛc.,
deren Prolog anfängt: toł geſt powaha mudre=
ho, ʒe on wʒdy hł·d.ſ.ʒdrawi ſwého, in einer
Stockhoſmer Handſchrift, die in meiner Reiſe
S. 54 beſchrieben wird. Auch gehört die oben
S. 272 angezeigte gereimte Prokopiſche neue Chro=
nik hierher. Vorzüglich aber folgende Stücke:

1. Die Apologen oder das Fabelbuch, das
unter dem Namen Speculum sapientiae, oder
quadripartitus apologeticus bekannt ist.
Die böhmische Handschrift der öffentl. Bibliothek
auf Papier in 4. übersetzt den Ausdruck quadri-
partitus knihy čtwerohrané, čtwerohranec und
čtwerohranacž. Balbin glaubte den wahren
Verfaffer dieser Apologen in dem flawischen Apo=
stel Cyrill entdeckt zu haben, weil sie bei uns in alt=
flawischer Sprache schon vor 200 Jahren vor=
handen waren; er wollte sagen, man habe 200
Jahre vor ihm eine böhmische Uiberfetzung davon
gemacht, und fetzt hinzu : reperiuntur hodie-
que in veteribus Bohemiae bibliothecis
ac nominatim in Crumloviensi nostra
vetustissima exemplaria manuscripta.
Selbst hierin ist dem Balbin, der gar oft aus
bloßem Gedächtniffe schrieb, nicht ganz zu trauen.
Er fah allenfalls dasselbe Exemplar, das wir
nannten, und kein anderes. Wie hätte er es
sonst bei Aufzählung der feltnen Bücher der
Krumauer Bibliothek im 3ten Theile feiner Boh.
doct. ganz übergehen können. Der wahre Ver=
faffer ist ein gewiffer Cyrillus de Qwidenon,
laureatus poe a, den ich schon 1779 in ei=
ner lateinischen Handschrift vom J. 1462 entdeckt

habe. Guidone ist eine kleine Stadt in der Pro=
vinz Capitana oder Lucera des Königreichs Na=
poli. Die frühern Herausgeber dachten an einen
griechischen Bischof Cyrill; Corderius, der die=
se Apologen aus einer corvinischen Handschrift
zu Wien 1630 herausgab, blieb in Zweifel, ob
er sie dem Cyrill von Jerusalem, oder dem von
Alexandria beilegen sollte, und Balbin schrieb sie
aus Patriotismus dem slawischen Apostel zu,
da sie doch, wie Jof Desbillons richtig urtheilt,
ursprünglich nicht griechisch, sondern lateinisch
abgefaßt sind. Die böhmische Uibersetzung ist
ziemlich steif gerathen, selbst nach einigen ge=
druckten Blättern zu urtheilen. Mehr hat sich
von einer alten Ausgabe (vermuthlich zu Prag bei
Konač etwa ums J. 1515) nicht erhalten.

2. Aesops Fabeln, wovon ich keine Hand=
schrift kenne, wohl aber 2 Blatt in 4. mit ro=
hen Holzschnitten in der Strahöwer Bibliothek.
Nach dem Zeugnisse des Thomas Mitis, der sich
wieder auf den Cuthen beruft, sollen sie noch
vor der Bibel zu Kuttenberg gedruckt worden
seyn. Allein nach genauer Vergleichung der Let=
tern, mit welchen die Kuttenberger Bibel und
die äsopischen Fabeln, und die Prager Bibel
vom J. 1488 gedruckt sind, muß man die Fa=

beln für einen Prager Druck erklären. W. Kram=
merius veranstaltete im J. 1791 eine Ausgabe
davon, und führt in dem Vorbericht alle ihm
bekannten Ausgaben an.

Die Pilsner in 8. zwischen 1510 und 1520,
enthält nicht Aesops, sondern Cyrills Fabeln,
und ist wahrscheinlich zu Prag gedruckt. Die
Proßnitzer 1557 in 4. war ihm nicht bekannt,
doch schloß er aus den Holzstichen mit der Jahr=
zahl 1556, daß um diese Zeit eine Ausgabe er=
schienen ist. Die Olmützer bei Fried. Milichtha=
ler vom J. 1579 in 4. ist nicht die vierte, son=
dern die dritte, weil die vermeintliche Pilsner weg=
fällt. Die Ausgabe in 8. um das Jahr 1600,
wovon ich einige Bogen besitze, scheint nur eine
Auswahl von Fabeln zu enthalten, und darf al=
so nicht mit gezählt werden. So wäre denn
die Olmützer Ausgabe vom J. 1639 in 8.,
worinn die Holzschnitte der Proßnitzer abermal
vorkommen, die vierte uns bekannte. In dieser
fehlt Aesops Leben, das aber bei andern Buch=
druckern auch einzeln ohne Fabeln herauskam.

3. Rath der Thiere und Vögel, in Prosa und
Versen. Dieß Fabelwerk besteht aus drei Bü=
chern. Im ersten sprechen die vierfüßigen Thiere,

der Löwe, Bär, Wolf u. s. w. Im zweiten
fängt der Adler an, den Menschen zu unterrich-
ten, und die Krähe beschließt die Lehren. Im
dritten lehren die Biene, Laus und Fliege, die
Käfer, Schlangen und Fische. Schon 1495
erwähnt Viktorin von Wssehrd dieser Apologen
unter dem Titel: Ptačj raba, und Joh. Du-
bravius las es in seiner Jugend, noch ehe es ge-
druckt worden. Ihm gefiel es so sehr, daß er
es in lateinische Verse übersetzte, zu Krakau
1521 in 4. drucken ließ, und dem König Lud-
wig zueignete. Das böhmische Original erschien
zu Pilsen 1528 bei Johann Pek in 8. mit Holz-
schnitten, einmal ohne Druckort, abermal 1578
Prag bei Georg Melantrých, endlich zu Prag
1814, unter dem Titel: Kaba wsselikých zwj-
řat y ptactwa. Der unrichtige Zusatz ob Giřjho
Melantrýcha z Awentýnu rührt vom Setzer her.
Melantrých ist nicht Verfasser des Büchleins,
sondern er machte nur eine neue Auflage davon.
Jeder Lehre, die aus dem Munde der Thiere
in Reimen fließt, wird die Naturgeschichte des
Thieres in Prosa, und die Moral, die oft durch
Schrifttexte erläutert wird, vorausgeschickt. Da
unter den Autoren auch Volaterranus citirt wird,

so fällt die Anfertigung dieser witzigen Schrift in die zweite Hälfte des 15ten Jahrhunderts.

4. Dramatische Vorstellung am Grabe Christi, nach dem Lateinischen Omnipotens pater altissime — ad monumentum venimus, dergleichen man ehedem zur Erbauung des Volks in Kirchen gab, in einer Handschrift der öffentlichen Bibliothek, worin auch die Noten dazu geschrieben sind. Drei Personen beklagen den Verlust ihres Meisters. Die Engel trösten sie. Magdalena und Jesus wechseln singend das Gespräch, die Apostel lassen sich von ihr belehren, und Peter und Johann gehen selbst zum Grabe, und schließen das Drama mit diesen Versen:

Gakz marya powyedyela
nenye w hrobye geho tyela
protoz myeyte to za czelo
wyernye zywo bozye tyelo.

Auf eine ähnliche Art wird daselbst die Freude am Ostertage dramatisch vorgestellt.

5. Das Taboritische Kriegslied, das man von neuem abgedruckt in Rulik's čená Čechya lesen kann. Nur ist in der zweiten Strophe anstatt protoz sylňte se zmužile w srdcy swých zu lesen: protoz posylňte zmužile srdcy swých, wie es in

den Hromadkischen Beilagen vom J. 1815 S.
164 richtiger lautet:

> Tent pán welj ſe nebáti
> Záhubcŷ tĕleſnŷch,
> Weljſ y ziwot ztratiti
> Pro liſſtu bliznjch ſwŷch,
> Protoz poſylnte zmuzile ſrbcŷ ſwŷch.

Es wird alſo die achtſylbige erſte Zeile mit
der dritten, und die ſechsſylbige zweite mit der
vierten gereimt.

6. Das huſſitiſche Lied, worin der über die
Meiſner bei Auſſig im J. 1426 erfochtene Sieg
beſungen wird. De eo et cantilena, ſagt
Lupač beim 26. December, nostrate sermo-
ne composita exstat, vulgoque decanta-
ri est solita. Eine jüngere Abſchrift davon
legte man 1612 in den Knopf eines Thürmleins
bei St. Heinrich, die Schaller in ſeiner Beſchrei-
bung der Stadt Prag (Th. 4. S. 189 — 197)
ganz abdrucken ließ. Das Lied beſteht aus 53
Strophen, deren erſte lautet:

> Sluſſſſt Čechům ſpomjnati
> Ze gim dal Buh v Auſtj,
> Wjtiezſtwj nad nepřately,
> Kbyz pro ſwau wjru bog wedli.

Es mag aber, wie es scheint, schon einige Veränderungen durch frühere Abschreiber erlitten haben.

7. Uiber diejenigen Priester, die es durch ihre Ranke 1427 dahin brachten, daß Sigmund Korybut und einige andere Priester verhaftet und aus Prag verwiesen wurden, ein satyrisches Gedicht von 132 Versen, in einer schönen Hand= schrift des Pulkawa in der fürstl. Lobkowitzischen Bibliothek zu Prag, worin noch ein Gedicht über die Unbeständigkeit der Welt, und ein an= deres über den Tod, nebst zwei ganz kurzen über die Jugend und das Alter (řeč ginocha mladého, řeč kmetě starého) enthalten sind. Bisher reimte man die nächsten zwei Zeilen, aber schon in dem Taboriten = Liede gibt es einige Abweichungen von dieser Regel. Hier werden in dem dritten Ge= dichte, das aus fünfzeiligen Absätzen besteht, die drei ersten Verse am Ende gereimt, im vierten aber die Hälften, d. i. die zwei Monometer, der fünfte endlich wird mit dem fünften des zweiten Absa= tzes gereimt.

Auwech že sie nelekame
Že tu tak giſtu ſmrt gmame
Genž druh ob druha wjdame
Když ſmrt přzigde ſtonyet poyde

Kazdy s kozzy na hrzabu.

W tyt ſie czaſy ſtrzyebro zlato
Oſtuzugie nako blato
Nebozatka pomnyem na to
Ze vmrzyety hrziedy) gmyeti
Duſſi wiegznu zawadu.

Im vierten Gedichte, deſſen Abſätze aus
vier Zeilen beſtehen:

Czoz ſmrt radoſti podawa
Podle radoſtneho prawa
Tai mne radoſt wſſie oſtawa
Pro zaloſtne wzdychanye

werden die drei erſten Verſe gereimt, der vierte
aber mit dem vierten des zweiten Abſatzes.

8. Der Maytraum des Hynek von Podie-
brad, des jüngern Sohnes des Königs Georg.
Lupacius verzeichnet ſein Sterbejahr 1491 beim
10. Jul. und ſagt von ihm: princeps litera-
tus, ingeniosus, prudens. Extant ejus
scripta nonnulla, ut somnium majale
(Magowey Sen) et alia quaedam. Cruge-
rius, der gar oft dem Lupac wörtlich nachſchrieb,
paraphraſirte deſſen Worte ſo, als wenn das er-
wähnte Gedicht in vielen Händen herumginge:
ejus quippe eruditum commentum, Ma-
jale somnium dictum, circumfertur. Es

ist leider nicht mehr zu finden, und selbst Cru=
ger hat es nicht gelesen, nicht einmal gesehen.
Unter meines sel. Freundes Fortunat Durich
Excerpten aus der Hofbibliothek zu Wien fand
ich den Anfang eines Gedichtes, den er aus dem
Còd. MS. Theolog. N. 844 in 8. Fol. 24,
abschrieb, worin der May angeredet wird:

Drzyewo sye listem obyewa
Slawiczek w kerzku spyewa
Magi žálugy tobie
A me czye srbcze wemblobye.

Meczye ist wohl so viel als mctč, d. i. mel
ge. Allein da müßte dieß Gedicht älter seyn,
als der verlorne Maytraum.

9. Die Geschichte des Königs Apollonius, in
einer Handschrift der Dalimilischen Chronik vom
J. 1459 auf Papier in 4. beim Hrn. Gubernial=
rath und k. Fiskus Jos. Krticka, Ritter von
Jaden.

10. Tanbaribes, in derselben Handschrift, dem
Inhalte nach einerlei mit dem Tanbarias in Ver=
sen. S. oben 154.

11. Walter und Griselbe, in derselben Hand=
schrift, und in einer andern bei den Kreuzherrn
vom J. 1520 in 8.

12. Briſelibis und der Ritter Rudolf von 14 Kapiteln, in einer Handſchrift bei den Kreuzherren. Dergleichen Romane werden ſeit dem 14ten Jahrhundert geleſen, und noch jetzt häufig gedruckt. In den neuern Ausgaben, wovon ich den König Apollonius. 1769, und die Griſelda 1779, beide zu Olmütz in 8. nennen kann, ſind die alten Formen und Redensarten in gar vielen Stellen nach dem neuern Sprachgebrauch geändert worden.

q. Vocabularien.

1. Der lateiniſch = böhmiſche Mammotrectus in 4. auf Papier in der Bibl. der Domkirche unter A. 167 und unter B. 61 mit dem Titel Vocabularius latino - bohemicus. In der fürſtl. Bibliothek zu Nikolsburg mit der Aufſchrift Vocabularius biblicus latino - bohemicus. Mein Exemplar iſt in Fol. Das Glossarium Boh. Vet. Test. Vulg. V. lat. in der Hofbibliothek zu Wien Cod. MS. Theol. N. 532 in 4. iſt eben nichts anders als der für die Kleriſey zur Erklärung der Vulgata beſtimmte Mammotrectus mit beigeſetzten böhmiſchen Bedeutungen, die man aus der vorhandenen böh=

mifchen Bibelüberfeßung entlehnte, um das Werk
für die Böhmen brauchbar zu machen. Zum
Beifpiele Exodi Cap. I. ſteht neben opprima-
mus ſužimy, illudentes poſpilegicz, famulatu
robotu. Cap. II. neben elegans wytecʒny,
fiscella oſſitku, in carecta wrototi, vagi-
entem kowieka, gemitu ſtonanie. Cap. III.
neben leprosam trubowatu, soceri teſta, sol-
ve ʒuy. Cap. IV. diversorio obecʒnicʒe,
petram ſſkrʒiblicʒy. Cap. V. praefectis
ſtrogicʒom, stipula ſtrniſſtie, paleas ſlamu
ſtrniſſtnu, vacatis otio praʒdnite.

2. Ein alphabetiſch georbnetes lateiniſch⸗boh⸗
miſches kleines Wörterbuch, in der Bibliothek
des Domkapitels ʒu Olmüß, geſchrieben Anno
꒛c. LVIII b. i. 1458 für den Prieſter Johann
von Weleſſin. Hr. Joh. P. Cerroni befißt eine
Abſchrift bavon, aus welcher Fort. Durich einen
Auszug machte. Ador myel, allegoria gyno-
wna, antelucanum ʒabrʒeʒba, antedlum
befeba, benedula lebbuſſe, cadus ſypen neb
korʒecʒ, capsa telma, connubiator ſwat,
comedia piſmotwora, clitella kroſſna, evan-
gelista bobroʒwieſt, fructula powibla, idio-
ma hlahol, liga motowuʒ, metallum leſſen,
oda trat, odisator tretelnik, poeta ſklabatel,

quiditas czoſt, Sclavus ſlowak, stragula teltieha, talamus chyſſe, virago muzena.

3. Ein lateiniſch = böhmiſches Wörterbuch, in einer Handſchrift der offentl. Bibl. in 4. Die Verba machen einen Theil aus, die Subſtantiva den andern; beide betragen 73 Blatt. Voran werden Kunſtwörter aus der Grammatik und andern Wiſſenſchaften erklärt. Litera cztena, grammatica ſlowocztena, vocalis hlaſſa, liquida rozmiek, consona zwuczna, semivocalis pohlaſſna, syllaba ſrziek, weil die Buchſtaben zuſammen ausgeſprochen werden, accentus prozpiewa, trochaeus przewrat, dactylus prſtat, spondaeus bluhak, jambus nawrat; anapaestus rozraz, tribrachus trojan, pes zamiera, drizon obezrzet.

4. Ein lateiniſch deutſch = böhmiſches Lexikon vom J. 1489 in der Hofbibl. zu Wien, Cod. Ms. Philolog. N. 117. Das Böhmiſche iſt ſehr fehlerhaft geſchrieben. Crabatus krabat, zrbenij anſtatt ſrbenjn, Sclavus Sklafe Wynd, Zlowenij anſtatt Slowienin. Metallum iſt noch immer lezken, wenn gleich das beſſere kow damals ſchon üblich war. Cliens, Edelknecht, panoſſhe, oper, Sattelbogen, luk. Natura iſt im böhmiſchen przyroda, qualitas kakoſt, quan-

titas ŋakoſt, Lasurum mobrʒecʒ, ver wirb
ſchlecht genug burch lenecʒ, unb autumnus
ganʒ falſch burch hromnicʒ erklärt. Amasones
ſinb mŋletnicʒe, aloe brakorʒa, wer mag es
errathen, warum? Vulgus iſt chatra unb niti-
dus labnŋ. Antidotum protŋbañ iſt ganʒ
buchſtäblich überſeʒt. Die Vocabula post Mag. Rokycza-
nam Cod. Mſs. Theol. N. 597. chart. 4.
baſelbſt betragen nur 5 Blatt. Nach einem Co-
piarium von 494 Briefen, bas ich beſiʒe, ſte-
hen auch einige böhmiſch erklärte Vocabula auf
8 Seiten zum Theile alphabetiſch georbnet.
Defleo placʒe ʒelem, wo bie erſte Perſon von
ʒeletiˊnoch auf em anſtatt jm ausgeht. Extasis
otrapa, exactio bañ vel ſſos, texo tku für
tkám, extasis viſtup, exactor wibrʒibuch,
liberta lhota, vasallus naprawnŋk. Hieher
gehören auch bie beigeſeʒten böhmiſchen Bebeutun-
gen in lateiniſchen Werken, bie man in Schulen
erklärte, als in bem Commento super ver-
sus: Poeniteas cito peccator ꝛc. in ber öf-
fentlichen Bibl. auf Papier in 4. vom J. 1416.
Später überſeʒte man bieſen Poenitentiarius
in böhmiſche unb beutſche Reime, welche nebſt

U 2

dem lateinifchen Original 1518 zu Nürnberg ge=
druckt worden find.

In dem eben erwähnten Copiarium kommen
fchon 93 böhmifche Urkunden vor, von N. 300
bis 392. Unter den lateinifchen Titulaturen fte=
hen nur wenige in böhmifcher Sprache, als an
einen Erzbifchof: naybuoftogniepffiemu, an ei=
nen Bifchof: duoftuoynemu, an einen Priefter:
honorabili pocztiwemu, ober Bohoboynemu,
an einen Ordensmann: pocztiwe nabožnofti, an einen
Guardian, Abt, Prior: welebnemu kniezi, an einen
Dechant: cztihobnemu, an eine Aebtiffin: welebne
pannie, pocztiwe nabožnofti, einer Nonne: nabožne.

Ungleich wichtiger ift das Copiarium oder
Diplomatarium, unter König Georg gefammelt.
Auch hier kommen böhmifche Uiberfetzungen von
päbftlichen Bullen, kaiferlichen und königlichen
Briefen, nebft Copien böhmifcher Original=
urkunden, an der Zahl mehr als 100 vor, wor=
unter der Aufruf unter Georg zum Kriege, und feine
Kriegsordnung fehr merkwürdig find. Balbin
benützte diefen fchätzbaren Codex literarum, wie
er ihn nennt. Jetzt befindet er fich in der fürftl.
Lobkowitzifchen Bibliothek zu Prag. Einen ähn=
lichen zweiten fchön gefchriebenen Codex befitzt
Hr. Graf Franz von Sternberg.

Noch wichtiger in gewisser Beziehung ist der Talembergische prächtige Codex im Kloster Ossek, der uns einigermaßen den Verlust der alten Landtafel ersetzt. Er enthält nicht nur sehr vollständige Auszüge aus den ältesten Landtafelquaternionen, vom König Johann anzufangen bis 1508, sondern eine Menge Copien von Originalurkunden, worunter die Wladislawischen die größere Zahl ausmachen. Dieß als ein Nachtrag zu den Sammlungen von Rechten, oben 256.

§. 15.
Gedruckte Bücher in böhmischer Sprache vom J. 1475 — 1500.

1. 1475. Fol. ein neues Testament, ohne Druckort.

2. Ohne Jahrzahl, 4. Die trojanische Chronik. Etwa 1476 zu Pilsen, wo in diesem Jahre die statuta Arnesti gedruckt worden sind. S. oben 155.

3. 1478, Prag, Artikel eines utraquistischen Landtages, böhmisch und lateinisch.

4. Ohne Jahr und Ort, Fol. ein Passional, d. i. Leben und Leiden der Heiligen. Etwa 1479, in welchem Jahre ein lateinisches Missal für die Prager Diöcese gedruckt ward.

5. 1483, Prag, Artikel eines zu Nimburg gehaltenen Landtages der Utraquisten. Man kennt von N. 3 und 5 kein Exemplar. Sstelcar aber führt beide Stücke an.

6. .... 4. Ein neues Testament, das Hr. Bibliothekar Dlabač genau beschrieben hat. S. Nachricht von einem bisher noch unbekannten böhmischen neuen Testamente, Prag, 1816. Text und Schriftzüge sind von N. 1 ganz verschieden. Etwa im J. 1485 oder 1486 gedruckt. Doch glaubt Hr. Dlabač, man würde vielleicht nicht irren, wenn man das Druckjahr dieses N. Test. zwischen die Jahre 1475 — 1480 oder 1481 bis zur Entdeckung eines ganzen Exemplars, versetzte. Sollte sich etwa Johann Alacraw, der 1484 zu Winterberg zwei lateinische Traktate druckte, auch an ein böhmisches neues Testament gewagt haben?

7. 1487, 4. Prag. Ein Psalter.

8. .... 4. Aesops Fabeln. S. oben 296.

9. 1488, Fol. Prag, eine Bibel.

10. 1438, Fol. Prag, Martimiani oder die römische Chronik, von Benesch von Hořowitz übersetzt. S. oben 168.

11. 1488, 4. Prag, die Trojanische Chronik des Guido von Columna. Ein zweiter Abdruck nach

Handschriften, mit ganz andern Lettern als
N. 2.

12. 1489, Fol. Kuttenberg, eine Bibel, durch
Martin von Tiſſnow, mit groben Holzſchnitten.

13. 1489, 4. Pilſen, ein Kalender. Wenn
ſich etwa doch der ſel. Doktor Mayer, der ein
Exemplar in Händen hatte, geirrt und von
LXXXX ein X ausgelaſſen hätte, ſo wäre die=
ſer böhmiſche Kalender doch wenigſtens vom
J. 1499, zu welcher Zeit zu Neupilſen Ni=
klas Bakalař druckte.

14. 1492, 4. Ein Landtagsſchluß, wahr=
ſcheinlich zu Prag. Man kennt nur ein Exem=
plar in der fürſtl. Lobkowißiſchen Bibl. zu Prag.

15. 1493, 8. Prag, des Mag. Wenzel Ko=
randa Traktat vom göttlichen Sakramente.

16. 1495, Fol. Prag, ein Paſſional mit
Holzſchnitten. S. oben 309. 4. Des Niklas
Wlaſenicky Offenbarung und deſſen Prophezey=
ung vom J. 1495, 8. ſind noch zweifelhaft,
weil ſie nur als geſchrieben angeführt werden.

17. 1497, 4. Prag, Artikel des Landtags=
ſchluſſes.

In dem Talembergiſchen Coder der Oſſeker
Bibliothek wird des Beſchluſſes des im J. 1497
abgehaltenen und in das erſte Buch des Wenzel

Hyndrak J. XXX. eingetragenen Landtages ge=
dacht, nach welchem der Druck dieser Artikel ver=
ordnet wird. „A ta swolenj a nálezowé wuobec,
aby byla dánn tiſknuti, aby ge každý k`ſwe
potrzebie miel a kupiti mohl." Dieß iſt die er=
ſte Erwähnung, die in einer öffentlichen Urkunde
von dem bei uns ſchon ſeit mehrern Jahren ein=
geführten Bücherdrucke geſchieht.

18. 1498, 4. Prag, ein neues Teſtament.

19. 1498, 8. Neu = Pilſen, Mahomets Le=
ben und Irrlehren, A B C D zu 8 Blatt. Die
erſte und letzte Seite nimmt ein Holzſtich ein,
worauf der lehrende Prophet vorgeſtellt wird.
Schlußformel: Tlacženo w Nowem Plzni ʼod
Mikulaſſe Bakalarže A to Leta od porodu
pannenſkeho T CCCCLXXXXVIII Virgo
teutonicis multum celebrata ſacellis: Virgo
quam ongari marimo thure colunt: Hac de
gente ortus precor ſanctiſſima: Me opere
cepto ruere haud ſinas. Niklas Bakalař ſcheint
alſo mit dieſem Stücke den Anfang gemacht zu
haben Aus ſeiner Preſſe erſchienen noch N. 20,
21, 22, 23 mit gleicher Schrift, in gleichem
Format und in demſelben Jahre.

20. 1498, 8. Traktat o naſledowani pana
Gežiſſe Kriſta (von der Nachfolge Chriſti). Iſt

das erste Buch des Thomas von Kempen. Schließt mit Leta ob porodu panenſteho Ⱦ CCCCLXXXXVIII ohne den Druckort zu nennen.

21. 1498, 8. Neupilſen Lucibarz o rozlicż= nych wietzech genż ſu na nebi na zemi y v wobach. A B C zu 8, D zu 6 Blatt. In der Schluß= formel wird Neupilſen und Niklas Bakalař ge= nannt, wie N. 19. S. auch oben 179.

22. 1498, 8. Neupilſen Beſchreibung des gelobten Landes, wovon nur 8 Blätter noch übrig ſind. Die Schlußformel wie bei N. 19, doch ohne Virgo teutunicis ꝛc.

23. 1498, 8. Neupilſen von ſieben Schwie= rigkeiten der Sinne, welche der Verſtand des Glaubens beantwortet, in Rückſicht der Gegen= wart Chriſti in der Hoſtie. Davon haben ſich nur noch die letzten 6 Bl. erhalten, mit der Schlußformel: Tlaczeno w Nowem Plzni ob Mi= kulaſſe Bakalaře Leta ꝛc. wie N. 20. Nebſt die= ſen 5 Stücken befinden ſich noch drey andere, mit denſelben Schriften gedruckt, in derjenigen Samm= lung, die ehedem der fleißige Literator Joſ. Bartſch beſaß und jetzt in der Bibliothek des Stiftes Strahow aufbewahrt wird. Das Leben Abams und der Mutter Eva von 17 Blatt hat keine

Jahrzahl; der Albertan vom ordentlichen Reden und Schweigen von 16 Blatt ist im J. 1502, und die Nachricht von der neuen Welt etwa erst 1503 oder 1504 gedruckt worden.

24. 1499, 8. Kniha chwal božskych (ein Psalter), wahrscheinlich zu Pilsen.

25. 1500, 4. Prag, die Wladislawische Landesordnung (Nálezowé).

Mit den Prager Schriften, wie sie in der Bibel vom J. 1488 und noch später vorkommen, sind mir noch zwei gedruckte Stücke ohne Jahrzahl bekannt.

a) Zwei Briefe des Marsilius Ficinus, der erste von den Pflichten der Menschen von allerlei Stande an Cherubin Quarqualio der zweite an den Cardinal Rafael Riaro von den Pflichten der Prälaten und Fürsten, beide betragen A B, d. i. 16 Blatt in 8.

b) Die Compactata des Basler Kirchenraths, 18 Blatt in 4.

§. 16.

Fortgesetztes Verzeichniß der ge-
druckten böhmischen Bücher von
1501 — 1526.

1501.

a. Petrarcha's Bücher de remediis
utriusque fortunae, von Gregor Hruby
von Gelenie übersetzt. Prag, Fol.

b. Pjsnička ein Gesangbuch, mit dem böh-
mischen Kalender, der dem lateinischen Cisio
Janus nachgebildet ist. Prag, 8.

c. Knihy čtwery, vier Bücher: zwey Reden
des Chrysostomus und zwey Stücke aus Cyprian.
Pilsen, 8. S. oben 240.

1502.

a. Albertan vom ordentlichen Reden und
Schweigen. Pilsen, 8. S. oben 241.

Marnotratných zrcadlo vom J. 1503 ist
zweifelhaft.

1504.

a. Der böhmischen Brüder zwey Briefe an
den K. Wladislaw (Bratrům list prwnj a dru-
hý)., ohne Druckort, vermuthlich zu Nürnberg,
32 Blatt in 8.

b. Barlaam. Pilsen, 8. bey Niklas Baka-
lař. S. oben 244.

1505.

a. Traktát o mladency, der sonst Pán raby genannt wird. Prag, 4. 18 Blatt, mit 19 Holzschnitten.

b. O čtyřech stežegných ctnostech. Neupilsen, 8. bei Nik. Bakalář. S. oben 178.

1506.

a. Die ganze Bibel. Venedig, Fol. bei Peter Lichtenstein.

b. Zrcadlo (Spiegel des christlichen Lebens). Venedig, 8. 21 Blatt.

c. Des h. Bernards Tractätchen vom Streite des geistlichen Jerusalems (o Bogi duchownjho Geruzalema). Venedig, 8. 13 Blatt.

1507.

a. Philipp Beroalds Historie von der unglücklichen Liebe zweier Verliebten. Prag, 4. skrze Mikulasse pisarze hor winitznych okolo Prahy a Jana Wolffa. Ist der Roman Quiskard und Gisimunda.

b. Zwei Dialogen Lucians. Prag, 4. 20 Blatt. Nicolaus de Lacu et Johannes Wolff impresserunt. Der Drucker Niklas (na luži, an der Pfütze oder Lache) ist zu-

gleich der Uiberſetzer davon, der damals Schrei=
ber beim Weinbergamte war.

c. Apologie der Brüder: Spis doſti činjcý
z wjrý w Norberce prwé Imprymowán. Ohne
Druckort, 4. Von A bis K. Auf der erſten
Seite des letzten Blattes ſteht Mikuláſſ
Klaubýan. S. unten das J. 1517 und 1518.

d. O bogi duchownieho Geruzalema s Babi=
lonſkými. 8. Pawel z Mezyržíčij.

e. Rozmlauwánj ducha člowiečiho s buſſj o
připrawie k ſmrti. 8. Bei demſelben.

f. Epiſſtola Cypriana M. o Záwiſti a Nená=
wiſti. 8. Bei demſelben, na hoře Oliwetſké.
So hieß der Berg zu Leitomiſchel, wo ehedem
das Prämonſtratenſer = Kloſter ſtand.

g. Liſt tento ob bratřj pſaný králi Wladiſla=
wowi, 8.

h. Liſt tento ob bratřj dán na Rathauz
w ſtarem M. Pr. Panu Podkomořjmu y wſſem
panům auřednjkům, 8.

i. Prwnj Cedule bratra Sſimonowa, kteruž pſal
panom ſtarſſjm Hranickým, 8. Simon war
Vorſteher der Brüderverſammlung (Zpráwce zbo=
ru) zu Weißkirchen in Mähren.

1508.

a. Odpowěd na Artykule gakéhoš Doktora Augustyna, 8. A — G. 52 Blatt.

b. Prokopa robem z Gindřichowa Hradce otázka sluffjli křeſtianom mocij ſwietſkau newitr=nee, neb bludne k prawé wjře přinucowati, 8.

c. Kniehy žalmowee. Pilſen, 8. bei Niklas Bakalář.

1509.

a. Knižky tyto ſepſal Miſtr Jan Hus proti křežy, kteryž prawil — že Hus horſſy než ktery Diabel, 8. per Paulum in monte Oliveti.

1510.

a. Huſa ſepſanj o ſſeſti bludjch, 8. Bei demſelben.

b. Czeſká Krouyka, des Aeneas Sylvius Ge=ſchichte von Böhmen von Niklas Konač über=ſetzt und gedruckt. Prag, 4. mit rohen Holz=ſchnitten.

c. Mandevill's Reiſebëſchreibung. Pilſen, 8. bei N. Bakalář. S. oben 165.

1511.

a. Jana Boſaka · z Wodnian Wokabularz Lac=tifer (ein lateiniſch = bohmiſches Wörterbuch). Pilſen, 4. bei Nik. Bakalář.

b. Lift pſaný Bratrům w pokuſſeni. Na ho=
ře Oliwetſké, 8. Durch Paul von Mezyřič.

1512.

a. Iſokrateſa napomenutj k Demonykowi, von
Wenzel Pjſecký aus dem Griechiſchen in
Italien überſetzt. Prag, bei Johann Morawus.
Weleſlawin verbeſſerte die Sprache der böhmiſchen
Uiberſetzung und gab ſie nebſt einer lateiniſchen
1586 in 12. heraus.

b. Kniha welmi nábožná genž ſlowe Barlaam,
in zwei Kolumnen. Pilſen, gr. 8. bei N. Baka=
lář. 2te Ausgabe. S. oben 1504, b.

c. Naučenj prawee modlitby s wykladem na
modlitbu Panie. 8. Per Paulum in monte
Oliveti, d. i. Leitomiſchel.

1513.

a. Nowý zakon, neues Teſtament. Prag, 4.

b. Sniem, Landtagsſchluß. Prag, 4.

c. Jana Miroſſe, Faráře v S. Krjže
w Praze, ditky pokřtiené magj býti k ſtolu Pa=
nie připuſſtieny. 8. Zweifelhaft. S. unten 1520.

d. Jana Antonia Campanſkého
knihy o tom, kterak má zprawowán býti vrzad,

von Gregor Hruoy überſetzt. Prag, 4.
Jan Sſmerhowſky. 17 Blatt.

e. Liſtowé a Compactata zboru Bazylegſkého.
4. Magiſter Paul von Saaz, Abminiſtrator der
Utraquiſten, begleitete ſie mit einer vorläufigen
Nachricht.

f. Deſſelben Pauls Traktat von der Commu-
nion-der kleinen Kinder.

g. O wjře ſwaté, kteruž Ĉzechowee a Mora-
wanee držj, ti kteřjž ſe zakonem panĕ.zprawugj,
toto wyznanj geſt. 8.

h. Kniha o wſſech ſkutzjech welikeho Aleran-
bra. 8. Pilſen, bei N. Bakalář. S. oben 167.

i. Johann Mandevills Reiſen. 8. Pilſen, bei
demſelben. 2te Ausgabe. S. 1510. c.

k. O způſobu ziwota křeſtianſteho. 8.

l. Dictionarius trium linguarum, lati-
ne, tewtonice, boemice potiora voca-
bula continens, peregrinantibus apprime
utilis. 4. Vienne, 10 Blatt.

1514.

a. Ziwotowee a mrawnaa naučenije mubrtzuo
przyrozenych. 8. Venundantur Pragae a
Nicolao impressore in lacu.

b. Pamphila mladence rozprawka o Serciapelletowi Pijſaŗy obetznem. 8. Pragae ad fortunam in Lacu Nicolaus excussit.

c. Na žalm Dawiduo: Smiluy ſe nabemnau Bože, wyklab bratra Jeronyma (Savanarola's Auslegung des 50ten Pſalms). 8. 32 Blatt. Pragae ad fortunam anno 14. Nicolaus.

d. Odpowieb bratŗj na ſpis, kterŷž včinien geſt a wytiſkowán w Praze proti bratŗjm. 8. A — N, ohne Druckort, vermuthlich Leitomiſchel.

1515.

a. Sgezd Cyſarzſke Welebnoſti w Wijbni a na Jaſñeyſſych trzij kraluo gich miloſtij (Zuſammenkunft breier Könige in Wien). 8. 16 Blatt. In majori Praga — Nicolaus.

b. Dyalogus, w kteremz Czech s Pikhartem rozmluwa, že ſu ſe bratrzij Walbenſſtij wſſetečnie a ſſkobliwie ob obu ſtran obdělili. 8. 24 Blatt. W welikem mieſtle Prazſkem — v Mat ky Božij na Lužy Mikulaſs. Der Verfaſſer Niklas Konáč eignete ihn bem König Wlabiſlaw zu.

c. O klañenij welebne Swatoſti oltaarznij proti pikharbſkym blubom z trzetijch kněh Staniſlapbowych wybranije. 8. 24 Blatt. Pragae
X

in lacu Nicolaus Konaček cum gracia ꝛc.
Sein Druckerſchild ſind zwei Druckerballen. Er
überſetzte dieſen Dialog zwiſchen Ulixes und dem
Bruder Lorek (Laurentius, Wawřinec) aus dem
dritten Buche des Prieſters Johann Staniſlaibes
von Tauß, dem zu Ehren Wenzel von Namieſt,
der geiſtlichen Rechte Doctor, fünf ſaphiſche
Strophen verfaßte.

d. Artikel des im J. 1515 Mittwochs vor dem
Pfingſtfeſte abgehaltenen Landtages, die ſo an-
heben: Nayiaſnieyſſy Knieže a Pan pan Wladiſlaw
Wherſky Czeſky Král. 4. 11 Blatt. Die königl.
Deputirten zu dieſem Landtage waren Staniſlaw
Biſchof von Olmütz und Karl Herzog von Mün-
ſterberg.

1516.

a. Enea Silvia Poethy o Sſtieſtij y di-
wny y vžitečny Sen (wunderbarer Traum vom
Glücke), dem oberſten Hofrichter Wenzel Kolo-
wrat vom Uiberſetzer und Buchdrucker Niklas
Konač von Hodiſſkow zugeeignet. 8. Prag (v
Matky Boži na Lužy).

b. Snárz, ſedm Planet, kteru hobinu ktera
panuge, wychod ſlunce a poledne w kolik hodin,
kdy platny neb neplatny ſen. 8. Prag, bei und

von Niklas Konac, der sich in einem lateinischen
von ihm 1516 gedruckten Werkchen Sermones
XII in Apologiam Waldensium facti unter=
schrieb : in antiqua Praga Nicolaus Finitor.
c. O smrti welmi wtipný, potřebný, vži=
tečný, téj y hrozný spolu y kratochwilný Trak=
tatecz. 8. Prag, bei demselben. In der Vor=
rede heißt es, wenn du fragen wirst, wer es ver=
faßt habe, so wird dir es Paul Waniš sagen. 2te
Ausgabe bei Dačický um 1580.

1517.

a. Swolenie a smluwa wssech trzy stawuo przy
Sniemie kterýž brzan byl wo swatým Waczla=
wie na hrabie prazssem, (der Wenzeslaivertrag).
4. Prag, 18 Blatt. Nach den Schriftzügen zu
urtheilen, in der Druckerey beim weißen Löwen,
aus welcher wir mehrere Stücke seit 1488 bis
1523 besitzen.

b. Kniha lekařska kteraž slowe Herbarz a neb
Zelinarz, welmi vziteczna, z mnohých knieh
latinských wybrana. Fol. Nürnberg bei Hierony=
mus Hölzl. Verfasser davon ist Johann
Ezerny, Doktor der Arzney zu Leitomischl,
Herausgeber aber und Corrector, der auch die
Holzstiche zu den Abbildungen der Kräuter be=

324

forgte, Niklas Klaubian, Arzt zu Jung=
bunzlau, beide Glieder der böhmischen Brüder=
gemeine. Letzterer lernte bei dieser Gelegenheit,
wo nicht schon eher, das Setzen und Drucken,
und machte das Jahr darauf zu Bunzlau Ge=
brauch von der erlernten Kunst. In diesem Jah=
re fing Franz Skorina von Polozk, Doktor der
Arzneykunde, an, einzelne Theile der russischen Bi=
bel hier zu Prag auf der Altstadt zu drucken, wo=
von der Job als das erste Stück 1517 am 10.
September geendigt wurde. Einige andere Thei=
le sind mit der Jahrzahl 1518, 1519 bezeichnet.

1518.

a. Landkarte von Böhmen auf einem großen
länglichen Blatte, wozu Niklas Claudian ver=
muthlich schon zu Nürnberg, als er daselbst mit
der Ausgabe des Kräuterbuches beschäftigt war,
im Jahr 1517 die Formen schneiden ließ, weil
dieses Jahr bei dem Namen Mikulafs Klau=
dian ausdrücklich da steht. Die angebrachten
Wappen böhmischer Herren und mancherlei Sprü=
che dienen zur Verzierung, und das Ganze war,
wie es scheint, zu einem Neujahrsgeschenk be=
stimmt. Uiber den zwei Schildern der Heraus=
geber stehen die Buchstaben N. C. und V. K.

Unter den Schildern aber die Jahrzahl 1518.
N. C. bedeutet Nicolaus Claudian, V. K.
weiß ich nicht zu deuten. S. den neuen Abdruck
der bloßen Karte ohne Nebenstücke bei der Bile=
jowſkiſchen Kirchenchronik (Prag 1816, bei
Vetterl). Königliche Städte werden darauf
durch Kronen, Schlöſſer durch Thürme, Städte
und Städtchen durch eigene Zeichen angedeutet.
Die päbſtlichen Schlüſſel und der Kelch bezeich=
nen die Parteien unter einer und unter beiden
Geſtalten.

b. Nowý Zákon, 4. Jungbunzlau bei Niklas
Klaudian. Auf dem Titelblatte lieſt man die
merkwürdigen Worte: cum gratia et privile-
gio reverendissimi Generalis in ordine.
Dieſer hochwürdige General kann doch kein an=
derer ſeyn, als der erſte Vorſteher unter den
Aelteſten der Brüdergemeine. Beim Regenvolſ=
cius (Systema eccles. Slavonic. S. 323.)
heißen ſie Primi in ordine, quos vulgo illi
Praesides vocant. Von 1518 bis 1528
war Lukas von Prag, ein Bakalar, ihr er=
ſter Vorſteher, den ſie zpráwce nannten.

c. Spis doſti cżiniecży z wiery, kterýž latin=
ſtu rzecżi Apologia ſlowe w Nornberce prw

326

wytiſtowan. 4. 90 Blatt. Mikulaſs Klaubyan.
Tlacženo w Boleſlawi mladem nad Gižeru.

d. Lactantius Firmianus. O prawe po=
eztie božij, dabei Auszüge aus dem Seneca vom
Zorne. 4 6½ Bogen zu 6 Blatt. Bei demſel=
ben. Neue Ausgabe, Prag 1786. 8.

e. Knieha kteraž ſlowe Paſtyrž nebo Ermaſs
— nikda prwe yazykem cžeſtym newytiſkowana.
4. 69 Blatt. Jungbunzlau an der Jſer bei
demſelben. S. oben 246.

f. Mikulaſſe Klaubyana ſpis o prawbách wjry.
4. Ebendaſelbſt.

g. Lukáſſe Spráwa člowieku wiernemu pra=
cugjcýmu k ſmrti, gedne Pani poſlaná. 4.

h. Předmluwa z ſpiſu latinſkeho wyložend,
co nynj w mieſtie Ržjmie o Turcých na obecnjm
ſniemie gednáno bylo. 4. bei N. Klaubian.

i. Penitentiarius, oder das Poeniteas cito
peccator, in lateiniſchen, böhmiſchen und deut=
ſchen Verſen. 4. Nürnberg durch Hieronymus
Hölzel. S. oben 300.

Ob das 1518 zu Nürnberg gedruckte En-
chiridion, seu Manuale Curatorum, dans
praedicandi modum tam latino, quam
vulgari Boemo sermone, omnibus cu-
ratis cum utile, tum n cessarium, 8. auch

Beispiele in böhmischer Sprache enthalte, kann ich für gewiß nicht sagen. Johann Mantuanus von Pilsen eignete dieß Handbuch dem Matthäus von Schwihau zu. Die Schilder der Verleger sind mit J. M. und H. P. bezeichnet. J. M. ist Johann Mantuanus, und H. P. Hans Peck, der nach einigen Jahren zu Pilsen mehrere Werke druckte.

1519.

a. Welmi piekna nowa Kronyka, a neb Historia wo welike milosti Kniezete a Kraale Floria a geho milee pannie Biantzeforze, s vtiessenymi figurami. Fol. mit 59 Holzstichen. Prag, bei Johann Ssmerhowsky, Amtmann bei der Gewürzwage. Zweite Ausgabe ohne Holzstiche 1600. 8.

b) Mikulásse Klaudyana zprawa a naucženie zienam tiehotnym a babam pupkorzeznym 4. 23 Blatt. Jungbunzlau an der Iser. Das Schild mit N. C. bezeichnet. Ist das erste in böhmischer Sprache geschriebene Hebammenbuch, das den Arzt und Buchdrucker Niklas Klaudian zum Verfasser hat.

c. Matiege Paustewnjka napomenutj Pražanům. 8.

d. Prenoſtyka z tee geſſto latinſkym gazykem w Normbergku geſt wytiſſtiena. 4. 1 Bogen. Zu Weißwaſſer, böhmiſch Biela. Auf der letzten Seite iſt des Druckers Schild, oder ſein Wappen zu ſehen. Zwiſchen zwei kreuzweiſe geſtellten Schwertern ſtehen oben und unten Ringe, über dem Helm WoL. Z. MNI. d. i. Wolbřich z Mnichowa.

e. Przevtieſſena a mnoho proſpieſſna knieha Erazyma Roterobamſkeho o Rytierzi krzeſtianſkem. 4. W Biele nakladem a pecžij Woldrzicha Welenſkeho z Mnichowa. Auf dem Titelblatte iſt eine Druckerpreſſe abgebildet mit der Uiberſchrift: plum (lies praelum) Uldricianum. Zweite Ausgabe 1787. 8. Iſt der Miles christianus des Erasmus von dem Buchdrucker Ulrich Welenſky ſelbſt überſetzt, und dem Herrn Johann Sſpetl von Janowitz und auf Pöſig (Bezdiezy) zugeeignet.

1520.

a. Jana Huſa Wyklad: Huſſens Auslegung der 12 Artikel des chriſtlichen Glaubens, der 10 Gebothe und des Vaterunſers. Fol. ohne Druckort, 108 Blatt. Auf Verlangen des wohlgebornen Herrn Johann, vermuthlich Sspetl von Janowiß, der sich zur Brüdergemeine bekannte.

b. Kazanij welebneho a nabozneho otcze Martina Luthera na besatero přikazanj božj, kteréž libu obecznemu zgewnie w miestie Witeberce kazal gest. 4. Prag. Luthers Predigt über das Zehngeboth, die zuerst in deutscher, dann in lateinischer Sprache war verbreitet worden, übersetzte M. Paul Přibram ins Böhmische, und ließ sie auf seine Kosten drucken, starb aber noch vor dem beendigten Drucke. Das Wappen der Stadt Prag mit der Beischrift Arma C. P. und die Form der Lettern selbst deuten auf die Druckerey beim weißen Löwen hin, die ein Eigenthum der Altstadt seit 1488 gewesen zu seyn scheint.

c. Knicze Jana Mirosse, Faraře v S. Kjjze w starem miestie prazskem, dwa Traktaty, prwonij: djtky pokřtiene nepotřebugj kusenj, magj byti k stolu Panie připusstieny, druhy: mjra nesmjrneho posluffenstwj Papezskeho. 8. 5 Bogen. Prag. Beide Traktate waren schon im J. 1513 geschrieben, sind aber erst nach des Verfassers Tode im Jahre 1520 von Johann Podusska, Pfarrer an der Theinkirche, und M. Wenzel

330

Rozdialowſky, Dekan an der Prager Univerſität, herausgegeben worden. S. 1513. c.

d. Wyklad na modlitbu Panie kdeʒ y prwee w poloʒenij kratčiem, gakoʒ předmluwa oznamuge, wytiſkowan gt. 4. Paulus Olivecensis. Ehebem 1512, jeʒt verbeſſert und vermehrt.

e. Dyalog. To gt Rozmluwanie ducha s buſſij genʒ ſlowe připrawa k ſmrti, kteryʒ prwee w poloʒenij kratčiem wytiſkowan geſt. 4. Paulus Olivecensis. Ehebem 1507, jeʒt verbeſſert und vermehrt.

f. Sepſanie ouwobůw ʒ neygiſtějch Piſſem ſwiedectwij obogjho y praweho rozumu gijch o klanienj a klekanj před ſwátoſtj tiela a krwe Boʒi. 4. Weißwaſſer bei Ulrich Welenſky von Mnichow.

g. Rokowanie bwu oſob Paſſkwilla a Cyra: Paſſkwillus pro Rzimſkeho bworu nerʒaby ʒ Rʒina k ſwatemu Jakubu putowati magic s Cyrem na ceſtie ſetkal ſe. 4. 9 Blatt. Weißwaſſer. Aus dem Lateiniſchen von Ulrich Welenſky überſetzt.

h. W tomto ſebranie o tiechto wiecech porʒadňe ſe poklada.

Spis wtipny Marsylia Ficynſkeho, kterak prawda k Karbynalu Ryarowi prziſſla o vrzabu Karbynalſkem.

Dwanactera Sprawa boge křeſtianſkeho ob Jana Piky hrabieti Miranbulanſkeho.

Dwanactera zbroy Rytierzſtwie krzeſtian= ſkeho.

Dwanacte powah prawie milugicyho. 4. 2 Bogen. Zu Weißwaſſer von Ulrich Welenſky überſetzt unb gebruckt.

i. Kratochwilni ſpolu y požitečni liſtowee a Žaloby chubych a bohatych przeb Saturnem na ſebe obmienňe tužicych ob Lucyana Rzeczſkeho mubrce buomyſlnie popſanie. 4. 2 Bogen. Weiß= waſſer. Aus der lateiniſchen Uiberſetzung bes Eraſmus von Ulrich Welenſky ins Böhmiſche überſetzt.

k. Zahrábka buſſie pieknymi moblitbami a figurami ozbobena. 12. Nürnberg bei Johann Stichs auf Koſten bes Verlegers Johann Schi= mar von Augſpurg. Mit Holzſtichen, die in bem bekannten Hortulus animae vorkommen.

1521.

a. Doktora Martina Lutera Kazanij o nowem Zakonie a nebo o poſlebnjm kſſafftu Kryſta Pana

— to geſt o mſſi ſwate w Witmberce včzyniene.
4. 47 Blatt. Prag.

b. D. Martin Luther przeb Welebnoſtij Czi=
ſarzſku y przedewſſemi knjžaty rziſſe — k napo=
menutj gich oowolati knijhy pod gmenem geho
wyoane — obpowieb bawa. 4. 6 Blatt. Prag.

c. D. M. Lutera pro kteru přičinu papežſke
knihy ſpalil. 4. Prag. Lyceumsbibliothek zu
Olmüß.

d. Liſt ob papeže Lwa, kterak Lucyperowi
pſal. 4. Wenzel Domek von Kubin überſeßte
dieſen Brieſ aus dem Deutſchen.

e. Knjžka ſrbečnj, dabei noch zrcablo téhobnj.
4. Prag, bei Niklas Konáč. Handelt von den
vier leßten Dingen. Weleſlawin fügte noch ei=
nen britten Tractat: prawiblo ſſlechetneho a
křeſtianſkeho žiwota, bei. Erſt nach ſeinem To=
de kamen alle brei unter dem Titel Ceſta žiwota
1602 in 8. heraus. Die Zuſchrift der Wittwe
Anna iſt vom J. 1600.

f. Mikulaſſe Tyčky Spis o prawem pokanj
křeſtianſkem. 4. Prag, beim weißen Löwen.

g. Liſt pana Jana Przemyſſlenſkeho kterýž geſt
napſal ke wſſem ſtawuom, kbyž ſe byli ſeſſli bo
Kokege: o nerzabu kñezſkem. 4. Ohne Druckort.

Dieſer Brief warb auf Verlangen des Heinrich Sſpetl gedruckt.

h. Petra Chelčickeho Siet wiery, d. i. Glau=benßneß. 4. Skrze ſnaznau peči Chwala Du=bánka — na klaſſtře Wylimowſkem. Die Dru=ckerei zu Wilimow unweit Czaſlau war nicht bléibend. Außer dieſem Buche, das die Gebrü=der Wenzel umb Heinrich von Perknow auf ihre Koſten drucken ließen, mag etwa der unter g. angeführte Brief des Johann Přemyſſlenſky an die utraquiſtiſchen Stände noch da gedruckt wor=den ſeyn.

Eine andere Schrift des Peter Chelčicky unter dem Titel: Řeč na zgewenj S. Jana z kap. XIII o ſſelmie y obrazu gegim, erſchien ohne Jahrzahl in 4. A — O.

i. Spis doſti czinicij otazce protiwnikuow geb=noty Bratrſke proč křeſt po ſlužebnoſti ob kneze Řzimſkeho ſwiecenj ſtalee wnie ſe opietuge, d. i. Genugthuende Antwort auf die Frage der Gegner der Brüdereinigkeit, warum die von einem Prie=ſter römiſcher Weihe verrichtete Taufe wiederholt werde. 4. Weißwaſſer, bei Ulrich Welenſky. Ei=ne zweite verbeſſerte Ausgabe dieſer Schrift vom Jahre 1521 mit dem Namen des Druckers Paulus Olivecensis beſchreibt Wenzel Sturm,

334

und macht noch einer dritten von demselben Jah=
re Erwähnung.

1522.

a. Sniem obecny w pátek o swátosti. 4. Prag,
beim weißen Löwen.

b. Knieze Waclawa Mirjnskeho Pisnie stare,
gruntownj a welmi vtießene. 8. Prag, durch
Niklas Konač beim weißen Löwen.

c. Petra Chelčickeho spasyteblnij wykladowee
na cztenie nedielnij. Fol. Prag, bei Paul Seve=
rin. Zweite Ausgabe bei demselben 1532.

d. Weyklab slawneho D. M. Luthera o An=
tykrystu na widienj Danyelowo w 8. Kapytole.
4. Altstadt Prag, von Ulrich Welenský ins
Böhmische übersetzt und gedruckt.

e. D. M. Lutera o swobodie krestianske kniž=
ka. 4.

f. Naprawa skrze knieze Martina farare v sw.
Gindřicha w Praze wydana do toho listu a spi=
su kteryžto vdielaw Mik. Konač z Hobißkowa
smiel poslati za dar noweho leta Krali geho mi=
losti. 4.

g. Odpowied na spis w nowie wydany od
knieze Mikulasse farare v sw Petra na Poříčj
w Praze. 8. 16 Blatt. Ohne Druckort.

h. Spis tento o půwobu y o prawbie kniez=
stwj trogiho y wssech zřjzenych přjslussnostech
w pojjwanj pořabnem. 4. Bei Georg Sstyrsa.
Impressum in recentiori Boleslavio.

i. O půwobu Cierkwe swate w prawbie swa=
tosti gegie. A teež o půwobu Cierkwe zlostni=
kuow. 4. Mit dem Druckerzeichen des Georg
Sstyrsa.

k. Spis bosti činici tomu proč při přigimani
k swatostem zawazkowe wegi se. 4. 13 Blatt.
Georg Sstyrsa. (Jungbunzlau).

Eine von Georg Sstyrsa auf dem Berge
Karmel zu Jungbunzlau gedruckte gegen Luther
gerichtete Schrift unter dem Titel: Spis tento
wegmeno Panie včinieny, w niemžto nynieyssych
nowowiercuow neplna a necela anobrž kusa wiera
— se wkaže, mit der fehlerhaften Jahrzahl 1500,
gehört ganz gewiß entweder auf das Jahr 1522
oder 1523. S. Böhm. Lit. I. 144.

1523.

a. Cztenie a Episstoly nedelnij, strzebnij, pa=
tečnij, postnij. 4. 116 Blatt. Prag, beim
weißen Löwen. Der aufrecht stehende weiße Löwe
in der Einfassung des Titelblattes mit einem
Schilde, worauf sich zwei Druckerballen kreuzen,

336

deuten auf die Druckerey, und den Drucker Ni=
klaß Konač. Derselbe hat die sonntäglichen Evan=
gelien auch schon früher, da er noch auf der La=
che (na luži) druckte, herausgegeben.

b. O wolenj prawných stužebnikůw w Cyrkwi
swate. 4. Vermuthlich derjenige Brief, den Lu=
ther en die böhmischen Landstände 1522, am
15. Jul. schrieb, von welchem Balbin S. 586
seiner Epitome sagt: haec epistola typis
edita Bohemice multum attulit turbarum.

c. Spiß Martina Lutera, w niemž vkazuge
co sě mu při bratřjch zbá za prawee a pochybnee,
a to z příčiny otazek bietinských. 4. 14 Blatt.
Ohne Jahr. Paulus Olivecensis.

c. Odpowieb na swiß Martina Lutera, kterýž
niemeckým nazykem wytisknuti dal — načež mu
zase zprawu poblee pisem swatých slussnu činie.
Z Czech a z Morawy. 4. 45 Blatt. In monte
Oliveti. (Leutomischel).

d. Spiß tento otazek trogich. Prwnj nako
počinagicých, druhe prospiewagicých, třetie do=
konaleyssich, totiž bietij, mladencuo y zmužilých,
o wieře obecne křestiansse gedine. 4. 133 Blatt.
Georg Sstyrsa. (Bunzlau.)

e. Spiß welmi vžitečný a potřebný o stawu
swobodnemu a manželstem počina se sstiastne. 8.

110. Blatt. Olivecensis. Der zweite Theil (Anto˙ spis o manzelstwie) 74 Blatt. Verfaßt war diese Schrift schon im J. 1509, aber zum Drucken dem Buchdrucker in Jungbunzlau erst 1523 übergeben.

f. Spis tento genž gest poctu wydanj, nay= prw o mocy swieta a puowodu y o přičinach zřizenie gegieho y o prawd'e gegie w nowem swie= dectwi. — Tež y o přisaze. 4. 80 Blatt. Na podolcy. Podolec ist eine Vorstadt zu Jung= bunzlau.

g. Odpowieb na spis Kalencu, w ňemž wsse= čky napořad potupuge y obsuzuge na zatracenj smiele a to neywjc bratřj a Lukasse zegmena, na ňegž slussny odpis gemu zase činj. Z Bolesla= wie. 4. Olivecensis.

h. Spis tento o pořani. Nayprw coby to w sobie neslo slowo pořanie. Potom o puowo= du pořanie. Potom o rozdiele pořanie. 4. 56 Blatt, bei Georg Sstyrsa auf dem Podolec.

i. Odwolánj odpablstwj, Přjklad a nawrá= cenj se od Antykrysta. Ohne Ort. Die Jahr= zahl 1523 im Inder ist wohl dabei unrichtig angegeben, oder ein Druckfehler.

Y

1524.

a. Spis o potřebnych wiecech křestianstych, kterýž gest ob niekterych kniežj Prazskych wydany, proti wystawowanj swatosti tiela Kristowa w Mon=strancy. Opiet giny že mße nenj obiet. Giny kterak Kristus gt podstatniegi w czlowieku dobrem milostj swu, než w swatosti oltarni. Opiet o poswiccowanj tiela a krwe Panie že má byti ga= žykem rozumnym. 4. 8 Blatt Von beiden Sei=ten des Kelches auf dem Titelblatte stehen die Worte: Bibite ex eo omnes, wabije se o to podnes. Druckerschild des Georg Sstyrsa.

b. Spis o sprawedliwosti podle rozličnych promieniteblnostj a rozdieluo, tež y o sprawedl=nosti z wiery co by byla — damit ist verbunden: Spis o lasce. 4. 161 Blatt. Auf der Vorstadt von Jungbunzlau an der Iser. Georgius.

c. Odpis proti obtrzencom genž se malu stran=ku nazywagj na spis wydany pod gmenem Ka=lencowym. 4. Auf der Vorstadt Pobolec.

Wypsanj z praw bratrskych a odpowied Ka=lencowa scheint von diesem Odpis nicht verschie=den zu seyn.

d. Spis otázek trogich ꝛc. 4. Auf der Vor=stadt zu Junzbunzlau an der Iser. Ist die zweite Ausgabe. S. 1523. d.

e. Ob bratřj liſt králi Ludwikowi poſlany und die im Index verzeichnete Confeſſion der Walden= ſer oder Bunzlauer Brüder ſcheint eine und die= ſelbe Schrift zu ſeyn.

f. Zřjzenj o aučincych na ſniemu. 4. Iſt ein Landtagsſchluß.

Der Prieſter und Prager Bakalar Auguſtin Netwořicky gab in dieſem Jahre eine Schrift wider Luther, die Brüder und einige Prager Ma= giſter heraus, und eignete ſie dem Emauſer Abte Johann Nožička zu. Sie war (nach Paprocky I. 197.) Clypeus fidelium, Paweza wieřj= cych betitelt. Allein man weiß nicht, da kein Exemplar vorhanden iſt, in welcher Sprache ſie abgefaßt war.

1525.

a. Nowy Zákon. 4. Jungbunzlau auf dem Berge Karmel. Skrze mne Girjka Sſtyrſu w mla= dem Boleſlawi nad Gizerau na hoře Karmeli.

b. Kniežka tato geſ-o gruntu wiery obecne kře= ſtianſke s giſtymi důwody proti odporům Anty= kryſtowym wydana od Bratřj. 8. 24 Bogen. Olivecensis.

c. Sniem obecny na hrabie prajſſem držan. 4. Prag, beim weißen Löwen.

Y 3

d. Jakož spis gest tisstieny vdielan kterýž se takto tiemito slowy začjna Letha Panie MCCCCXXV w střebu před swatým Marti= nem — tito Artykulowe dole psanj w Kolinie nad Labem před se zwati ꝛc. 4. 18 Blatt. Es sind Artikel des um Martini zu Kolin gehalte= nen Landtages nebst den Antworten darauf. Pelzel führt die Artikel beim Jahre 1525 und die Antworten erst 1526 an, weil er voraus= setzte, daß die Artikel vor den hier beigefügten Antworten, wie es der sonderbare Eingang wahr= scheinlich macht, für sich gedruckt worden seyn. Allein man kennt kein anderes Exemplar, als das hier angeführte.

1526.

a. Sniem na hradie prazžkem zawřjn ben sw. Frantisska. 4. Prag.

b. Spis proti odporum žeby swátost tiela a Krwe Pánie znamenjm toliko a ne prawdau byla. Index 250.

c. O niemecke mssi.   S. Kázanj o wečeři Panie 1544.

Sichtbar ist nun aus diesem Verzeichnisse die Verbreitung der Buchdruckerkunst in Böhmen. Zu Prag kommen neben der alten Druckerey beim weißen Löwen auf der Altstadt im J. 1507 Nikolaus Konač und Johann Wolf, auch Moravus genannt, zum Vorschein. Dieser verschwindet nach 1512, N. Konač aber druckt noch einige Jahre bei der lieben Frau auf der Lache (Matka boži na luži) in einem Hause zum Glücke (ad fortunam) genannt, fort, und übernimmt seit 1522 die Druckerey beim weißen Löwen. Neben ihm zeigt sich Johann Smerhowsky im J. 1513 und 1519, Paul Severin im J. 1522, und zugleich Ulrich Welensky, der jetzt die Hauptstadt dem Städtchen Weißwasser vorzog.

Zu Pilsen setzt Niklas Bakalař seine Arbeiten fort, die er da schon 1498 angefangen hatte. Er lieferte meistens gangbare Volksschriften bis 1513.

‹ Zu Leutomischel (in monte Oliveti) tritt Paul von Mezyřič, sonst auch Paulus Olivecensis genannt, schon im Jahre 1507 auf.

Zu Jungbunzlau errichtete Niklas Klaudian, der schon 1507 die Apologie der böhmischen Brüder zum Drucke beförderte, und bei dem in Nürnberg 1517 gebruckten Kräuterbuch den Corrector machte, im J. 1517 eine Druckerey, aus der 1518 das neue Testament, Lactantius, Hermas und andere Schriften, 1519 aber nur noch sein Hebammenbuch ans Licht traten. Nach ihm druckte daselbst Georg Sstyrsa, der sich durch schöne Schriften auszeichnete.

Weißwasser, in der Nähe von Bunzlau, wählte sich Ulrich Welensky von Mnichow. Gewöhnlich druckte er seine eigene Uibersetzungen. S. die Jahre 1519, 1520, 1521. Im Jahre 1522 begab er sich nach Prag, wo er sich aber später gar nicht mehr zeigt.

Nach Wilimow scheinen die Gebrüder von Perknow den Chwal Dubanek, den man sonst nicht weiter kennt, im J. 1521 bloß darum berufen zu haben, um des Peter Chelčický Glaubensnetz, ein von den böhmischen Brüdern sehr geschätztes Werk, drucken zu lassen.

Aber auch an einigen Orten außer Böhmen kamen böhmische Werke aus der Presse. Zu Nürnberg ließen die Brüder im J. 1504 die erste Apologie ihrer Glaubenslehre drucken. S. auch die Jahre 1517, 1518.

Nach Venedig mußten sich die drei Bürger von Prag, Johann Hlawsa, Wenzel

Sowa, Burián Lazar, als Verleger an
den berühmten Buchdrucker Peter Lichtenstein von
Köln wenden, um eine so prachtige Auflage der
Bibel zu besorgen, als die daselbst im Jahre
1506 auf schönem Papier gedruckte wirklich ist.
Die zwei böhmischen Correctoren, die man da=
hin schickte, Johann Gindřický von Saaz,
und Thomas Molek von Königgrätz, ließen
es an Fleiß nicht ermangeln, die alte Uiber=
setzung ihren Zeitgenossen verständlicher zu ma=
chen, indem sie an vielen Stellen die veralteten
Flexionen nnd Formen nach neuerm Sprachge=
brauch abänderten. Es kam auch das ganze 3te
(sonst 4te) Buch Esbrä hinzu, wovon in den
frühern Ausgaben nur ein kleiner Theil zu finden
war. Ungeachtet diese Auflage von Utraquisten
besorgt ward, fanden auch strengere Katholiken
nichts Anstößiges darin. Zum Besten der Bi=
bliographie, sagt Ungar, bemerkten diese sonst
scharfsichtigen Herren (die Inbermacher) vor dem
6ten Kap. der Offenbarung den Holzschnitt nicht,
auf welchem der Pabst in der Hölle liegend vor=
gestellt wird.
Wenn Lupac beim 24. März, wo er von
dieser Bibel Nachricht gibt, die Worte typis
nondum per id tempus in Boëmiam in-

vectis fallen läßt, so ist es ein arger Gedächt=
nißfehler, indem er beim 26. September der
zu Prag 1488 gedruckten Martinischen Chronik,
davon er selbst ein Exemplar besaß, gedenkt.
Nicht also, weil man noch keine Druckerey in
Böhmen hätte, besorgte man den Druck dieser
Bibel zu Venedig, sondern weil man eine präch=
tige Aufläge zu haben wünschte, die gerade im.
J. 1506 zu Prag niemand unternehmen konnte.
Das folgende Jahr 1507 ließ auch Wenzel
Kaplißer, ein Böhme, das Missale se-
cundum chorum Archiepiscopatus Pra-
gensis ecclesiae auf seine Kosten bei Peter
Lichtenstein zu Venedig drucken, so wie die frü=
hern Missale alle außer Böhmen gedruckt worden
sind. Das erste vom J. 1479 erschien ohne
Angabe des Druckortes. Das zweite vom
J. 1489 zu Bamberg. S. Vogt über den Kalen=
der der Slaven. Das dritte vom J. 1498
(nicht 1497, wie Panzer es dem Denis und
dieser mir nachschrieb) zu Leipzig.

§. 17.

Beſchluß der vierten Periode 1501 — 1526.

Unter Wladiſlaw bildete ſich der böhmiſche Geſchaftsſtyl aus. Alle Verordnungen werden aus der königlichen Kanzley in böhmiſcher Spra= che erlaſſen. Die Archive ſind voll von böhmi= ſchen Urkunden aus dieſer Zeit. Die Stellen bei den Behörden werden nur mit Böhmen beſetzt, den Deutſchen iſt es durch erneuerte Geſetze ver= wehrt, ſich anzuſiedeln. Viktorin von Wſſehrd rechnet es den Herren von Poſtupitz zum Pa= triotiſmus an, wenn ſie die Verbreitung der Deutſchen aus allen Kräften hinderten. Wie er ſich in ſeinem viel geleſenen Werke von den Rechten des Königreichs Böhmen über die Deut= ſchen äußert, mag wohl nicht ganz billig ſeyn, aber ſo dachte um dieſe Zeit der größte Theil der Eingebornen. Má také Komornjk, ſo ſchreibt er B. 3. K. 18, býti prawý přirozený Čech, ne Niemec, ne giný Cyzozemec, neb ne= tolifo w žadný řřad zemſký ob neywyſſſiho až do neynizſſiho řřadu žadný Cyzozemec a Nie= mec zwláſſtie nemá wſazen a přigat býti poble práwa: ale také Niemcy nikdýz nemagj trpjni

býti, než gako geſt za ſwaté pamieti knjžat, za
oſwjceného a ſwatého Spitihniewa, za Břetiſla=
wa otce geho, a za oſwjceného a S. Sobieſlawa
bylo a za giných knjžat a králuw potomnjch,
Niemcy magj wen z zemie hnáni byti, ga:ož
Kronyky čeſke wſſecko ukazugj a ſwiedčj. Neb
každý král čeſky, gakož gei: Kogata prwnjmu
králi čeſkemu Wratiſlawowi odewſſi zemie powie=
biel, že máſſ ob ſwých Čechůw a Zemanůw čeſt;
ob Niemcú a Cyzozemcú nemaſſ gebno leſt? Neb
žadný pro dobré zemſké Cyzozemec bo ceſte zemie
ſe neobracý, než pro zlé obecnj; aby pob tjm
ſwého užitku mohl doſýcy. A bylilibi w kterých
vřabech Niemcy, magj s nich ſſazowáni byti,
gakož ſe geſt nebawno za naſſj pamieti gebnomu
y bruhému ſtalo, že ſau oba s vřabůw komor-
nictwa pro gazyk ſſazeni, z té přjciny Niem=
cům y wſſem Cyzozemcům zapowiebjno geſt, aby
ſobie w zemi čeſké žab:ých zbožj ani zamků, twrzý,
mieſt ꝛc. ani biebin nekupowali. Pakliby co
přes to který Niemec ſobie w zemi kaupil, má
gemu to neyprw obgato býti, a potom ſám z ze=
mie má wyhnán býti. Na to nález w třetjch
Snbřegowých B. I Neyg ıſniegſſi ꝛc.

Vor ben Gerichtsbehörden burfte man ſich
keiner anbern, als ber Mutterſprache bebienen.

Als etwas Ungewöhnliches merkt Lupac beim
11. May an, daß die Gesandten Kaiser Karls V.,
die nach König Wladislaws Tode 1516 nach
Prag kamen, auf dem Landtage (am 12.
May) ihre Vorträge in deutscher Sprache ge-
macht hätten. Bei dem böhmischen Landge-
richte würde man eine solche Ausnahme nie zu-
gegeben haben.

Matthäus von Chlumčan bekam
1501 von den zur Untersuchung der auf dem
Schlosse Karlstein aufbewahrten Privilegien und
Urkunden ernannten Herren, worunter sich auch
Bohuslaw Hasysteynsky von Lobkowitz befand,
den Auftrag, alle Urkunden ordentlich zu ver-
zeichnen. Er nannte diesen in böhmischer Spra-
che verfaßten vollständigen Inder zřjzenj Prywi-
ljegij koruny Králowstwj čestleho und versah ihn
mit einer lesenswerthen Vorrede, die eigentlich,
da sie an K. Wladislaw gerichtet ist, eine Zueig-
nung heißen sollte. Seltner wird dieser Inder,
den Balbin aus Versehen dem Bohuslaw Lob-
kowitz zuschreibt, deutsch gefunden. Ein ähnli-
ches Verzeichniß, das aber mit keiner Vorrede
oder Einleitung versehen ist, fängt im Talember-
gischen Codex mit den Worten an: w Truhlicze
pomykaczy s takowym znamenjm (hier das Zei-

chen) Liſtowe: Mageſtat Czyſarze Kaula 1347.
Alle Truhen und Schachteln waren mit allerlei
Figuren bezeichnet. Es geſchieht daſelbſt auch
von einer frühern Durchſuchung der Rechte und
Briefe Meldung, die im J. 1466 Zdeniek von
Sternberg mit andern Herren unternommen.

Zu vertrauten ſowohl, als Geſchäftsbriefen
hatte die Sprache jetzt Biegſamkeit genug. Man
ſehe die vielen böhmiſch abgefaßten Briefe unter
K. Wladiſlaw im Talembergiſchen Coder zu Oſſek,
den Brief der Martha von Boſkowitz an den König
ſammt den Briefen der Brüder, für die ſich Mar=
tha 1507 eifrig verwendete, in der geſchriebenen
Geſchichte der böhmiſchen Brüder, worin auch
K. Wladiſlaws Briefe an die Johanna von Kra=
gek und Katharina von Kolowrat vom J. 1512
zu leſen ſind; ferner ſechs Briefe des Karthäuſers
Bruno zu Gamink in Oeſtreich davon fünf an
das Fräulein von Klinſtein in den J. 1526,
1527 geſchrieben ſind, der ſechſte aber an ſeinen
Bruder Johann von Raupow gerichtet iſt, in
einer Handſchrift bei den Minoriten (K. L.);
endlich die Abſchriften von Sendſchreiben (liſtů
poſelacých) Wilhelms von Pernſtein von den Jah=
ren 1520 und 1521 in einer Handſchrift zu
Raudnitz, der vielen in Archiven aufbewahrten

Originalbriefe nicht zu gedenken. Bartoß nahm mehrere Briefe in seine prager Geschichte auf. Merkwürdig ist derjenige, welchen der Kirschner Mathias, sonst Einsiedler genannt, im J. 1525 an den Abministrator Czahera schrieb, der ihn anstatt einer Antwort in den Kerker stecken ließ. Deßselben Bruders Mathias Brief aus dem Ker= ker an den Bruder Laurenz vom J. 1526, fer= ner einen Brief des Pfarrers von St. Galli Hie= ronymus an den Bruder Mathias, und dessen Antwort darauf, der königlichen Briefe nicht zu erwähnen. Von einem böhmisch geschriebenen Briefe des Johann Sflechta urtheilte Bo= huslaw von Lobkowitz, gewiß ein strenger Richter im Fache der schönen Literatur, daß er ihm nicht blos der gegebenen Nachrichten, sondern auch des schönen Styls wegen gefallen habe. Etsi literae tuae vernacula lingua scriptae fuerunt, redolebant tamen graecae latinaeque orationis ornamenta, quare cum ob idipsum his delectatus sum, tum maxime, quia nova quaedam insperataque afferebant. Weniger zufrieden würde er mit seinem eigenen Briefe an Peter von Rosenberg gewesen seyn, wenn er dessen böhmische Uibersetzung, die von lateinischen Phrasen strotzt, gelesen hätte.

Hr. J. M. Zimmermann hat ihn erst neulich aus einer Handschrift, die mehrere Uiberſetzungen des Gregor Hrubý enthält, herausgehoben und zum Drucke befördert. Den Uiberſetzer einiger ſeiner lateiniſchen Verſe ſchilt er einen Eſel und Barbarn. Er gießt ſeine Galle über ihn in der 4ten Elegie des 1ſten Buches aus:

Transtulit in patriam quidam mea carmina
    linguam.
Haec Proceres, populus, nobilitasque legit.
Irascor facto bipedis vehementer aselli.

Und weiter:

In messem ne, quaeso, meam, mi Barbare, falcem
Insere: non etenim scripsimus illa tibi.

Hier mag die Schuld an dem ſchlechten Uiberſetzer gelegen haben. Es gab wohl noch Andere, die den böhmiſchen Schriften gar nicht hold waren. Darüber klagt Konač (1507) in der Vorrede zu ſeinem Lucian: Owſſem nepochy= buge o tom že ginym na wobie pſáti budu. A zwláſſtie tiem, kterež tak weliká a iakás wzteklá nenáwiſt przyrozeného drži yazyku, že mnohokrát z omylenj tžeſſé pjſmo w ruce ſwé wezmuße, hned rychle zaſe ne ginak než yako horké vhlé wypúſſtie= gj. Takowét ya mezy tiemi, kterziž poſmije= wanije gſu neyhodnieyſſij, potzitam. Ne tako=

wuž giſlie Niemtzy nenáwiſt (wſſetzky giné pro
vkrařenij pomina) k ſwému drſnatému yazyku
magij. Auch dieſe Abneigung hatte vielleicht ih=
ren Grund in den erſten mißlungenen Verſuchen.
Sind doch des Konač frühere Uiberſetzungen ſelbſt
noch ſehr ſteif. Fließender iſt die Sprache in ſei=
ner Judith, ob ſie gleich in Verſen geſchrieben iſt.
Auf der andern Seite fehlte es nicht an war=
men Freunden, an einbringenden Empfehlungen
der Mutterſprache. Niklas Konač ſchmeichelt
ſich, daß derjenige, den er nur mit milȟ Pane,
ohne ihn zu nennen, anredet, dem böhmiſchen
Lucian eine Stelle unter den koſtbarſten böhmi=
ſchen Büchern, deren er vor andern eine große
Menge beſitze, einräumen werde. (Ale o tobiȇ
wjru mam že Lužyana Mudrȵe přzirozenu ſepſa=
neho rzetzij ne toliko ob ſebe neodwrȵeſs, ale
take mezy naybrazſſymi kniehami Czeſtymi gichȥ
nad gine hoynoſt maſs, mijſto daſs.) Ihn ſelbſt
habe die Liebe zur Mutterſprache und der lehr=
reiche Inhalt, wie er ganz zu Ende den Leſer
verſichert; dazu bewogen, dieß Geſpräch von
allerley Ständen zu überſetzen. Er hoffe alſo,
daß nur derjenige, der beiden abgeneigt wäre,
ſeine Mühe gering ſchätzen werde. (Wijru tehdy
mam že žadny gedine ktož k obemu neliboſt ma,

Lucyana milowatl a pratze me malo fobie wažyti
nebude. Ktož tzijcfti budefš dobrze fe miey a ne=
boftatky ne Mikulaffowi ale mblemu wtipu przy=
pifuy opiet profym.)

Wenzel Pjfecky, ber ben jungen Sig=
munb Gelenius nach Italien als Lehrer begleitete,
aber in fein Vaterland nicht mehr zurückkam,
indem er zu Venedig 1511 ftarb, fchickte Sig=
munds Vater, bem Gregor Hruby Gelenfky (von
Gelenie), bem größten Liebhaber feiner Mutter=
fprache, bie böhmifche Uiberfetzung von Ifokrates
Ermahnung, bie er in Italien verfertigt, zum
Zeichen feiner Freundfchaft zu. Er begleitete
fein Gefchenk mit einem Briefe an Gregor, worin
er mit Enthufiasmus von ben Vorzügen ber böh=
mifchen Sprache fpricht, indem er fie mit ber
Griechifchen verglich. Aus Befcheidenheit ließ
Gregor ben Brief mit bem Ifokrates 1512 nicht
abbrucken, er ift aber in einer Handfchrift ber
öffentl. Bibliothek ganz zu finden, aus welcher
wir ihn hier mittheilen.

Wáclaw Pjfecky Rzehořowi Hrubému pozbra=
wenje wzkazuge.

Nenj mne tayno pane Rzehoři že y mnozý
rozličnj fe ku přátelom barowe poffelagi, weblé

rozdjlné libj a nebo chuti, a nebo powahy, niekdy také možnosti y zaslúženj. Tak króle mohútným panuom netoliko drahé sfatstwo, ale y zámky znamenité za dar wjdámy dawati, proto že y wonino sto mohú snabnie býti, a tito snab toho zaslúžili. Tak dobré koně tiem, kteřjž ge sobie welmi wážj, tak rozličné ptactwo tiem kteřjž po niem stogj w slussném daru se niekdy posielá, když ljbosti a chuti libské wybornie se přirownáwá. Tymž biehem y kniehy darowány čteme a nepřjliss za marný a newbiečný dárek. Neb gest tak toho kterýž bral, yako kterýž dar dáwal, powaha k tomu a náchylnost dobře příleže* la. Gistie y hrst woby swochotnostj onomu králi (Artaxersowi) ob chubeho člowieka podané za dar tak prossla, že gest smožnostj tak chaterného člo= wieka dobře se srownáwala. Iá pak pochtiew k tobie přjteli mému niecо také za dar poslati, ani weblé bohatstwj mého kteréhož nemám, ani weblé slussnosti kterázby k tobie přislussela, ne weblé zaslúženj twého, ale podle mé powahy tu= bjеž y možnosti toto tobie cožkoli gest, yakéžkoli gest, swochotnostj aspoň a rád posielám. Ačkoli když sem prohlébal ne k mému toliko včenj, ale y k té kterúž ty mass chuti, nemohlk sem nic přihodnieyssiho nynj nad toto poslati. Neb po=

3

niewabž včenj mé nynj w řečtinie geſt : twé pak
vſylowánj giž ob bawnjch čaſuow geſt při zwele=
benj a množenj Gžeſkého yazyka, wibielo mi ſe
boſti zaſluſſné, abych tuto řeč Jzokrata wonoho
v rzekuow w wymluwnoſti welmi znamenitého
a vtieſſeného z yazyku řeckého nynj w čeſko pře=
loženú tobie yazyku čeſkeho milownjku a mſtiteli
obbal. To ſem pak včinil ne tjm vmyſlem, yako=
by ty tiechto Jzokratſkých potřebowal napomenutj,
ale aby poruzumieti mohl, yak rozbjlnj a yak
mnohem vžitečnieyſſj ſu řecnjcy řecſſtj nab la=
tinſké, zwlaſſtie k naprawenj mrawuo, coż mla=
bencuom geſt naypotřebnieyſſj. Neb že ſú mno=
hem wymluwnieyſſj, nepotřebj mnie o tom mlu=
witi. Poniewabž y Latinjcy ſami w tom gim
poſtupugj. Aby. také znal, w yakých mubrcých
Zygmunb twuoy giž. čjtati muoze, s yakým ne=
toliko při wymluwnoſti ale y při ctnoſtech pro=
ſpiechem, včinil ſem toto také a zpřebnj temikř
přjčiny, abych ſe týmž biehem při včenj mém
cwičil, yako niekby y Kraſſus y Cycero y Pli=
nius potom činil, a Kwintilian tak rabj; přes
to, abych zkuſyl, zbali čeſky yazyk tak hoynný
geſt, aby bez žebroty bubto niemeckého ſſwerkánj,
bubto latinſkého promieſſowánj ſam obſebe tauž
wiec wymluwiti mohl, kterauzby y řekowe wy=

ſpali, Seznamenal ſem pak, že netoliko latinſké
pomocy nepotřebuge (o niemčinie mlčjm s kterauž
nic nemám činiti) ale poniekud gi wywyſſiti
muože, tak niekde geſt náchylnieyſſj k lahobnoſti
řecké a klepotie nežli latinſký, že při mnohých
w mluwenj ozbobách, při lepém ſlow ſkládanj,
kbež nazyk latinſký řeckeho a neb proſtie nemuože,
a neb s tiežkoſtj a welmi neſnadnie náſlebuge :
tu nazyk čeſký tauž lahobau a gebnoſtaynj témiež
krátkoſtj wſſecko wyſlowiti muože. Ačkoli znám
co geſt giž nazyk latinſký w ozdobie a co čeſký,
ani mne tayno nenj, že tento pilnoſtj libſkau giž
geſt vſſlechtileyſſj nežli náſs čeſký. Ale mluwjm
o přirozenj a zpuoſobu obogjho nazyka, tak wo
tom drže, že kdyby téż pilnoſti při okraſſlowánj
ſwého nazyka prwieyſſj Čechowé byli vžjwali
a nebo nynieyſſj geſſtie toho hlebieli yako niekdy
Řjmané, nazyk čeſký co ſe tkne ſwietloſti, řecke
lahoby, lepoty, nabto y ozdoby y ſlow ſkládanj,
bylby nad latinſký w tom mnohem y ſſtiaſtnieyſſj
y hoynieyſſj. Abych pak nemnožil řeči při wie=
cech giných, nechtie z toho gedno za duowod toto,
Neb toho čemuž řekowé omiocatalexin řjkagi
Čechowé pak mohliby řjcy podobné ſkonánj,
latina gſucy cos hrubſſiho, neráda trpj, Čeſſti=
na pak též yako řecſſtina welmi ijm oſlabčuge a

Z 2

libé činj mluwenj. Wčemž y Gorgias wonen leontinſký y Polux Agrygentynſký welmi čaſtý geſt, k tomu Rythmen, což Čechowé rym gmenugj, latina proſtie nenáwibj, ale čeſſtina s řečtinau netoliko tjm řeč ſwú ozdobuge, ale y lahodnau činj. Při kterémž ozdobowánj Jzokrates tento tak weliké a tak vſtawičné vžjwal pilnoſti, že ſe v vtržky tak přjliſſného vſylowánj neuwarowal. Neb y Philonikuſs y Jeronym mudřec w tom ho yako neſſanugj ač při giném ho (boſti) wychwáliti nemohau. Pro tyto tehdy přjčiny, ač ſú geſſtie y giné welmi mnohé, rab ſem na ſebe tu prácy wzal abych tuto řeč Jzokratowu kterauž nieyakého Demonika a ſkrze nieho wſſecky mlabence k ctnoſtem 'napomjná, weblé mé možnoſti, geſtliže ne tak ozbobnie yak ſám geſt w ſobie neb to nenj možné, aſpoň wiernie w čeſſtinu přeložil, a tobie za znamenj a záwbawek naſſeho přatelſtwj obbal, kterauž že wbiecnie přigmeſs nepochybugi. Neb y to ſnab za dar nieyaký muože pogiti, zwláſſtie že geſt ſkutek řečnjka takowého, kteréhož řeči, yakož mluwj Dioniſius Alikarnazſký, kromie toho že ſu wýmluwnoſti y welmi vtieſſené y welmi libé, gſu ſamy doſtatečné tiem, kteřjžby mieſta řádnie zprawowati chtieli. Přigmiž tehdy toto ne tak pro mne kterýž ſem wylo-

žil, yako pro toho, kterýž geſt ſložil, za yakýž
takýž bárek, ačkoli mnozi ſe nynj nalezagj, kteřjž
ſe ſnab tomu ſmiegj. Ale wſſak za prwnieyſſjch
čaſuow netoliko pani a nebo wuobce nieyach ale
y králowé y Cyeſařj welmi toho ſſanowali, kbyž
ne bohatſtwjm a marnau pychau, ale ſſlechet=
noſtj, ale vmienjm giné wywyſſowati chtieli, což
geſt wonen nabewſſjm témieř ſwietem wjtiezytel
welikÿ Alexander Ariſtotéléſſowi včiteli ſwemu
pſáti ſe neſtybiel. Mnie pak doſti za prácy bube:
geſtliže kto z Čechuow toto cožkoli geſt yakéžkoli
geſt niekby aſpoň přečte. Mieg ſe bobře. Pjſſik
k tobie biehem přátelſkým, zanechaw ráčenj, mi-
loſtj a wámkánj: neb mi ſe to ſamému neljbj.

Der Pilſner Buchbrucker Bakalař ſeste bie
aus Wſſehrb (oben 209) entlehnten Worte: neb
iazyk čeſký nenie tak vzký, ani tak nehlabký —
řeckým nebo latinſkým, zur Empfehlung der
Mutterſprache auf baß Titelblatt beß 1511 her=
ausgegebenen lateiniſch = böhmiſchen Wörterbucheß.
Jest würbe man mit beſſen Hülfe bie Schriften
der lateiniſchen Kirchenlehrer verſtehen, unb in bie
böhmiſche Sprache überſetzen können. Denn dieſe
ſey eben nicht arm unb ungeglättet, ſondern ſo
reich, baß alle griechiſchen unb lateiniſchen Bü=

cher in dieselbe übersetzt werden könnten. Es
fehlte auch wirklich nicht an mancherley Versuchen.
Seitdem Bohuslaw Haffenstein, der gebil=
detefte Böhme seiner Zeit, und andere beffere
Köpfe die schönen Wiffenschaften bei uns eifriger
pflegten, Hieronymus Balbus Vorlesungen über
die schönen Redekünste in Prag hielt, unsre ade=
lichen Jünglinge Studien halber häufiger Italien
befuchten: mußten die Böhmen mit den klaffi=
schen Werken der Griechen und Römer immer be=
kannter werden. Auch brachte man mehrere
Schriften der Neuern von befferm Geschmacke
nach Hause. Und wenn gleich die Gelehrten ih=
ren literarischen Ruhm darein setzten, ein schönes
Gedicht, eine zierliche Rede, oder auch nur einen
guten Brief in lateinischer Sprache abzufaffen,
konnte es doch nicht fehlen, daß nicht andere
patriotisch gesinnte Böhmen dadurch aufgefordert
worden wären, böhmische Uiberfetzungen befferer
Schriften zu unternehmen. Mit philosophisch=
moralischen Schriften glaubten fie am leichteften
bei ihren Landsleuten Eingang zu finden. Die
Briefe des Marfilius Ficinus, deren wir
oben S. 314 und wieder S. 331 erwähnten,
mögen der erste Verfuch gewesen seyn. Den
Uiberfetzer davon kennen wir nicht; es ist aber

zu vermuthen, daß es entweder Victorin Corne-
lius Wſſehrd oder Gregor Hruby von Gelenie
war. Van Wſſehrd berichtet Lupacius beim
30. Jänner, daß er einige Schriften (nonnulla
scripta) des Bischofs Iſidor ins Böhmiſche über-
ſetzt habe, beim 21. September aber, an welchem
Tag Victorin im J. 1520 ſtarb, nennt er dafür
nur ein gewiſſes Buch (librum quendam),
das er gedruckt geſehen haben will. Wohl mag
Lupacius, wenn er aus dem Gedächtniſſe ſchrieb,
ſich geirrt haben. Wir kennen nur von ihm Uiber-
ſetzungen kleinerer Schriften des Chryſoſtomus und
Cyprians. S. oben 208, 240.

Gregor Hruby, ſonſt auch Gelenſky
(von Gelenie) genannt, ein anſehnlicher Bürger
zu Prag, wandte ſeinen Fleiß und ſeine ganze
Muße bis zu ſeinem Tode, der am 7. März 1514
erfolgte, dazu an, ſeinen Landsleuten böhmiſche
Uiberſetzungen auserleſener Schriften in die Hände
zu liefern. Dieſen regen Eifer, dieſe warme Liebe
zur Mutterſprache lobte auch Piſecky an ihm, da
er ihn den Retter (mſtitel, vindex) derſelben
nannte, deſſen Bemühung ſeit langer Zeit die
Verherrlichung und Verbreitung der böhmiſchen
Sprache ſey. Twé pak vſylowáni, ſagt Piſecky
in ſeiner Zuſchrift, ob baranjch čaſům geſt pří

zwelebenj a množenj česteho gazy̆ka. Deßhalb
glaubte er ihm mit den böhmisch übersetzten
Isokrates ein angenehmes Geschenk zu machen.
Er begleitete es mit einem lateinischen epigram‑
ma dodecastichon, worin es unter andern
heißt:

Utque Isocratico venus attica culta lepore,
   Quae fuerat graiis iam male nota viris,
Celsa Boemorum translata in menia, tandem
Dignetur patrio adsuescere verba modo.

Balbin räumte dem Sigmund Gelenius billig
einen Platz in seiner Boh. docta ein, bei wel‑
cher Gelegenheit er gleichsam im Vorbeigehen des
Vaters Gregor erwähnt, und blos Petrarcha's
Bücher de remediis utriusque fortunae
vom J. 1501, die er sehr trefflich übersetzt habe,
anführet, wo er doch beim Lupacius noch zwey
andere ungedruckte Stücke von seinen Uibersetzun‑
gen finden konnte, das Encomium Moriae
des Erasmus, und W. Pisecky's Disputation mit
einem Mönche in Italien über die Communion
unter beiden Gestalten, welche Gregor übersetzt
und mit gelehrten Anmerkungen begleitet hat.
Beide letztere Schriften sind nebst vielen andern
in einem starken Foliobande der öffentlichen Bi‑
bliothek enthalten, die hier von neuem verzeichnet

zu werden verdienen, da der zweite Herausgeber
der Boh. docta, Pater-Candid, der das Glück
hatte, diesen schätzbaren Codex für sein Kloster
zu kaufen, in seinem Verzeichnisse vier Stücke
ausgelassen hat.

1. Joh. Anton Campan's de regimine
reipublicae. Dieß hatte Gregor Hruby dem alt-
städter Magistrat gewidmet und 1513 drucken
lassen. In der Handschrift aber sind zur Erläu-
terung einige Sprichwörter aus Erasmus bei-
gefügt.

2. Agapets Ermahnung an Kaiser Ju-
stinian.

3. Jovian Pontan's Bücher vom Könige.

4. Bohuslaws von Lobkowitz Brief an Peter
von Rosenberg, Landeshauptmann von Böhmen,
über die Verwaltung des Königreichs. Der
Brief ward etwa 1497 lateinisch geschrieben,
Hruby scheint ihn übersetzt zu haben, da er
hier mitten unter seinen Uibersetzungen steht.

5. Isokratis Ermahnung an Dämonikus, von
Wenzel Pisecky in Italien übersetzt, und an Hru-
by nach Prag geschickt. Sie kam mit Pisecky's
Epitaph in böhmischen Versen 1512 zu Prag,
und abermal 1586 heraus.

6. Magiſter W. Piſecky's Diſputation von Hruby aus dem Lateiniſchen überſetzt und mit einem Vorbericht und mit Zuſätzen erläutert.

7. Das Lob der Narrheit von Erasmus, mit einer Zuſchrift an den Prager Magiſtrat vom J. 1513. In der Abſchrift, die er dem Magiſtrate übergab, waren noch andere zwei Stücke (N. 8 und 9) beigelegt.

8. Joh. Jovian Pontans Geſpräch, Charon betitelt.

9. Laurenz Valla's Abhandlung von der Schenkung Conſtantins.

10. Petrarcha's Briefe, 16 an der Zahl. Nebſt dieſen noch ein einzelner Brief vom Geize an Hannibal Biſchof von Tuſculum. Dazu gehören noch Cyprians Brief von den Prieſtern, Auszüge aus Platina's Leben der Päbſte zur Erläuterung des Valla.

11. Joh. Jov. Pontans fünf Bücher vom Gehorſam.

12. Deſſelben Schrift von der Wohlthätigkeit (de beneficentia, o bobročinnoſti.)

13. Cicero's Lälius. Am Ende ſtehen einige lateiniſche Briefe, die Wenzel Piſecky aus Italien ſchrieb.

Der Lälius, den Hr. Zimmermann neben
dem lateinischen Original erſt neulich (Prag,
1818. 12.) zum erſtenmale herausgab, befindet
ſich auch in einer Handſchrift der öffentl. Bibl.
in 8. nebſt dem Jſokrates und andern Stücken.
Nach dem Lälius folgen Cicero's Paradoxa, und
zwar das erſte, zweite, fünfte und ſechſte. Pa=
radoxa ſind dem böhmiſchen Uiberſetzer, wahr=
ſcheinlich unſerm Gelenſky, kuſowe hobni podiwe=
nj a genž zdanie libſté přewyſſugj. Hruby liebt
dergleichen Umſchreibungen, und erklärte ſich
ausdrücklich für die paraphraſtiſche Art zu über=
ſetzen, um nicht unverſtändlich zu bleiben. Sei=
ne Verlegenheit, für jedes lateiniſche Wort von
beſtimmter Bedeutung, wie für virtus, aucto-
ritas, munus, institutum, oraculum,
studium einen überall paſſenden böhmiſchen
Ausdruck zu finden, iſt ſichtbar. Daß er augur
auch im Böhmiſchen beibehielt, iſt erträglicher,
als wenn er consuetudo durch ſpolubýwárj,
oder humanitas durch ljtoſt überſetzt.

Vermuthlich ſind auch die zwei Reden in
derſelben Handſchrift von Hruby überſetzt. Die
erſte iſt vom h. Gregor, wie wir uns im Glü=
cke und Unglücke verhalten ſollen, die zweite vom
h. Baſilius vom Neide.

Die Rede des Chryſoſtomus, daß niemand
verletzt werden kann, außer von ſich ſelbſt, die
er 1497 dem Niklas von Černčic widmete, ward
mit einigen Uiberſetzungen des Vict. Wſſehrd
1501 gedruckt. S. oben 240.

Joh. Jov. Pontan's Bücher de fortitu-
dine (o ſtatečnoſti) an König Alfons von Ara-
gonien in einer Handſchrift der öffentl. Bibl.
vom J. 1511 in 4., die Balbin in Krumau ſah,
und Boh. docta III. 172 beſchreibt, darf man
ohne Bedenken dem Gregor Hruby zuſchreiben,
da Pontanus ſein Lieblingsautor war. Wahr-
ſcheinlich iſt dieſe ſchöne Abſchrift einem Herrn
von Roſenberg zugeſchickt worden, wenn er gleich
vor der Dedication nicht genannt wird. Balbin
überſetzte o ſtatečnoſti lateiniſch de magnani-
mitate, wo es de fortitudine heißen ſoll.

Die Vitae SS. Patrum scriptae anno
1510, deren Balbin am a. O. gedenkt und hin-
zuſetzt: utinam prodirent in typo! certe
cum utilitate maxima legerentur, ſind
unſtreitig von ihm. Er ſcheint mehr als einem
Mäcen Abſchriften von ſeiner neuen Uiberſetzung
von dem Leben der Altväter zugeſchickt zu haben.
Die er dem damaligen oberſten Kanzler Ladiſlaw
von Sternberg vor dem J. 1514, in welchem

Hruby ſtarb, überreichte, kann nicht die präch=
tige mit Gemälden gezierte erſt im J. 1516
verfertigte Handſchrift der öffentlichen Bibliothek
geweſen ſeyn. S. oben 249.
Mit gleicher Liebe zu ſeiner Mutterſprache
betrat Niklas Konáč die literäriſche Laufbahn im
J. 1507, die er erſt 1546 mit dem Leben ver=
ließ. Er druckte durch ganze 20 Jahre gar
mancherley ältere und neuere Schriften, vor=
züglich ſeine eigenen gelehrten Ausarbeitungen und
Uiberſetzungen. Er überſetzte zwei Dialogen Lu=
cians, namentlich den Charon und Palinurus,
Terpſion und Pluto, eine Erzählung Beroalds
von zwei Liebenden, des Aeneas Sylvius Ge=
ſchichte von Böhmen, desſelben Traum vom
Glücke, und druckte auch alle dieſe Werke ſelbſt.
S. oben im Verzeichniſſe die Jahre 1507, 1510,
1516. Das Spiel aus dem Boccacio, worin
das Glück, die Armuth und das Unglück in Ver=
ſen ſprechen, ward mit der Komödie Judith,
die er aus dem Deutſchen entlehnte, ſeinem Bu=
che Hořekowánj ſprawedliwoſti (Klage der Ge=
rechtigkeit) angehängt, und erſt nach ſeinem To=
de 1547 gedruckt. Dieſes, ſo wie die Bücher
Dimne und Kelila unter dem Titel: Pra=
widlo lidſkého ziwota Prag, 1528 Fol., aus

366

dem lateinischen Directorium vitae humanae
Joannis de Capua übersetzt, gehören in die
fünfte Periode. Lupacius zählt in Coronide
S. 11 seine böhmische Chronik, und ein Buch
Mrawisst'ko betitelt unter Konač's ungedruckte
Werke. Inter quae, sagt er, et Chronicon
est rerum Boëmicarum, judicio pruden-
tiaque singulari conscriptum: Item liber
Mirmecia cui Boëmica lingua titulum
praefixit Mrawisst'ko, in quo plurima, pe-
tita ex historiis et virtutum et vitiorum
recenset exempla. Letzteres könnte wohl
mit dem Buche Hořekowánj einerlei seyn,
da Lupacius nicht ein gedrucktes zu nennen wuß-
te, und ersteres ist wohl nichts anderes, als die
böhmische Uibersetzung des Aeneas Sylvius, die
Weleslawin nach 75 Jahren, weil sie nach seinem
Ausdrucke nach Archaismen und Latinismen rpch,
verbessern mußte, um sie in Verbindung mit
Kuthens Chronik herausgeben zu können. Sie
erschien 1585. 4. wovon im J. 1817 die Kra-
meriusischen Erben eine neue Auflage unternah-
men, die in einzelnen Blättern der böhmischen
Zeitung noch immer beigelegt wird. Die Nach=
ahmung lateinischer Perioden und Versetzungen
ist in seinen frühern Versuchen nicht zu verken=

nen. Z. B. im Lucian sind: žiwot wedu swůg,
kratochwilné wedu dny, nowé vsazowati danie,
hořky wssak potom také žiwota meho konec sem
nalezl, wietssjmi také obtiezowány bywagj nebo=
statky, lateinische Stellungen. Durch seinen
Dialog wider die verhaßten Pikarden, den er
als Neujahrsgeschenk dem K. Wladislaw zuschick=
te, mochte er sich als gemäßigter Compactatist
bei Hofe wohl empfehlen. In der Zueignung
erzählt er, daß er einer scherzhaften Praktik we=
gen ins Gefängniß gekommen wäre. Er ist der
erste, der das saphische Metrum zu böhmischen
Versen wählte. In der Geschichte kommen sechs
Strophen im Anfange und zwey am Ende vor.
In der 6ten Strophe redet er seine Leser die Böh=
men, Slowaken, Mähren und Polen an:

 Protoz gye sobie neobtiezuy tzijesti
 Nebt muoze tobie vzytek przinesti
 Czechu, Slowaku, Morawtze, polaku
   Chwijli wsselyaku.

 Seiner Fehler wegen will er entschuldigt
seyn:

 Ktoz budeß tziesti tu Czessku kronyku
 Pamatuy sneesti, kdezby nassel mylku
 Snes trpieliwie, pomiň dobrotiwie
   A odpust mile

Wieku mladeemu, mnohých nedoſtatkuo
A wtipu mdleemu, takee ginych zmatkuo
Pomni každy třas, že ſam newſſeho znaaſš
Prawimt Mikulaaſš.

In dieſen Spielereien, die größtentheils der richtigen böhmiſchen Ausſprache ganz zuwider ſind, gefiel ſich unſer Konáč ſo ſehr, daß er ſie häufig bei den von ihm gedruckten Werken anzubringen ſuchte. Sieh das Leben der Philoſophen vom J. 1514, den Landtagsſchluß vom J. 1515. Er wählte zwar ſpäter in ſeiner Judith den eilfzeiligen Vers (Hendecasyllabicum), gab aber das ſaphiſche Sylbenmaß nicht ganz auf, da noch in der an den Wicelandrichter Johann Hobiegowſky, Aelteſten von Hobiegow, gerichteten Vorrede zu ſeinem Hořekowání, die er auf ſeinem an der Moldau neu erbauten Hofe Skrownietin 1545 unterſchrieb, dergleichen vorkommen. Die erſten zwei Strophen des Horazischen Integer vitae scelerisque purus lauten bei ihm:

Newinny člowěk swědomij celého,
Nepotřebuge Sſhýpu nižabného,
Maukeninſkého, neb gedowatéhꞏ
Taulu ſſkodnéhꞏ.

Kdyby na wýchod w postřých cestu činil,
Neb w nebezpečných mjstech puolnočnijch byl,
Neb kdež Afrika a Jdašpes řeka:
Hrozná mjsta ta.

Jedes böhmische Ohr muß fühlen, daß
hrozná mjsta ta nicht ‒ ‿ ‿ ‒ ‿ scandirt werden
könne. Nach dem Tone, welcher der Prosodie
zum Grunde liegen muß, würde der Schluß lau=
ten: mjsta ta hrozná.

Ulrich Welenský von Mnichow mach=
te sich um seine Muttersprache vorzüglich durch die
Uibersetzung des militis christiani von Erasmus,
ungeachtet sie Prochazka in der Vorrede zur neuen
Ausgabe (1787) nicht ganz billigt, verdient.
Des Marsilius Ficinus Brief an Cardinal Riaro,
des Grafen Picus von Mirandola drey kleinere
Aufsätze, die Klage der Armen und Reichen aus
dem Lucian faßte er zusammen, und gab sie zu
Weißwasser 1520 heraus. S. auch im Verzeich=
nisse die Prognostik 1519, Pasquills Gespräch
1520 und Luthers Predigt 1522.

Von Handschriften, die wenigstens Auszüge
aus Klassikern oder bessern neuern Schriften ent=
halten, gehöret hierher Petrarchs Dialog zwi=
schen einem Weisen und Idioten (mezy Mudrcem
a Nedowkem) ehedem in der Krumauer Biblio=

Aa

thek Balb. Boh. d. III, 172. Ferner die moralischen Lehren aus Seneca, Petrarcha, und Andern, in einer Handschrift in 4. der öffentl. Bibl. Bei Balbin: Ethica. Complectitur illustres sententias variorum Authorum: Senecae,, Petrarchae etc. Scripta an. 1509. Libellus typo dignissimus. Boh. d. III, 173.,

Der eigentliche Titel ist řeči Mudrcůw, Reden der Weisen. Die prächtige, aber jüngere Handschrift der öffentl. Bibliothek auf Pergamen in Fol. vom J. 1562 ist mit einer alten Vorrede versehen, die auch schon in der Pilsner Ausgabe vom J. 1529 bei Johann Peck zu lesen ist. Darin werden genannt Plato, Sokrates, Diogenes, Aristoteles, Heraklitus, Homerus, Merkurius Trismegistus, Pythagoras, Demokritus, Zeno, Cicero, Anaxagoras, Seneca, Petrarcha und in den Uiberschriften der Auszüge kommen noch mehrere Nahmen vor. Burian Walda gedenkt in seiner Aus abe von 1579. 8. einer frühern, etwa der zweiten. Prochazka besorgte 1786 die letzte.

Schon im J. 1499 trug Pabst Alexander VI dem Propste von Klosterneuburg und dem Inquisitor Heinrich Institoris durch ein Breve

auf, sich nach Mähren und Böhmen persönlich
zu verfügen, um die Waldenser Ketzer daselbst zu
bekehren, und die ketzerischen Bücher verbrennen zu
laſſen. Dieß wiederholet der Pabſt in dem zwei-
ten Breve an .H. Inſtitoris vom J. 1500, wor-
in des Buches Copita ausdrückliche Erwähnung
geschieht. S. oben 229. Inſtitoris säumte nicht,
einige Sermones zur Vertheidigung der römi-
schen Kirche zu Olmütz 1501 herauszugeben. Er
gibt den Brüdern, die man schon allgemein Pi-
karden, Waldenser nannte, die gräulichſten Irr-
thümer Schuld.

König Wladiſlaw wollte sie nun durchaus
ausgerottet wiſſen. Es ergingen die schärfſten
Verordnungen im J. 1503 und 1504 wider sie.
Die guten Leute, zu sehr eingenommen für die
Wahrheit ihrer Lehrsätze, glaubten durch Apolo-
gien sich zu retten. Dadurch reizten sie ihre
Gegner noch mehr. Wladiſlaw widerholt und
verschärft im J. 1508 seine frühern Verordnun-
gen. Ihre Bücher sollen verbrannt werden, kein
Herr und Ritter, keine Stadt soll zugeben, daß
dergleichen Bücher gedruckt oder verkauft werden.
Item-wſſecka včerj, so lautet der königliche Be-
fehl, a pſanj gegič blubůw, zgewná y tegná
magj zaſtawena býti a ſkaʒena, knihy gegič

Aa 2

372

wſſeckny ſpaleny tiſſtěné y pſané. A žádný Pan,
rytjřſký člowěk y měſto těch kněy, takowých trak=
tatůw pſáti, a tiſknauti pod ſebau dopuſſtiti
nemá, ani probáwati, a kbozby přineſſ kde,
a v něho byly nalezeny má ſkutečně treſtán býti,
weblé vznánj panůw a ſaudců zemſkých. Die
königlichen Städte befolgten dieſe Befehle, aber
bei einigen Herren fanden die Verfolgten Schutz,
von andern wurden ſie wenigſtens gebuldet. Von
ihren gedruckten Vertheidigungsſchriften ſtehen
doch mehrere oben im Verzeichniſſe S. 315 — 339.
Von ungedruckten ſind viele in der geſchriebenen
Geſchichte der Brüder verzeichnet. Bruder Tho=
mas (Tůma Přelaucſký) ſchrieb an Albrecht von
Sternberg im J. 1502 vom göttlichen Urſprunge
der Brüdereinigkeit. Der rüſtigſte Schreiber un=
ter allen war B. Lukas, von dem wir ſchon
(oben 238, 239) einige Schriften anführten. Im
J. 1501 ſchrieb er eine Auslegung über die Of=
fenbarung Johannis, 1502 von der Hoffnung,
1503 einen Abſchiedsbrief, als er Prag verließ
und nach Bunzlau ging, 1504 Auslegung des
3ten, 6ten und anderer Kapitel Johannis, 1505
legte er das Buch der Pſalmen aus. Auch an
der Ausgabe des Geſangbuches für die Brüderge=
meine 1505 hatte er den größten Antheil. Die

meiſten gegen die Brüder gerichteten Streitſchrif=
ten hat er, als einer der gelehrteſten unter ihnen,
beantwortet. Nach ihm zeichnete ſich der Bruder
Laurenz Kraſonicky aus, mit dem ſchon der Jn=
quiſitor Jnſtitoris ſeine Noth hatte. Prokop's
von Neuhaus Frage: Jſt es den Chriſten erlaubt,
Ungläubige oder Jrrgläubige durch die weltliche
Macht zum wahren Glauben zu zwingen? die er
1508 aufwarf und beantwortete, mußte Aufmerk=
ſamkeit erregen. Die Kinderfragen (dìetinſté
otázky) vom J. 1505 ſind der erſte Catechismus
der Brüder. Auf einen durch den Druck zu Pil=
ſen herausgegebenen Tractat, wovon aber weder
Bartſch, noch Pelzel, noch jemand anderer ein
Exemplar nachweiſen kann, gaben ſie 1505 eine
doppelte Antwort, eine kürzere und eine längere.
Vom neuen Teſtamente beſorgten ſie zwey ſchöne
Auflagen zu Bunzlau. S. das Jahr 1518
und 1525.

Man verlor die verhaßten Brüder auf einige
Zeit aus den Augen, als Luther mit ſeiner neuen
Lehre Aufſehen erregte. Anfangs fand er ſelbſt
bei den Utraquiſten, denen die freyern Grundſätze
der Pikarden ein Greuel waren, Beifall und ei=
nigen Anhang. Die Schlicke zu Elbogen, die
Salhauſen zu Tetſchen nahmen die neuen Wort=

diener willig auf, weßhalb sie bei dem König Ludwig vom katholischen Abministrator Johann Zak verklagt wurden. Für die nicht Deutschen besorgte man seit 1520 bis 1523 böhmische Uiberseßungen von manchen Schriften Luthers. Allein es währte nicht lange, so kamen könig- liche scharfe Befehle aus Ungern, der Verbrei- tung der Pikarbischen und Lutherischen Lehre Ein- halt zu thun. M. Johann Passek von Wrat, ein altstädter Rathsmann und der utraquistische Abministrator Gallus Czahera ließen es sich an- gelegen seyn, die Anhänger neuer Lehren aufzu- suchen, in Verhaft zu nehmen, aus der Stadt zu verweisen, einige auch zu foltern und zu ver- brennen. Vier Jahre dauerte diese heillose Ver- folgung. Als man einen gewissen Niklas 1526 zum Scheiterhaufen führte, schafften die Henker auch viele Bücher, die ihm gehörten, herbei, und warfen sie zu ihm ins Feuer, um sie mit ihm zugleich zu verbrennen. Dieß ist wohl eine Ur- sache der großen Seltenheit von Büchern aus dieser Zeit. Unter den Artikeln, die auf dem Landtage vom 29. Januar 1524 angenommen worden sind, billigt zwar der zehnte das Lesen der Bibel allgemein. Doch verordnete in demsel- ben Jahre der Prager Senat, daß von den

Adminiſtratoren, wie es vor Zeiten gehalten wor-
ben, auch ferner alle in der Mutterſprache ge-
ſchr benen Tractate durchgeſehen, und die ketzeri-
ſchen auf das Rathhaus gebracht werden ſollen.
Ganz zu Ende des Jahres 1524 wurden 26 neue
Artikel bekannt gemacht, worunter der 14te die
Büchercenſur noch näher beſtimmt. Alle irrgläu-
bigen und ketzeriſchen Schriften werden verbothen;
der ſolche verkaufet, verliert Güter und Leben, ober
wird verwieſen. Die Tractate ſelbſt werden ver-
bran.t. Bringt jemand eine neue Schrift in die
Stadt, ſo ſoll ſie dem Conſiſtorium zum Durchleſen
übergeben werden. Was von dieſem und zugleich
von dem Bürgermeiſter genehmigt wird, darf erſt
dann feil gebothen werden. Es konnte alſo nur
den Brüdern, die außer Prag ihre Druckereyen
angelegt hatten, ohne ſich dieſen Cenſurgeſetzen zu
unterwerfen, gelingen, manche Schrift ans Licht
zu f rdern, w lcher die Prager Cenſoren die Er-
laubniß zum Drucke gewiß verſagt haben wür-
ben.

Noch ſind einige Handſchriften, die in den
Zeitraum von 1501 bis 1526 fallen, hier nach-
zutragen.

1. Evangelien und Epiſteln ſammt dem Ka-
lender, von Bruder Aegidius (Gilgj) von Rati-

boř, Prediger zu Neupilfen für den Herrn Łacz-
law von Sternberg 1505 abgeschrieben, auf
Pergamen in 4. mit Gemälden, goldnen Ver-
zierungen, in der gräfl. Waldsteinischen Biblio-
thek zu Dur. Eine der schönsten böhmischen
Handschriften. Von ganzen Bibeln, oder auch
nur neuen Testamenten ist mir kein Exemplar be-
kannt, das nach 1500 geschrieben wäre. Man
hatte doch schon zwey gedruckte Bibeln, drey
neue Testamente, wodurch man des mühsamen
Abschreibens enthoben worden ist.

2. Ein Psalter, von Wenzel von Wodnian
für die Johanna von Třčka 1511 auf Pergamen
in 12. geschrieben. Oeffentl. Bibl.

3. Gebethe, meistens aus dem Anfelmus ent-
lehnt, 1521 auf Pergamen in 4. schön geschrie-
ben. Bibl. der Domkirche. Schön geschriebene-
Bethbücher kommen auch noch später häufig vor.

4. Zwey Reden des h. Chryfoftomus, zwey
kleine Schriften des h. Cyprian (gerade die vier
Stücke, knihy čtwery, die im J. 1501 in einem
Bande zu Pilfen gedruckt worden. S. oben 240).
Dabei des Priesters Gira Predigt von der Ge-
burt Christi, und Anfelmus, oder die ihm von
der h. Jungfrau Maria gemachte Offenbarung
über das Leiden Christi. Dieser Gira hier ist

wohl derfelbe, dem Victorin von Wffehrd 1495 feine Uiberſetzung einer Rede von Chryſoſtomus gewidmet hat.

5. Von den vier letzten Dingen, Fol. 1514, in einer Handſchrift der öffentlichen Bibliothek, in die ſie von Krumau kam, wo ſie ehedem Balbin ſah, und Boh. d. III. 173 beſchrieb: MS. volumen — venusto charactere exaratum. — Liber est valde doctus et spiritualis, publica luce dignus. S. oben 332. e. Knjžka ſrdecnj.

6. Des Franciſtaners Johann von Wodnian, aus dem Kloſter der hh. Engel zu Horazdiowitz, Dialog zwiſchen Heinrich und Johann über die unbeflechte Empfängniß Mariä, in der öffentl. Bibl. auf Papier in 12. 1509 abgeſchrieben. Balbin fand zu Krumau zwey Exemplare Boh. d. III, 174. Dieſer Barfüßer Johann, ſonſt auch Aquensis genannt, iſt der Verfaſſer des oben 318 verzeichneten lateiniſch = böhmiſchen Wörterbuches das zu Horazdiowitz 1508 vollendet, 1511 aber zu Pilſen gedruckt worden iſt. Um das J. 1529 ſchrieb er noch wider Luther.

7. Eines ungenannten Franciſtaners Leben der h. Katharina, nebſt einigen Geſängen zu ihrem Lobe. Multa rara hic liber continet, ſagt

378

Balbin Boh. d. III, 61, imprimis vitam aliquot Procerum Sswambergicorum, deinde Magdalenae de Sselenberg.

8. Bonaventura's Leben des h. Franciscus, in der öffentl. Bibl. auf Papier in 4. Das letzte Kapitel handelt von der sel. Agnes. Der Abschreibeꝛ hieß S i m o n, und war ein Kaplan. Die Heiligen Cyrill und Method nennt er Hroznata a Strachota, sonderbar genug, da Hroznata eben so, wie Strachota auf Metudius (von metus) hindeutet. In einem auf Pergamen geschriebenen sogenannten Žaltař (dem großen Rosenkranz mit Gebethen), den Simon 1527 in 12. abschrieb, nennt er sich Ssimon kaplan Petrlikowsky.

9. Br. L u k a s Schrift von der Erneuerung der Kirche in der Brüdereinigkeit, (Spis o obnowenj Cyrkwe w gednotě) im J. 1510 verfaßt, in einꝛ Handschrift der öffentlichen Bibliothek auf Papier in 4. Da er hier schon ältester Vorsteher in der Einigkeit der Bunzlauer Brüderversammlung genannt wird, starssj Správce w gednotě zboru Boleslawskeho, so kann diese Abschrift nicht vor dem J. 1518 gemacht worden seyn. Sonst heißt diese Schrift o slutcých Krysta Pana, in der geschriebenen Brüdergeschichte Spis

o dwanácti let poble památek ſkutků kryſtowých. In derſelben werden nach dem J. 1510 noch mehrere Schriften und Briefe dieſes eifrigen und gelehrten Bruders angeführt. Beim J. 1511 ein Brief von ihm an die älteſten Vorſteher, ein zweyter an alle Brüder. Beim J. 1513 ein Schreiben deſſelben von der Hoffnung. Beim J. 1514 ſeine Antwort auf eine Schrift der Prager Magiſter durch den Magiſter Martin von den Pikardiſchen Irrthümern, die ſie (die Magiſter) haben drucken und von Predigern vorleſen laſſen. S. oben 321. d. Beim J. 1515 ſeine Apologie (počet wjry), warum er bei der böhmiſchen Partey von beiden Geſtalten nicht geblieben iſt. Da es heißt ſ pſal a wydal, ſo muß ſie wohl gedruckt worden ſeyn. Ferner ein Schreiben aus dem Gefängniß an die Brüdergemeine (k zboru); ein anderes an Peter Suba von Janowitz, als er aus dem Gefängniſſe kam. Beim J. 1517 eine Antwort der Brüder, von Lukas verfaßt, auf die Schrift des Olmützer Domherrn Bernhard Zaubek von Zdietin. Eine Schrift von den ſechs allgemeinen Urſachen des Irrthums gegen die in Prag 1516 gedruckten zwölf Predigten (sermones) des Prieſters Corambus zu Leutmeritz. Wir lernen alſo hier

380

den Verfaffer des oben 323 genannten Werk=
chens Sermones XII. lennen.

10. Kurze Nachricht von den 12 Sybillen,
in Fol. Oeffentl. Bibl.

11. Moralifcher Unterricht, den Johann von
Lobkowitz und Haffenstein für feinen Sohn Ja=
roflaw verfaßte, und im J. 1504 fchreiben ließ.
Nach der Handfchrift in dem Raudnitzer Archiv
ift er überfchrieben: Brozeny Pán, pán Jan
z Lobkowicz a z Hafyffteyna dal toto fynu fwému
Panu Jaroflawowi, Sprawu a naučenj gemu
w tom, co činiti a co nechati, a kterak fe a pod=
lub w čem zachowati má, fepfati. Erft 1796
ward diefer Unterricht unter dem Titel: Praw=
diwy čeffy Mentor, in 8. zu Prag bei Johann
Beranek gedruckt.

Wo von der Züchtigung der Töchter gefpro=
chen wird, behauptet die Ruthe ihren Rang:
mrffeyte, bjte, nelitugic metly. Zur Kenntniß
der Sitten jener Zeit dient manche Aeußerung.
Wo es vom Gelde heißt, daß man dadurch Ver=
räther dingen könne, ruft diefer Morallehrer aus:
O! co gich Král Matyaß byl fwymi penězy
w Čechách nadělal, y tež w Morawě a ginde.

12. Ein in Verfen verfaßter Unterricht für
Eltern, wie fie ihre Kinder erziehen follen, in

einer Handschrift in 16. im Kloster Hohenfurt.
Ludwig von Pernstein als kleines Kind spricht
und gibt den Eltern die Art, auf welche er er=
zogen zu werden wünscht, an die Hand. Neben
der Muttersprache will der abelige Knabe auch
im Deutschen und Latein unterrichtet werden.
Eine lange Digression über die Communion der
Unmündigen, welche hier mit vielen Gründen
bestritten wird, läßt vermuthen, daß der Ver=
faßer dieses bidactischen Gedichtes ein gemäßig=
ter Compactatist war, der sich in diesem Stücke
nach dem allgemeinen Gebrauche der Kirche rich=
ten wollte.

13. Ein Kräuterbuch mit illuminirten Abbil=
bungen der Pflanzen, auf Pergamen in Folio
geschrieben, wovon Hr. Bibliothekar Dlabač am
Strahow einen Bogen, der zum Einbinden ver=
braucht war, noch glücklich gerettet hat. Der
Text ist zum Theil eine wörtliche, zum Theil
etwas abgekürzte Uibersetzung des Maynzer Her=
barius vom J. 1485. Es ist nicht zu entschei=
den, ob es dem zuerst in der Handschrift ent=
worfenen Krauterbuche des Johann Czerny vor=
anging, oder nachfolgte. Zu Raudnitz befindet
sich eine Abschrift in 8., durch Johannes Stadt=
schreiber zu Deutschbrod im J. 1537 vollendet,

alfo volle 20 Jahre nach der Nürnberger Aus-
gabe, nicht aus dieser, sondern aus einer ältern
Handschrift des erſten Entwurfes genommen.
Sie iſt nach S. 1 überſchrieben: Lekarzſke kniż-
ky miſtra Jana Proſ.ieyowſkeho, nach S. 2
aber: Erbarz z wyklabu miſtra Jana lekaře,
und darüber iſt noch beigeſchrieben: Proſtieyow-
ſkeho, nach ſeinem Aufenthalte zu Proßnitz in
Mähren.

14. O čtwero přirozenj neb Temperamentů
člowieka, poble záklabu Aryſtotela, s wſſeliky-
mi Recepty, z mnohych latinſkých kněch, (von
den vier Temperamenten des Menſchen nach Ari-
ſtoteles, mit verſchiebenen Recepten aus vielen
latciniſchen Büchern). Die Handſchrift iſt dem
Exemplare des böhmiſchen Kräuterbuches vom
J. 1517 in der Raubnitzer Bibliothek beige-
bunden.

15. Eine böhmiſche Alchymie, ausgezogen aus
verſchiedenen Autoren, von 616 Blatt auf Pa-
pier in 4. Nur der alteſte Theil bavon, der
bis Blatt 121 reicht, gehört in dieſen Zeitraum.
Bl. 141 iſt im J 1535 geendigt worden. Noch
jünger ſind die folgenden Auszüge. Das erſte
Rubrum iſt: Ecce nos Magos Bl. 1., wor-
auf die Vorrede folgt. Das zweite: wie man

sich zu dieser Arbeit bereiten soll. Bl. 2. Gedno nechtiente se wchylowati naprawo, ani nalewo. Ale wedle nasseho nauczenij swe dijlo konayte. Nebot gsme to vmienij wybrali a wypsali z knieh wssech welikych mudrczuow; gessto gsu byli wiernij a pramij nalezatelee toho vmienij Hier werden nun sechs Vorschriften gegeben: Prwnij aby dielnijk tohe vmienij byl mlczedliwy. Druhe aby miel duom swuoy. A wniem komory dwie nebo trzy zwlasstie, aby mu tam ziadny nechobil. A tu aby wnich mohl puosobiti dijla swa: Kalczynowati, Rozpusstieti, Dystylowati, Sublimowati. Jakoz o tom potom dame naucze-nij. Das fünfte Rubrum: wie das lutum sapientiae (Bluto maubrosti) gemacht werden soll. Bl. 4. Blatt 16, S. 2 fängt ein neuer Traktat an, betitelt: knizky menssij Alchymii. Bl. 22, S. 2 wird des wahren Weges (Cesty prawe) gedacht. Bl. 33 heben die Auszüge aus den Büchern des h. Thomas Aquinas von den Wesen (o bytech) an, mit einer Vorrede an den König Robert. Bl. 41, S. 2 Almichie (lies Alchimie) mistra Alberta welikeho. Bl. 56, S. 2 dijlo chudych a stowe hwiezba tulawych stella vaga-rum. Aus dem Dual Bl. 58, dwie zeleze, kteraato gbeta na prostrzeb hrncze, läßt sich ei-

nigermaßen auf das Alter dieser Überſetzungen
und Auszüge ſchließen. Bl. 74 Miſtr Arnolbus
de Novavilla tato ſlowa prawij. Ein anderes
Rubrum: In collegio magno ex libro an-
tiquissimo scriptum est: Bl. 109 Nawrat
Tielu buſſi geho a kbyž wnij weybe bube ſe ra-
bowati. Das letzte Rubrum von der ältern
Hand iſt: Ezynobrz takto ſe diela. Die meiſten
Kunſtausdrücke ſind aus dem Lateiniſchen und
Deutſchen entlehnt.

Einige Zuſätze.

Zur Seite 58.

3. Ein Fragment von einem ſlawoniſchen mit
glagolitiſchen Schriftzügen geſchriebenen Marty-
rologium. Ein Blatt Pergamen in Fol., wor-
ein ein Buch eingebunden war, bei Hrn. Guber-
nialſekretär Joh. Cerroni zu Brün. S. das bei-
liegende Kupfer, worauf die erſten fünf Zeilen
baraus geſtochen ſind. Das Alphabet aber, mei-

ſtens aus Majuſkeln beſtehend, iſt aus einem glagolitiſchen Brevier auf Pergamen vom J. 1359, den Hr. Graf Franz von Sternberg in der Ver‑ ſteigerung der Palmiſchen Bibliothek erſtanden hat, entlehnt. Die beigeſetzten lateiniſchen Buch‑ ſtaben ſind der böhmiſchen Orthographie gemäß auszuſprechen. Da ſich kein je im ganzen Pſal‑ ter des Breviers finden ließ, ſo mußte es aus dem Fragmente geborgt werden. Die fünf ab‑ gezeichneten Zeilen deſſelben ſind ſo zu leſen:

Amosa proroka. Vrime svate albini devi. de‑ steri kvirina mucenika. V'africe svatich. diodo‑ la i anezija. April ima dni. 30. luna. 20 i 9. KL aprila. Vrime mucenie blazenie teodor‑ i. sestri blazenago ermeta mucenika. Togozd‑

Zur S. 109, 111.

Zwiſchen 1 und 2, oder zwiſchen 2 und 3 iſt einzuſchalten:

Eine Sammlung lyriſch‑epiſcher ungereim‑ ter Nationalgeſänge, die alles übertreffen, was man bisher von alten Gedichten aufgefunden, wovon ſich aber nur 12 ganze Blättchen Perga‑ men in 12. und 2 ſchmale Streifchen erhalten haben. Hr. Wenzel Hanka, nachdem er den rühmlichen Entſchluß, unſre alten Gedichte

B b

herauszugeben, gefaßt, und mit dem erſten Bänd=
chen ſchon ausgeführt hatte, war ſo glücklich, die=
ſe ſchätzbaren Uiberreſte in einer Kammer an der
Kirche zu Königinhof unter verworfenen Papieren
zu entdecken und vom nahen Untergange zu ret=
ten, zu deren Ausgabe ſchon Anſtalt getroffen
wird. Nach der Schrift zu urtheilen, fällt die
Sammlung zwiſchen die Jahre 1290 und 1310.
Einige von den Gedichten ſind in Rückſicht ihres
Urſprunges auch wohl noch älter. Deſto mehr
iſt der unerſetzliche Verluſt von dem bei weitem
größern Theile derſelben zu bedauern. Die
ganze Sammlung beſtand aus drei Büchern, wie
man aus den Uiberſchriften der übrig gebliebe=
nen Kapitel des dritten Buches, da das 26te,
27te und 28te genannt werden, ſicher ſchließen
kann. Das erſte Buch mochte etwa gereimten
Liedern geiſtlichen Inhalts, das zweite vielleicht
längern Gedichten, und das ganze dritte kürzern
ungereimten Volksliedern gewidmet geweſen ſeyn.
Wenn jedes von den abzängigen 25 Kapiteln
auch nur 2 Gedichte enthielt, ſo ſind blos vom
dritten Buche 50 Gedichte in Verluſt gerathen.
Aus dem Uiberreſte des abgeſchnittenen erſten
Gedichts läßt ſich deſſen Inhalt gar nicht ange=
ben. Das zweite fangt an: Zuola B... ver=

muthlich Bole slaw. Davon hat sich doch
noch die zweite Hälfte erhalten. Wyhoň Dub
fordert den Herzog Udalrich auf, die Polen aus
Prag zu vertreiben. Es gelang ihm im J. 1003.
Das dritte hebt an:

ai ti slunce ai sluneczko
tili si zalostiuo

Beneß, Hermanns Sohn, vertreibt die Sach-
sen aus Böhmen, die von Görlitz bis an die
Trosken vordrangen. Dieß geschah im J. 1281.
Mit den Worten:

zuiestuiu uam pouiest veleslaunu
o uelikich potkach lutich boiech

beginnt das vierte Lied worin Jaroslaw's Sieg
über die Tataren bei Olmütz besungen wird.
Da Kublai im J. 1241 noch nicht Groß-Chan
war, und der Erschlagene im Gedichte Kublai's
Sohn genannt wird, so muß der Dichter nach
der Begebenheit, also nach 1241 gelebt haben.
Des fünften Inhalt gibt schon der Anfang an:

Neklan kaze wstati kuoinie
kaze kniezecicmi sloui
protiw Vlasiauu wstachu woie.

Neklans Feldherr, den Dalimil Sstir
nennt, heißt hier Cestimir, Cmir. Die Begeben-
heit fällt ins 9te Jahrhundert. Im sechsten wird

ein Turnier am Hofe eines Fürsten jenseits der Elbe beschrieben:

znamenaite starzi mladi
o potkach i o siedani
biese druhdi kniez zalabski
kniez slauni bohati dobri.

Das siebente besingt zweier böhmischen Hel=den Zaboi und Slauoi Unternehmen, den Feind aus dem Lande zu jagen. Es wird darin eines frühern Dichters Lumir gedacht, von dem es heißt:

. . . . iako lumir
ki sloui i pieniem biese pohibal
Visehrad i wsie wlasti

Es beginnt mit den Worten:

Sczrna lesa vistupuic skala
na skalu uistupi silni zaboi
obzira kraiini na wsie strani.

Nebst diesen längern Gedichten, in denen, nenne man sie poetische Sagen, Romanzen, Bal=laden, oder wie man will, der Ton des nationa=len Volksliedes nicht zu verkennen ist, sind noch acht kleinere in dem erhaltenen Fragmente ganz, und vom neunten nur der Anfang zakrakoci w hradie wr... zu lesen. Sie sind voll Zart=heit und Anmuth. Auch als Probe der alten

Orthographie mögen die erſten Verſe eines jeden
hier ſtehen:

a. Poletoua holub se drzieua
   na drzeuo zalostno wrka.

b. Vieie uietrzieczek s kniezeckich
   lesow.

c. Ide ma mila na iahody
   na zelena borka.

d. Biehase ielen po horach
   po wlasti poskakoua.

e. Ach ty roze krasna roze
   ciemu si mnie rozkwetla
   rozkwetuci pomrzla.

f. W sirem poli dubec stoii
   na dubci zezhulice.

g. Pleie dieua konopie
   u panskeho sada.

Wen ſollten dieſe kleinen Proben nach
dem vortrefflichen Ganzen, das ſich durch Leich=
tigkeit des Vortrags, Reinheit und Correctheit
der Sprache, durch Kraft und Anmuth aus=
zeichnet, nicht lüſtern machen? Die Erklärung
dunkler oder ganz unverſtändlicher Wörter über=
laſſen wir dem Herausgeber, und bemerken nur,
daß hier welche vorkommen, die in andern alten
böhmiſchen Schriften nicht zu finden ſind. Luna

ift der Mond, wie im Altflawonifchen, chra-
brost die Tapferkeit, iarota Heftigkeit, Zorn,
tuca der Hagel, wie noch in andern Mundar-
ten, vtery ift der zweite, daher das noch üb-
liche vterý, auterý der Dienstag, als der zweite
Tag nach dem Sonntage. Drseuo hat im
Plural drseuesa. Nedoziram ift das Par-
ticipium poffivum im Präsens. Cie ift wohl
wie če zu lefen, da der Slowak noch čo spricht,
und auch der Böhme in nač, proč, zač, načež,
pročež, začež č und če ‹für sein co gebraucht,
und felbst die übrigen Endungen (čeho, čemu,
čem, čjm) noch auf če zurückführen. Eine grö-
ßere Probe der Orthographie aus dem angezeig-
ten Fragment gab Hr. Hanka in dem 2ten Thei-
le der alten böhmischen Gedichte S. X. XI.

Zur S. 124. N. 7. S. 129. N. 9. S. 149. N. 2.

Den Druck der Gedichte aus den genannten
Handschriften verdanken wir Hrn. Wenzel Han-
ka, der fie unter dem Titel: Starobylá Sklá-
danie. Památka XIII. a XIV. wěku z nay-
wzácněgffjch rukopifów wydaná ob Wáclawa
Hanky. Djl prwnj. W Praze 1817. 12. Djl
druhy. Djl třetj 1818. herausgegeben hat. Es

war schon verdienstlich, die alten oft kaum leser=
lichen Handschriften richtig abzuschreiben. Noch
verdienstlicher war es, die veralteten Wörter in
ein Verzeichniß gebracht, und sie gut erläutert zu
haben. Auch die ältern Flexionsformen sind in
der Vorrede so dargestellt, daß sie dem unge=
wohnten Leser dienen können, den Sinn leichter
zu fassen. Aus der Handschrift N. 7. S. 124,
bei Hrn. Hanka hradecky rukopis, sind bereits al=
le Stücke abgedruckt worden, und zwar im ersten
Bändchen: die Legende vom h. Prokop, die ze=
hen Gebothe, das Ave, der reiche Prasser, der
Fuchs und der Krug. Im zweiten: Maria Mag=
dalena, der Apostel Johann, die Satyren auf
Schuster u. s. w. Ein Kupfer stellt hier die
Schriftzüge der Handschrift dar. Im dritten:
die neun Freuden Mariä, die Passion, das Wei=
nen der Jungfrau Maria.

Aus der Handschrift N. 9. S. 129 ist der
Alexander im zweiten Bändchen abgedruckt.

Aus der Handschrift N. 2. S. 149 ist der
böhmische Alanus im ersten Bändchen abgedruckt
worden. Im zweiten: Die sieben Freuden Ma=
riä, die Himmelfarth Mariä, Seufzer zur h.
Maria. Im dritten: die sieben und zwanzigerlei
Narren, die sechs Quellen der Sünde, der Mee=

reßstern, die h. Dorothea, der Anselmus, An=
rufung der Maria, Cato mit dem lateinischen
Original.

Ferner steht im ersten Bändchen das Lied
an Wissehrad, aus einem Blatte Pergamen.
S. oben 109. Im 2ten Bändchen einige Sa=
tyren aus einem Fragmente der öffentl. Bibl.
Im 3ten Bändchen das Grab Christi, aus einer
Handschrift, die oben 299 angezeigt wurde; die
Unbeständigkeit der Welt, der Tod, die Rede
eines Jünglings, die Rede eines alten Greises,
aus einer Handschrift der fürstl. Lobkowitzischen
Bibliothek. S. oben 301. Ein Fragment einer
Predigt; der Brief vom Himmel, dessen oben
S. 111 gedacht wird.

Zur S. 153.

Das juvenile consilium, wie es Lupa=
cius nannte, dessen Verfasser Flasska war,
hieß böhmisch nowá raba. Victorin Wssehrd
hatte diesen neuen Rath zur Hand, und führt
im neunten Buche von den Rechten des Königs=
reichs eine lange Stelle daraus aus. Nach ihm
war der Vrfasser ein angesehener Mann unter
den ersten im Lande. B. 9. K. 7. heißt es:
znamenitý s prwnjmi w zemi čeſſe Pan Jan

Flaſſka w ſwých knihach o ſaubjch zemſkých
takto geſt napſal, gakož y toho napřed dotčeno:
Diwocet' hledjme z kukly,
Na kohož bychom ſe ſhukli
Tohoť wěz bůh zapomene,
Ašt' ſe nám w ruce doſtane.
Nach den B. 9. K. 1 angeführten Verſen,
deren Anfang lautet:
Budauli kde gacy ſyrotcy
Ob čehož·gſau w bcách zmatcy,
ſagt Wſſehrd: To geben z prwnjch někdy a w ze-
mi. čeſté přednj z Panůw w ſwých knihách n o w.é
r a d y o zmatcých při bſkách a ſaubu zemſtém
napſal. Und weiter noch einmal: O kterýchž
geſt ſwaté a dobré paměti ſtarý Čech Pan Fla-
ſſka w knihách ſwých nowé rady na mnohých
mjſtech nenic wypſal. B. 5. K. 17 wirb ſeine
Schrift nur r a d a ohne Beiſatz genannt: kteréž
(zmatky) geſt dobré paměti ſtarý Pán zemſký Pán
Flaſſka w ſwe rabě dčám wlaſtně připſal.
Wir ſehen daraus auch, was er eigentlich in ſei-
nem Rathe rügte.

Zur S. 161.

Die Rechte der Stadt Prag. Einen Cober
in 4. auf Papier beſitzt auch Hr. Dominik Kinſky,

394

Profeffor der Geſchichte zu Brün der unſre Lite=
ratur durch einige gute Uiberſetzungen bereichert
hat. Die Prager Stadtrechte darin nehmen
55 Blatt ein. Voran gehen, wie gewöhnlich,
die Satzungen für.ben Rath (Statuta consilii),
die mit den Worten anfangen:ꞇ Naiprwe ze wſſe«
liky Conſſel ma poſluſſen byti purgmiſtra. Blatt
3 die Uiberſchrift: sequuntur Jura civilia
pragen. civit. Et primo de Vsuris. Dem
Münzverfälſcher wird die Wahl gelaſſen, wel=
chem von den drei Gottesurtheilen (Ordalien)
er ſich unterziehen möge: neb horke zelezo neſti
w nahe rucze. Anebo v wruczy kotel hmatati az
do lokte, a nebo na wobu puſtiti. Als Probe
der Sprache und Orthographie ſtehe hier ein
kurzes Kapitel: O ſwabie kdi by zena muze po=
pabla za nabobie. A ſwarzitali dwa a chczeta
na ſie a tiech gednoho zena przibiehnuczi chcze
ſwemu muzi pomoczy y popadne onoho muze
za geho nabobie mezl nohama mozeli ten muz
ma gie ruku vrzezati bez litowanie neb gey
chtiela zahubiti.

Damit verbunden ſind Jura appellationum
Orteluow von einer andern Hand zu Biſchoftei=
nitz (in horsouiensi Tyn) 1461 abgeſchrie=
ben, 149 Blatt. Eine Sammlung von Rechts=

fällen in deutscher Sprache, deren Anfang lau-
tet: Ezwu sweſtern ebenburtig von Vater und
von Muter ſint kommen vor Recht u. ſ. w. Doch
ſind die Summarien böhmiſch abgefaßt: Geben
vrzednik, ſo lautet das erſte, byl obzalowan
przed ſudem otkonſſelow kterzijz ono leto na rab-
die ſedieli, ze vdielal trzi puſky y dal gednu krali
a dwie ſobie ſchowal ꝛc.

Zur S. 163.

Die Krönungsordnung in böhmiſcher Spra-
che iſt auch im Talembergiſchen Codex zu Eſſek
zu leſen, und nimmt darin 23 Seiten ein.

Zur S. 204.

Wegen der Seltenheit der böhmiſchen In-
ſchriften auf Steinen iſt diejenige vom J. 1475
hier nachzuholen, welcher Schaller in der Be-
ſchreibung von Prag, B. 3, S. 538 erwähnt,
und die er zum Theile, ſo weit ſie zu leſen war,
mittheilte. Aber auch wir können ſie zur Zeit
nicht vollſtändiger geben, hoffen aber doch, daß
wir ſie mit Hülfe ſehr ſcharfer Augen einſt ganz
entziffern werden.

Zur S. 212.

Daß der 3te von den übrigen nicht mehr vor-
handenen Bänden der böhmischen Bibel, welche
die Mönche des slawonischen Klosters in Emaus
mit glagolitischen Buchstaben 1416 abgeschrieben
haben, zum Einbinden anderer Bücher verbraucht
worden ist, beweist ein Fragment von 2 Blatt,
das der sel. Prof. Steinsky in Prag besaß. Sieh
Slovanka S. 224.

Zur S. 230.

In dem Bücherkatalog des sel. Institoris,
Predigers zu Preßburg, ist ein im J. 1584 von
Johann Cadaverosus, sonst Kauřjmský, geschrie-
benes Exemplar verzeichnet, das den Titel führt:
Weykladowé a kázanj na čtenj nedielnj přes cely
rok dobré a slawné pamieti Mistra Jana Ro-
lycána.

Zur S. 234. N. 11.

Zu Nürnberg erschien durch Georg Kregbla
ohne Jahr: Eine lustige Disputation eines ein-
fältigen Bauern mit Namen B. Nikolaus in
einer Synode, geschehen in Böhmen Anno 1471
mit den Pfaffen der römischen Seiten von dem

Blute Jesu Christi, daß es den Leyen auch soll
gereicht werden. Aus der böhmischen Sprache
verdeutscht durch Martinum Peonium.

Zur S. 242.

Albertans erstes Buch ward abermal 1528.
8. zu Pilsen bei Johann Peck gedruckt.

Zur S. 271.

Regenvolscius macht den Johann Pa=
leček zu einem böhmischen Bruder. Erat
tum Pragae, sagt er S. 170, quidam Jo-
hannes Palecius, ex illa fraternitate vir
nobilis et perfacetus. Is in regia inter-
que clerum vitam agens, singulari qua-
dam industria, salibus suis pietate et
gravitate conditis, dabat veritati testi-
monium; eoque nomine afflictis fratri-
bus non parum animi addebat et sola-
tio erat. Errores ecclesiae pontificiae
ita carpebat libere, ut eum non modo
ferrent, sed et charum haberent. Ex-
stant sales ejus satis arguti et acuti, duo-
decim numero, in lucem editi a Sixto
Palma.

393

Zur S. 289.

Noch ein Exemplar von dem auserlesenen
Kerne in 8. besitze ich nun, zu dessen Besitz ich
durch Kauf gelangte. Ein anderes in 4. ist in
der fürstlichen Fürstenbergischen Bibliothek vor-
handen. Hawel (Gallus) Trawnička von Pši-
bram, Rektor bei Johann von Chlum auf Do-
browicewes, schrieb es 1534 ab.

Zur S. 310.

Abauct Voigt will einen gedruckten Land-
tag vom J. 1486 gesehen haben. Denn er sagt
im Geiste der böhm. Gesetze ausdrücklich: „die
älteste gedruckte Auflage davon, die mir zu Ge-
sichte gekommen, ist vom J. 1486.‟

Berichtigungen.

S. 13. Der gelehrte Däne Temler. Der
dänische Staatsrath Temler war von Geburt
ein Deutscher.

S. 18. Zeile 5 von unten lies wes' an-
statt weš.

S. 24. „Den Gebrauch des Artikels haben nur germanisirende Mundarten, die wendische in beiden Lausitzen, die windische in Kärnthen, Krain, Steyermark 'angenommen." Um nicht mißverstanden und einer falschen Behauptung in Rücksicht des Windischen beschuldigt zu werden, will ich auf Herrn Kopitars Grammatik verweisen, wo er S. 214 die merkwürdigen Worte aus Bohoritsch anführt: nam quod vulgo in loquendo (des Städters, nicht des Landmanns, schaltet hier Kopitar ein,) usurpatur articulus a Carniolanis, fit id solum germanicae linguae prava imitatione et non necefsitatis causa: siquidem omnia plane et significanter sine articulo efferri possunt etc. Hr. Kopitar fährt nun fort: „Wunderbar! und doch ließ Bohoritsch in Dalmatins Bibel, deren Correctur er mitbesorgte, so viele germanistische ta, ta,. tu stehen, daß dadurch Dobrowsky bewogen wurde, in seiner Geschichte der böhmischen Sprache 1792 zu sagen: Der Slave kennt keinen Artikel. Germanisirende Dialekte, als der Windische in Krain, und der Wendische in der Lausitz machen hier eine Ausnahme. — Nicht unser Dialekt, nur unsere ungeweihten Schreiber germanisiren." In

der beigefügten Anmerkung fragt er: „Was ma=
chen wir jedoch mit folgender Ausnahme, wenn
wir einen Stock=Krainer den andern so fragen hö=
ren: ktiro kravo ſi drajſhi prodal, to pi-
ſano al to zherno? (welche von den zwei Kühen
haſt du theurer verkauft, die gefleckte oder die ſchwar=
ze?) Hier iſt to doch kein Pronomen, ſondern
wirklich Artikel." Joh. L. Schmigoz übergeht
zwar in ſeiner Windiſchen Sprachlehre den Ar=
tikel, konnte ihn aber in ſeinen Geſprächen doch
nicht gänzlich vermeiden. S. 231 werden Sie
mir die Ehre erweiſen, bójo mi to zhaſt ská-
sali, die Ehre wäre auf meiner Seite, ta bi
moja zhaſt bila. S. 227 zeigen Sie mir
das dunkelgrüne Tuch, to mrazhno seleno
ſukno. S. 216 heute iſt der dritte, dans je
ti tretji. So hätte ſich denn doch der Artikel in
das Windiſche eingeſchlichen, und zum Theile
ſchon ſo feſtgeſetzt, das er durchgängig nicht mehr
vermieden werden kann, wenn ich gleich zugeben
muß, daß der gemeine Krainer ihn viel ſeltner
gebraucht, als der Städter, und die erſten Schrift=
ſteller und Uiberſetzer Truber und Dalmatin. So
blieb er auch im neuen Teſtamente von 1804
viel häufiger weg, als in Japels Uiberſetzung
von 1786.

S. 44. Zeile 12 ist Helmold statt Helmond zu lesen.

S. 80. Zeile 2 und 3 von unten lies: Dativ des Duals statt: Dual.

S. 109. Zeile 3 von unten ist pyeye nach veselo einzuschalten.

S. 113. Z. 4. ist statt Benignus K. zu lesen Dominikus Kinsky, Priester der frommen Schulen.

S. 115. Z. 11. lies: ze für že, und lytugyes für lytugycs.

S. 152. Z. 9. lies: hanba für hauba.

S. 154. Z. 13 lies: 9000 für 2000.

S. 192. Z. 7. lies: auch schon für: die ersten. Die ersten sind diese Herameter nicht, da wir ältere oben S. 174 angeführt haben. Auch S. 164 scheint Poßkocz buohable at tebe hamba nenye ein Pentameter zu seyn.

S. 205. Z. 3. Nach einer andern bessern Copie der Tafel zu Podiebrad ist für MCCCCLVIII. XIII. die zu lesen MCCCCXLVIIII. XIIII. die. — Aber

G c

402

immer noch October, wofür beim Lupacius und Weleslawin der XIX. November vorkommt.

S. 221. 3. 2. von unten für Gottl. lies Gottfried.

S. 389. 3. 16 soll stehen: g. Ach wi lesi tmaui lesi lesi miletinsii. Dann erst h. Pleie dieua konopie.

———————

Sprachproben.

I.

Klage über einen gebliebenen jungen Helden, aus dem Hankischen Fragmente.

Biehase ielen po horach
po wlasti poskakoua
po horach po dolinach
krasna parohi nosi
krasnima parohoma
husti les proraze
po lese skakase
hbitimi nohami
Aita iunose po horach chodiua

dolinami chodiua w lute boie
hrdu bran na sobie nosiua
braniu mocnu rozraze wrahow shluki
nenie iuz iunose w horach
podskoci nam zdie lstiuo luti wrah
zamiesi zraki zlobu zapolena
uderi tieznim mlatem u prsi
zewzniechu mutno zalostni lesi
wirazi ziunose dusu dusicu
sie uiletie pieknim tahlim hrdlem
z l rrdla krasnima rtoma
ai tu leze tepla krew
za dusicu tecie za otletlu
sira zemie wrsielu krew piie
ibi w kazdei dieuie pozalnim srdece
leze iunose w chladnei zemi
na iunosi roste dubec dub
rozklada sie w suki sirs i sirs
chazieua iclen skrasnima rohoma
skacie na noziciech ruciech wzhoru
w listie piena tahle hrrdlo
sletaiu sie tlupi bistrich krahuicew
zeusia lesa siemo na sien dub
pokrakuiu na dubie wsici
pade iunose zlobu wraha
iunose plakachu wsie dieui.

Cc 2

2.

Ein Brief des Mag. Hieronymus von
Prag aus einer gleichzeitigen Handschrift der
Karthaus zu Dolan unweit Olmütz (liber do-
mus vallis Josaphat ordinis Cartusien-
sis), welche Hr. Cerroni in Brün besitzt.

Sluzba ma naprzed vrozeny pane myli a
dobrodiecze moy zwlaſtny. Dawam twey my-
loſty nawyedomye zet ſem zyw a zdraw w kon-
ſtancy. a ſlyſſym ze by drahna burze byla y
wczechach y wmorawie profmrt myſtra huſſowu
iakobi bil krzywye obſuzen a kwaltem vpalen.
Protoz totot zdobrey wole pyſſy iako ſwemu pa-
nu. abi wyediel kczemu ſye przyczynyti. Protoz
tyemto piſmem proſym negymayg ſye toho. abi
ſye kde oto zaſtawowal. iakoby mu ſie krzywda
ſtala Bczynyenot geſt przynyem mym wiedomym
cſzozt geſt myelo vczyneno biti. A nemny pane
bicht toto znuze pſal aneb bicht proktery ſtrach
geho odpadl. hrubiet ſem drzan v wyezeny. a
mnohot geſt ſemnu welykych myſtrow praczowalo.
a nemohlit gſu mnu hnuty zumyſla toho. a
mnyelt ſem tez bit ſye gemu krzywda dala a
kdyzt gſu my dany biſi ti kuſſy geho kohledany.
prokterezto geſt potupen. Ohledaw ge welmy pil-

nye. a rozmyſław wrozumu y ſem y tam neſgeb=
nym myſirem vplnye ſem to ſhlebl ze ztiech ku=
ſſuow. nyekterzy gſu kaczyrzſſczy. nyekterzy blub=
ny. a gyny zpoſſowyny k pohorſſeny a ſſkobly=
wy. Ale geſſcze ſem wzdy nyekterak pochibowal
negmage zato. bi geho nebozczynka ty kuſſowe
bili. ale nabal ſem ſye. zebi vrubkowe byli rze=
czy geho a vtonkowe kterzyzby ſmyſt geho zmye=
nyli. y poczal ſem ſtati pilnye o wlaſtny knyhy
geho. y balp my kohlebanye concilium geho
wla.ſiny ruku pſane. A tak ſmyſtry pyſma ſwate=
ho welebnymy ti kuſſy prokterez vpalen geſt. ſro=
wnal ſem a przyrownawal k knyham geho wlaſt=
ny ruku pſanym. a nalezl ſem ti wſſeczkerny
kuſſy tak vplnye a wtiech ſmyſlech ſtati w kny=
hach geho. a protoz nemohut rzeczy gynak ſpra=
weblywye. nez zet geſt nebozczyczek mnohe kuſſy
pſal blubne a ſſkoblywe. na ktery ſem bil przy=
tel geho: y ſwymy vſty obrancze czli geho nawſſe
ſtrany. ſhlebaw toho blubuow tiech nechczyt o=
brancze biti. iakot ſem take bobrowolnye wyznal
przebewſſym ſborem wſſyrſſich ſlowich a nynye
mnoho czynytig mage nemohlt ſem pſati tak ſſy=
rocze. Ale mam zato zet bohba ſkoro ſwe biehy
ſſhrocze ſpyſſy y poſſly mylosty twe. A ſtyem ſye
twe kaſcze poruczyem. pſano mu wlaſtny ruku

406

w konſtanczy ten cztwrtek nayblyzſſy podny na-
rozenye matky bozye.

Myſter Jeronym zprahy waſß wzby y wſſuby.
Copia literae magistri Jeronimi de
praga ꝛc. quam scripsit manu sua pro-
pria dominis Laczkoni Czenkoni et
Boczkoni baronibus et aliis dominis ſi-
militer sicut istis talem literam sicut
est ista ꝛc.

Iſt wohl dieſer Verſicherung zu glauben?
Sollte ſich in keinem Archive ein Original von
des Mag. Hieronymus Hand mehr finden, oder
iſt der ganze Brief von den Karthäuſern zu Do-
lan gleich zu jener Zeit erdichtet worden.?

3.
Zizka's Brief, aus dem Originale zu Taus.

Pozdrawenye wam ob boha otcze a pana
naſſeho ihu ra genz ſye ǵt dal zanaſſye hrzie-
chy a netolyko za nas ale zaweſſſken ſwyet aby
nas ztohoto ſwyeta zloſtneho wyſwqbodyl gemuz
ǵt czeſt a chwala nawyeky wyekow amen. Za-
doſt wſſeho dobreho w panu bohu bratrzye mily
A wyedyetyt wam dawam zet mye ǵt zprawyla
nebozcze Euczsaynowa zena zedworcze ze ǵt bala
ſchowaty perzyny a ſſacztwie ſwe tu vwaz Sſpro-

Howy Protož waß prosym abyſſte gy to propu=
ſtily čzož ſt gegneho.

Jan Zizka ſkalnchu zprawcze lybu
Taborſkeho w nadnegy Bozy.

Auffchrift: Heytmanom J wſſie obcze mneſta
Domazlyczkeho bub tento liſt dd.

4

Giſkra's Brief, auß dem Originale zu Tauß.

Mudrym a Opatrnim Panom Purgmiſtru a Con=
ſielom Mieſta Domazlicz Przatelom milym.

Sluzbu ſwu wykazugi Mudrzij a Opatrny
Pany A przietele mily wzneſl geſt namie ſluzeb=
nik muog Zigmunb lappka Azpramugie mie kte=
rak by bil Sfeſtry ſwe a biety nebozczie zey blo=
wich porucznik naywiſſy A zprawen geſt že by
ſeſtrzie gieho y tiem ſyrotkom ſtatek giegich die=
biczni obiat bil Y zabal mie geſt abich gieho
domuow obpuſtil že by chtiel oto ſtatl kczemu
by Sfeſtra gieho a ſyrotczy zprawedlywy bily
aby ſie gym krziwba nebala a Ya ninie pro ſwe
pilne potrzeby nemohu gieho pricz obpuſtiti Ale
proſſym waſs abiſte to wdielaly promu ſluzbu a
ſeſtrzie gieho a ſyrotkom krziwby nebaly wczinity

ale kczemu by sprawetlywy byly abiſte gich prʒi=
tom nechaly nebot gich Zigmund wniczemz nemy=
nie opuſtiti Aia Zigmunda yakoʒto ſluʒebnika
ſweho wtiech y ginich wicczich opuſtiti nemy=
nym Datum Wine ſſeria Quinta ante Martini
LXI°.

Jan Giſkra ʒ Brandiſa Hrabie Sſa=
riſſky Haitmann wrchnich kragin
kralowſtwie vherſſkeho Neyr iſſy A
haitman Zemie Rakuſſke.

Inhalt.

D b

Inhalt.

Inhalt.

D d 2

Inhalt.

Inhalt.

Inhalt.

Inhalt.

Inhalt.

Inhalt.

Inhalt.

Inhalt.

Inhalt.

Inhalt.

Inhalt.

Lightning Source UK Ltd.
Milton Keynes UK
UKOW01f1159251017
311614UK00001B/19/P

9 781108 066013